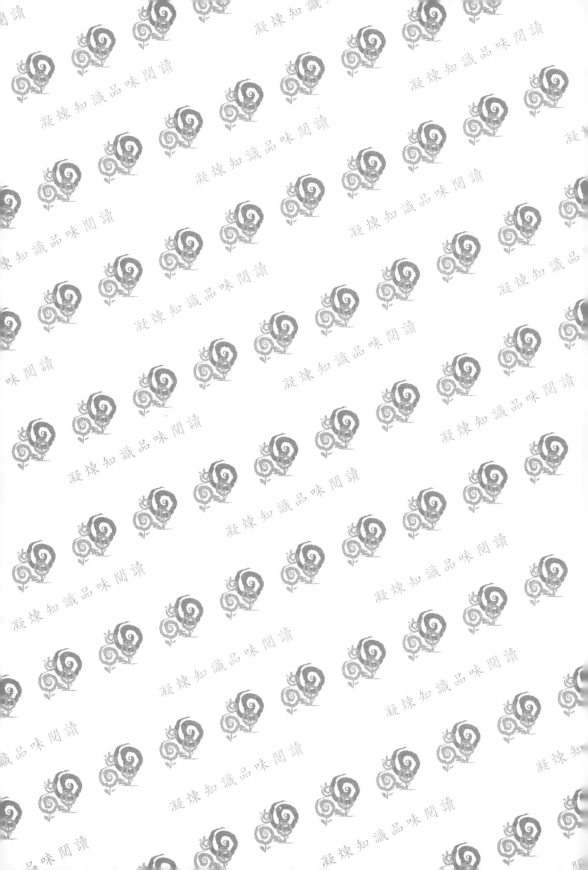

圖解
智慧財產權

曾勝珍 著

五版序

　　隨著時代變遷修法更迭，圖解智慧財產權繼 2022 年的改版，很高興地，又完成此次的改版；一切仰賴五南圖書靜芬副總編、伊真責編與編輯群們的努力，是他們辛勤仔細的校對與付出，成就了我。這次五版是我的第三十一本專書（包括改版），非常感謝。

　　在中國醫藥大學科技法律碩士學位學程，這兩年任教期間指導的研究生梁詠朝同學，在這次的改版中，協助並陪伴我，在此致上誠摯謝意，並祝福即將取得學位的詠朝，一生順利平安。

　　感謝家人們，一直以來對我的呵護與支持；感謝學校長官們與同事們，使我在優質的教學環境中貢獻所學；最後感謝我親愛的讀者們，謝謝閱讀此書的你，讓我們能在智慧財產權的領域中互相交流學習。

曾勝珍

謹致於中國醫藥大學

2024 年 3 月

自序（謝誌）

出書至今，每篇序文都是我發自內心由衷的感謝，因為書本封面的作者介紹、本書特色與內容，已經完整呈現我的專業；而序文，是我能寫完這本書的誠摯心情以及感謝之意。

2015 年剛好是我完成博士學位的第十年，我衷心感謝陳文吟老師從我 2002 年就讀中正大學法學院博士班開始，至今持續不斷的指導與關懷，我會選擇以學術研究為職志，主要是受到陳老師的精神感召，她對我的影響極深，我以鞭策自我繼續成長做為感念老師栽培的期許。

其次，感謝我的家人們，每每想到先生與四個孩子，內心總是充滿感恩和抱歉的情緒。從我就讀博班開始，每每瘋狂沉醉在智慧財產權的學術研究裡，對於先生和孩子們總是有疏忽的地方。2015 年同時也是我的銀婚紀念，我能夠有十多本專書與超過百篇的論文，全賴家人們給我最大的支持與依靠！在孩子陸續長大離巢後，家人們又送我小犬子，我現在最癡迷的是對兩隻狗兒子的照顧，當然，他們隨時陪伴做研究和寫稿的我，也因為和他們走路運動，治癒我因長期打字、久坐導致的種種疼痛，幸虧有 Duke&BOBO，讓我更加健康！

嶺東財經法律研究所於 2015 年的秋天將迎接第十屆新生，在溫哥華享受教授休假的我，謝謝所有研究生們對我的支持與敬愛！本書第六章商標法圖解的部分，正是出自第八屆畢業生嚴惠妙小姐的協助。此外，在我擔任所長期間，我的行政助理胡萱婷小姐是我得力助手，即使是工作之外，也十分照顧我生活起居種種方面，特此致謝！

最後，感謝購買本書的所有讀者，我的智財圖解系列（圖解著作權法與圖解專利法皆由五南出版）在五南專業美編設計排版及靜芬副總編的協助下圓滿完成，尤其是靜芬的陪伴與叮嚀，我已經在溫哥華動筆寫營業秘密法專書了！

曾勝珍

春暖花開　溫哥華　Sunshine Hill

2015 年 3 月

本書目錄

本書目錄

第 2 章 著作權法（一）

本書目錄

第3章 著作權法（二）

本書目錄

第 **4** 章 專利法（一）

本書目錄

第 **5** 章 專利法（二）

本書目錄

第 6 章　商標法

本書目錄

偵查保密令之撤銷、變更

救濟程序

UNIT *7-9* 競業禁止 240

在職中與離職後之競業禁止

轉業之自由

UNIT *7-10* 針對競業禁止約定之建議 242

UNIT *7-11* 國安法對營業秘密之規範 244

處罰範圍明確化

增訂經濟間諜罪與域外使用法則

法人兩罰規定

偵查保密令之適用

案件管轄之規定

UNIT *7-12* 智慧財產案件審理法 246

查證人制度

徵求第三人意見

案件管轄權之規定

第 **8** 章 文化資產保存法

UNIT *8-1* 立法目的與定義 250

有形文化資產

無形文化資產

UNIT *8-2* 2016 年修正重點與主管機關 252

修正重點

主管機關

UNIT *8-3* 古蹟、歷史建築、紀念建築及聚落建築群、考古遺址 254

UNIT *8-4* 史蹟、文化景觀、古物 256

UNIT *8-5* 自然地景、自然紀念物、無形文化資產與獎勵 258

自然地景與自然紀念物

無形文化資產

本書目錄

第1章

智慧財產權法的基本概念

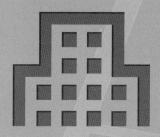

●●●●●●●●●●●●●●●●●●●●●●● 章節體系架構 ▼

UNIT 1-1
什麼是智慧財產權法

圖解智慧財產權

知識經濟時代來臨，有形資產衡量國家財富的標準已逐漸勢微，國力強盛與否的指標，取決於對智慧財產的創造、保護、管理與應用之綜合表現，智慧財產即是國家對於人類精神活動成果保護之權益總稱，亦屬財產權中無體財產類別；財產權受法律保障，任何人不得侵害。在法治教育宣導下，民法規定侵害他人財產，輕則賠償，重則被處以刑責，於是乎我們對於他人有形財產之權利較為尊重；但你知道嗎？我們常常未經發明人同意或授權，任意且擅自仿冒其研究成果，早已觸犯法律相關規定而不自覺。「昨日的創新是今日的傳統，今日的創新是明日的傳統」。一般社會大眾要如何能善用既有知識和經驗，進一步從事研發工作呢？經由政府公開出面，以契約方式和發明家簽署授權文件，將這項新技術廣泛宣導，讓任何人得以複製或修正後，不斷地再去尋求新的發明題材，不至於因重複發明而浪費社會資源。

(一) 著作權法

著作權源自英文 copyright，也就是複製權，此乃因過去印刷術不普及，當時社會認為附隨於著作物最重要之權利，莫過於將其印刷出版之權，故有此稱呼。不過隨著時代演進及科技的進步，著作的種類逐漸增加，不再侷限於出版或複製的範疇。國內民間亦沿用日本之用法，將著作權稱為版權，但是中文最早使用「著作權」一詞，可推至中國第一部的著作權法律 ——「大清著作權律」，即開始以著作權稱之，並沿用至今，因此版權並非法律用語，也不是正確的用法。

(二) 專利法

政府致力推動六大新興產業中，有關生物技術、綠色能源及精緻農業等產業之發展，與專利權至為攸關，如何協助產業創新研發，提升國家整體競爭力，已成為政府當前之首要目標；為鼓勵產業創新研發，及提升專利審查品質之需要，我國專利制度勢必應與國際規範相調和，始能兼顧國內外產業競爭，冀以提升我國經濟實力及產業競爭力。

(三) 商標法

自古老的希臘及羅馬時代至今，在不同的物品上貼上標籤或名字，使商標成為一種吸引大眾的方法，顧客依憑商標來決定他們要購買的商品及服務，更加提高商標在全球性的市場上地位，因為商標具有標明產品等功能與吸引顧客的經濟價值，所以更需要保護及管理。尤其近年來，各種商業行為推陳出新，商標與商業行為具有密切關係，將維護市場公平競爭秩序列為商標法立法考量，已成為國際立法趨勢，例如加強對著名商標之保護及對酒類地理標示之保護等予以明文規定，即係著眼於維護市場公平競爭秩序之考量。

(四) 營業秘密法

維護各經營者間良性競爭與產業倫理，營業秘密保護成為智慧財產權十分重要的一環，即法律保護「營業秘密」已是各國共識，營業秘密法單獨立法能更有系統，並獨立處理營業秘密相關糾紛。

智慧財產權

智慧財產權

著作權法（全文共 117 條）

專利法（全文共 159 條）

商標法（全文共 111 條）

營業秘密法（全文共 16 條）

國際組織

世界貿易組織（World Trade Organization, WTO）	世界貿易組織於 1995 年 1 月 1 日正式誕生，成為接替關稅暨貿易總協定的國際貿易機構，它的任務是監督國際商務活動，並負責清除世界貿易的障礙，總部設在日內瓦，關貿總協的一百多個會員國，經過長達七年的烏拉圭回合貿易談判，於 1993 年 12 月 15 日始達成世界貿易協定，並於 1994 年 4 月 15 日簽訂最終協議，奠定成立世界貿易組織的法源。台灣於 2002 年 1 月 1 日成為 WTO 正式會員，因此也受到上述協定及公約之限制。
世界智慧財產權組織（World Intellectual Property Organization, WIPO）	世界智慧財產權組織是一個國際性政府組織，為聯合國 17 個專門機構之一，經多年醞釀，於 1967 年 7 月 14 日的斯德哥爾摩會議中，經由 51 國簽訂公約正式成立，WIPO 主要是透過國際合作，促進全世界智慧財產權之保護，截至 2021 年 1 月，共有 193 個會員國，以多邊協定方式，處理各國間智慧財產權相關法令與行政工作，包括 WIPO 公約在內，擁有 25 項智慧財產權相關國際條約。

★與貿易有關之智慧財產權協定

　　與貿易有關之智慧財產權協定（Trade Related Aspect of Intellectual Property Rights），1996 年 1 月 1 日正式生效，為目前國際間提供智慧財產權保護態樣最為廣泛之單一多邊協定，本協定除訂定相關權利之最低保護標準外，包含各項實質權利的內容、行政層面的執行保護程序，與司法層面的救濟管道等，強制要求會員國間遵守並履行該條約上之義務，堪稱最具約束性的國際性協定。2002 年 1 月 1 日，我國正式成為該協定的成員國。

UNIT 1-2
智慧財產權法的世界觀

(一) 著作權法

世界第一部著作權法是英國國會於 1709 年 12 月 12 日通過的安妮法案（The Statute of Anne），1710 年 4 月 10 日施行國際最早之著作權公約為「伯恩公約」（The Berne Convention for the Protection of Literary and Artistic Works），隨後陸續有 1961 年之「羅馬公約」（Rome Convention）及 1971 年 7 月在巴黎簽訂之世界著作權公約（Universal Copyright Convention, UCC）。晚近世界貿易組織（World Trade Organization, WTO）之「與貿易有關之智慧財產權協定」（Trade Related Aspect of Intellectual Property Rights, TRIPS）及世界智慧財產權組織（World Intellectual Property Organization, WIPO）1996 年 12 月 20 日外交會議通過之「表演及錄音物條約」（WIPO Performances and Phonograms Treaty, WPPT；目前有 68 個締約國）及「著作權條約」（WIPO Copyright Treaty, WCT；至今已有 70 個會員國），均是世界各國在制定其國內著作權法或是與其他國家在貿易中涉及彼此國民間著作權保護時，彼此相互遵守的重要國際公約。

(二) 專利法

專利起源眾說紛紜。目前文獻上世界公認 1474 年威尼斯共和國，所頒布的威尼斯共和國專利法（Venetian Patent Ordinance），對一創作或發明必須具有實用性、新穎性及進步性等要件，方授予 10 年期之專利權，嚴禁非經發明人同意或授權，不可於威尼斯境內製作相同或類似之器械，堪稱為最早之專利成文法。

1883 年於法國巴黎訂定之「有關工業財產權保護之巴黎公約」（The Paris Convention for the Protection of Industrial Property），首推為世界上最重要之條約。巴黎公約並非統一法，最主要謀求各國不同之專利法與國際間協調為原則，是目前適用性最廣泛、締約方最龐大的工業產權條約，亦是人類歷史上，第一個保護智慧財產權的重要公約。

繼巴黎公約後，另一重要國際性專利條約——「專利合作條約」（Patent Cooperation Treaty）。1970 年 5 月在華盛頓召開的巴黎公約成員國外交會議上，根據美國所提出的建議「在專利申請案上簽訂一個接受和初步審理方面，進行國際合作的條約」，著重在解決國際間申請專利的問題，讓屬地主義的專利申請制度，因此有了靈活運用的空間，該條約於 1978 年 6 月 1 日正式生效。

(三) 商標法

1967 年修訂於斯德哥爾摩之「保護工業財產權之巴黎公約」（Paris Convention for the Protection of Industrial Property），1991 年 4 月簽署世界貿易組織協定，其中亦做成關於智慧財產權之規範內容。「關稅貿易總協定」於 1993 年 12 月 15 日達成最終協議，1994 年 4 月各國於烏拉圭談判所簽署之「與貿易有關之智慧財產權協定」（Agreements on Trade Related Aspect of Intellectual Property Rights, including Trade in Counterfeit Goods，簡稱 TRIPS 協定）。

著作權國際公約

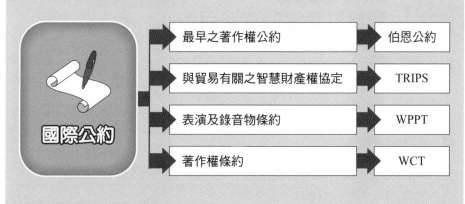

國際公約

最早之著作權公約	伯恩公約
與貿易有關之智慧財產權協定	TRIPS
表演及錄音物條約	WPPT
著作權條約	WCT

專利法世界觀

世界第一部專利權法	威尼斯共和國專利法
最重要的一部專利權法	巴黎公約
最具約束性的國際性協定	與貿易有關之智慧財產權協定（廣泛之單一多邊協定）
我國第一部專利權法	1898 年清光緒帝所頒行之「振興工藝給獎章程」
現行的專利法	2022 年 5 月 4 日最近一次增訂公布第 60 條之 1，施行日期定自同年 7 月 1 日施行

商標法相關公約

國際公約

巴黎公約（Paris Convention）1883 年 3 月 20 日於巴黎簽署後經修改和訂約的〈保護工業產權巴黎公約〉

與貿易有關之智慧財產權協定

世界智慧財產權組織公約

商標法新加坡條約（統合及協調各國商標申請程序）

商標法條約（Trademark Law Treaty）締結商標法條約外交會議 1994 年通過

商標註冊用商品和服務國際分類尼斯協定一有關尼斯分類指 1957 年 6 月 15 日於尼斯簽署後經修改和修訂的

UNIT **1-3**
智慧財產權的立法目的

(一) 著作權法

著作權法像天平般，均衡著作者或著作權人之個人權益與使用者之社會公共利益，立法目的有三：

❶ 保障作者的權益

著作權保護的目的是用來保護人類的精神創作，尤其是與文化有關的精神創作，例如文學、藝術、科學等。若是著作人的創作受到他人之侵害，則可能會使著作人無意願再為發表其創作，這將是人類文化上的損失。

❷ 調和社會公共利益

為保障著作權人的著作權，使著作人願意將其作品公開或授權給他人使用，並能從中得到精神及實質上的肯定，也就是使用者付費，創作者能得到適當的對價，藉此調和社會公共利益，促進國家文化發展。

❸ 促進國家文化發展

世界各先進國家均以立法規範，一方面保障創作者的權利，另一方面亦給予相當之限制，以促其流通性，讓創作能因共享而綿延不斷，增進人類文化之發展。

(二) 專利法

「專利權」標榜國家或機構創新研發之能量。透過完善的法規授予專利權保護，建立制度鼓勵創造與發明，互益的遊戲規則調和著私益保護與公共利益兩者，最終目的莫過於刺激經濟或產業之發展。

❶ 保障私人利益

專利法就是從「鼓勵、保護、利用」等角度，直接或間接保障其發明之成果，發明者也總希望創作品能在市場上，為他們賺進經濟上的實質利益（或名聲上之回報），以達天賦人權之財產權觀念。

❷ 促進公共利益

回顧 1949 年第一部實施之專利法，第 1 條明文規定：「凡新發明之具有工業上價值者，得依本法呈請專利」，政府計畫以發展工業帶動經濟成長，於 1979 年（第三次）修正時，將「工業上價值者」放寬至「產業上利用價值」，由此推知，政府希望藉由專利法修定釋放大利多，活絡產業以達提升國家整體經濟實力，故公益本質亦為專利制度下主要精神之一。

(三) 商標法

商標法的立法目的如下：

❶ 保障商標權、證明標章權、團體標章權及團體商標權

商標法採註冊保護制度，保障商標或標章註冊權益。

❷ 保障消費者利益

商標法必須以相關消費者或相關公眾，不會發生混淆的疑慮，作為權利取得或存續的要件，藉以保障消費者利益。

❸ 維護市場公平競爭

商標法防止並阻止他人有損害其權益的使用或註冊，以達促進工商企業正常發展之宗旨。

❹ 促進工商企業正常發展

現今國際交通迅捷，網路交易活躍，為避免抄襲及搶註他人商標之行為，係透過立法以排除不公之市場競爭行為。

著作權法保護的目的

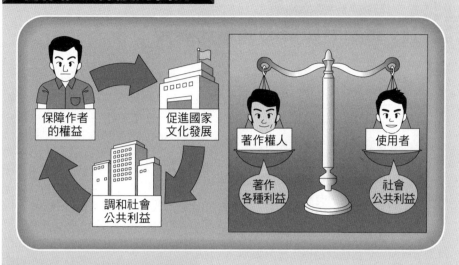

保障作者
的權益

促進國家
文化發展

調和社會
公共利益

著作權人

使用者

著作
各種利益

社會
公共利益

專利法保護之目的

專利法保護
之目的

鼓勵、保護、利用發明與創作，以促進產業發展

保障私人利益

促進公共利益

商標法保護之目的

商標法保護
之目的

保障商標權、證明標章權、團體標章權及團體商
標權

保障消費者利益

維護市場公平競爭

促進工商企業正常發展

UNIT 1-4
智慧財產權的價值在哪裡

知識、技術和新發明帶來嶄新的經濟效益，智慧財產權的所有權成了經濟效益的利器，在法律上有所保障，可以拉開競爭者的追趕，也可以遏止仿冒侵權的發生，讓智慧財產權擁有者具有絕對的經濟利益。然而智慧財產權的取得向來是自我研發、創作，需要時間的積累才能有所成就，甚至沒有成就，這也產生了智慧財產權的買賣發生，就像人類交易行為一樣，無法自產的物品便以金錢或勞務換取，智慧財產權的售出與購入也是如此。如何買賣智慧財產權，是近年來的熱門話題，操作此種資產的除了鎖定特定買賣標的的企業、仲介團體外，還包括基金經理人、投資客等，智慧財產權被視為有別於傳統金融產品的投資利器，無形資產的買賣形成新興的經濟勢力，正確的資產估價與流通方式，將能更周全的保障買賣雙方與整體交易市場。

(一) 進入銷售市場的捷徑

直接購買智慧財產權是絕佳的市場發展武器，因為不需經由冗長的研發試驗程序，也相對節省了生產成本，而購買人要留意購買的智慧財產權是否權益完整，出售人擁有合法的所有權，該項權利的聲譽與評價，其他如藉由此項權利開發成商品後進入市場的人脈管道，與社會關係的連結都是決定的關鍵；買方同時要確保該權利的授權契約有效，及製造商、經銷商、當地顧問間的關係和睦，以維持市場的活絡與價值。此外，還須在產品被公開前保持保密性，避免商品化的過程不如預期，而影響公司商譽。

(二) 獨占市場的利器

買方也有可能純為占有市場，防止競爭對手搶得先機瓜分市場，其原先根本沒有造成商品進軍銷售市場的計畫，亦即購買智慧財產權的目的，只為防堵競爭對手能創新產品的機會，而終極目標仍為獨占市場避免流失客戶，買方甚至可能買下競爭對手取得授權的公司，以斷絕其取得授權的來源。然而此種斬草除根的做法，在交互授權頻繁的資訊業中並不值得推崇，不但容易造成爭訟的來源，更無益於事業的永續發展和良性互動；當訴訟發生時，也有可能被控侵權的被告成為買方，即買下對造的智慧財產權結束訟爭，取代昂貴的訴訟費用及冗長的權利攻防過程。

無論基於何種理由，買方於買下智慧財產權時，都應對維持、執行及保障該權利付出心力，以維持該資產的價值，因而，買方於買受時亦應慎重思考該當維護費用，該費用有可能還超過買方當時購買的權利價值，因此買方是以何種心態買受該權利值得慎思。

(三) 智慧財產權有其核心價值

如新發明的藥品搭配單一專利權即可，但如其他工業產業則不然，一種產品可能伴隨多種專利或商標、營業秘密等權利，買方在此種情形購買某一種專利，無法滿足其獨占市場壟斷顧客來源的目的，亦無助於經濟效能的提升。因此，建議若買方不是為了開發新商品的目的而購買智慧財產權時，要確認其價值是否符合買方想像；若是要開發新產品的情形，還要考慮與其他權利的關聯性，避免買到的智慧財產權實質效益無法發揮。

智慧財產權如何購買

智慧財產權
如何購買

▶	是否也一併購買智慧財產權所附著的事業體
▶	經由公開拍賣
▶	經由法院執行
▶	經由網路交換
▶	經由授權方式

智慧財產權如何出售

為何要出售	當維護智慧財產權的費用過高，或公司進行合併時所買入的智慧財產權，甚至是為了研發或實驗所添購的項目，未料表現不如預期，或如商標所有人不再使用該商標，或已結束該產業之營運，都有可能是出售智慧財產權的原因。
出售內容	閒置未用的智慧財產權可能被權利人遺忘，因此，權利人應固定檢視本身所擁有的權利內涵，也許目前對該等權利沒有任何使用計畫，也沒有產生獲利，但權利人應在出售前仔細檢測，是否確定不再使用或未來仍有使用的機會，賣方在買賣契約中加入「買回條款」，也是一項可行的建議方式。
如何出售	權利首重包裝其出售的智慧財產權以吸引買家，仰賴仲介人士也是一種做法，權利人也可以將智慧財產權資產交由仲介團體。
保密義務	買賣雙方對保密義務的遵行能維護智慧財產權資產的交易，尤其是涉及專利的部分，建議賣方至最後成交階段才對買方提供核心資訊，或聘請第三人撰寫契約，徹底防範秘密資訊被外洩的可能。
不出售的替代方案	將無形資產證券化是不出售智慧財產權但仍可獲利的方式，在無形資產證券化中資產來自因智慧財產權而產生的現金流量，另一種對權利人有利的方式是經由仲介團體，獲取對其所有的智慧財產權之利益，或將權利經由授權方式取得對價，皆比直接出售還能保有所有權。

知識
補充站

　　智慧財產權的價值仰賴許多和傳統資產不盡相同的因素，買方的購買意願影響智慧財產權之買賣價格，如專利的獨特及稀有性，或法院對相關案件的見解看法，都會對智慧財產權的價格產生影響，舉例而言，商標估價遠比專利容易，因為商標價值往往依附在其商譽（good will）上，並和實際的商品相結合，以市場上對此商品的評價很容易估算出該商標之價值。此外以下有三種方式檢測智慧財產權的價值：❶市場價值；❷取代或重新建立此智慧財產權的費用；❸此智慧財產權能創造的收益現值。

UNIT 1-5
我國智慧財產權法的主管機關

1927 年成立全國註冊局，負責台灣的商標、著作、專利等智慧財產權和營業秘密事項，也就是當時的主管機關；1947 年，公布「經濟部中央標準局組織條例」，將度量衡局及工業標準委員會，合併成立「經濟部中央標準局」，此時的業務主管機關二度改名；1999 年，改制為「經濟部智慧財產局」，納入著作權、積體電路電路布局、營業秘密等業務，另將標準、度量衡業務，移撥至經濟部標準檢驗局，終設有專屬機構，以其模式運作至今日。目前我國商標法、專利法、著作權法的主管機關，皆為經濟部。

(一) 中央標準局

經濟部成立於 1937 年 12 月，主管農林、工業、商業、礦業、水利等事務，1947 年，政府制頒「經濟部中央標準局組織條例」，將當時的度量衡局及工業標準委員會合併，成立中央標準局，職掌度量及標準兩項業務。嗣政府遷台後，經濟部於 1950 年 4 月 24 日訓令由中央標準局兼辦專利業務，於 1954 年再辦商標業務，並延至 1979 年始修正中央標準局組織條例，增設專利處及商標處，專責辦理專利及商標兩項業務。1993 年 6 月 25 日行政院在第 2337 次院會中通過「全面貫徹保護智慧財產權行動綱領」，決議於經濟部設置智慧財產權專責機關，統合專利權、商標權、著作權及其他智慧財產權之登記、管理、法制及保護等有關規定，以統一事權，強化行政組織及行政功能，此項工作並責由中央標準局統籌辦理。

(二) 智慧財產局

1996 年 10 月為落實智慧財產權保護政策，依經濟部組織法第 8 條規定，設置專責機關智慧財產局，辦理專利權、商標權、著作權及其他智慧財產權等業務。經濟部智慧財產局組織條例於 1998 年 10 月 15 日經立法院三讀通過，並於同年 11 月 4 日經總統頒令公布。

經濟部中央標準局於 1999 年 1 月 26 日正式改制為經濟部智慧財產局。智慧財產局的成立，使我國智慧財產權運作機制進入一個嶄新的階段，於智慧財產權之行政、管理及保護上，發揮了統合專利權、商標權、著作權、積體電路電路布局、營業秘密及其他智慧財產權等業務的力量，加速我國產業科技的發展，提升我國整體的經濟力量和國家競爭力。是以，商標業務主管機關為經濟部，辦理商標業務之專責機關為經濟部智慧財產局。

小博士解說

智慧財產局統合專利權、商標權、著作權、積體電路電路布局、營業秘密及其他智慧財產權等業務，加速我國產業科技的發展，提升我國整體的經濟力量和國家競爭力。

台灣於 2008 年 7 月 1 日正式成立智慧財產法院（現改為：智慧財產及商業法院），而「智慧財產案件審理法」及「智慧財產法院組織法」兩大智慧財產新法亦同時施行。依據智慧財產案件的特性，配置技術審查官協助法官處理有關專業技術上之爭點、強化法院在保全證據上之強制權等以利蒐證進行、增訂秘密保持命令制度以保護於訴訟程序中揭露之營業秘密、由民、刑事庭法官對於專利有效性之爭點自行認定等多項制度上的設計，以促進智慧財產訴訟之進行，最重要的還是期望藉由法官的專業化，提升智慧財產案件的審理品質。

智慧財產局主管機關階層圖

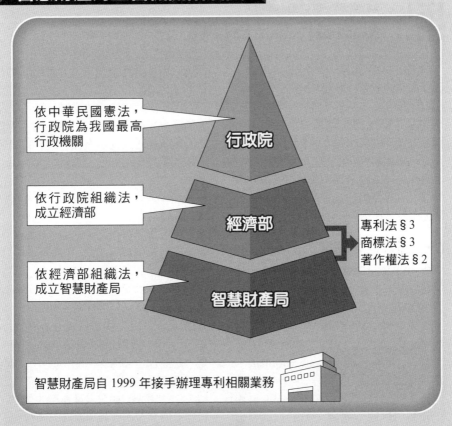

依中華民國憲法，行政院為我國最高行政機關

依行政院組織法，成立經濟部

依經濟部組織法，成立智慧財產局

行政院

經濟部

智慧財產局

專利法§3
商標法§3
著作權法§2

智慧財產局自 1999 年接手辦理專利相關業務

經濟部智慧財產局組織圖

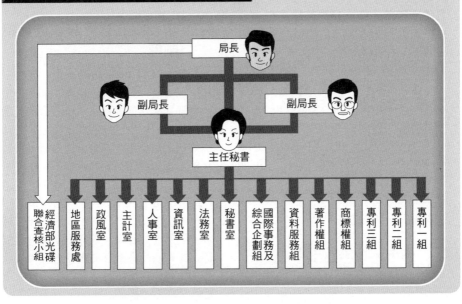

局長

副局長

副局長

主任秘書

經濟部光碟聯合查核小組

地區服務處

政風室

主計室

人事室

資訊室

法務室

秘書室

國際事務及綜合企劃組

資料服務組

著作權組

商標權組

專利三組

專利二組

專利一組

UNIT 1-6
我國著作權法的發展

我國著作權法自 1928 年制定以來，著作權法的主管機關是由內政部主管著作權業務，這在世界上並不多見。鑑於智慧財產權在國際貿易中地位日漸重要，在 2001 年 11 月 12 日著作權法修正時，正式將著作權的主管機關改置於經濟部，並由經濟部下設立之智慧財產權局為專責機構，且將商標、專利、營業秘密及著作權等事項合併管理。

(一) 迎合世界趨勢

我國自 1928 年國民政府頒布著作權法起，至今歷經 21 次修正，最新一次於 2022 年 6 月 15 日。

國際最早之著作權公約為伯恩公約，它可溯源自國際文學作家協會（Association litteraire internationale，1878 年成立於法國巴黎之非政府組織）經數年討論後，在 1886 年 9 月 9 日由比利時、法國、德國、大不列顛、海地、義大利、賴比瑞亞、西班牙、瑞士及突尼西亞等 10 國於瑞士首都伯恩簽署了「保護文學及藝術著作之伯恩公約」，並自 1887 年 12 月 15 日生效，目前有 181 個會員國。

隨後陸續有 1961 年之「保護表演人、錄音物製作人及廣播機構之國際公約」（The International Convention for the Protection of Performers, Producers of Phonograms and Broadcasting Organizations，簡稱為羅馬公約，Rome Convention）及 1971 年 7 月在巴黎簽訂之「世界著作權公約」（Universal Copyright Convention, UCC）。

(二) 採用創作生效主義

從作者創作的觀點，將自己的思想或感情表達出來，讓其他的人能感知到創作的內容，著作就誕生了，而此著作的權利就應屬於作者所享有。但是，由於時空環境變遷與科技或媒體發展，政府對於人民思想與言論自由的開放程度，以及大眾對著作使用多樣方式，有關著作權的保護制度，已揚棄最早期的許可制。

雖然在創作保護主義精神下，採用只要著作完成，並不須經過任何程序或手續，就可擁有著作權，這對著作權人的保障而言，簡單且明確。但是，亦有人認為沒有了註冊登記的程序，缺少了主管機關核發的登記證明文件，以及登記後的公示制度，反而在權利歸屬發生爭議時，著作權人的舉證責任也隨之加重。因此，須提醒著作權人特別注意的是，應該保留如著作原稿、原件、設計草圖等創作過程及發行或其他有關資料，作為將來證明自身著作權之依據，日後若有發生著作權爭議時，著作權人可以將其創作過程的資料提出，當作有利之證據。

(三) 結合網路世界與集體授權制度

2009 年 4 月 21 日通過修正「著作權法」，主要針對避風港條款，即著作權人得通知網路服務提供者移除網路流通之侵權資料，而網路服務提供者若遵循法律所定之程序，亦得就使用者侵害著作權及製版權之行為，主張不負損害賠償責任；同年 11 月 17 日公布 ISP 業者民事免責事由實施辦法；隨後 2010 年 1 月 12 日立法院三讀通過將「著作權仲介團體」修正為「著作權集體管理團體」；在此說明，探討著作權侵害規制與 ISP 責任歸屬認定，乃為網路世界中已不可迴避之議題。

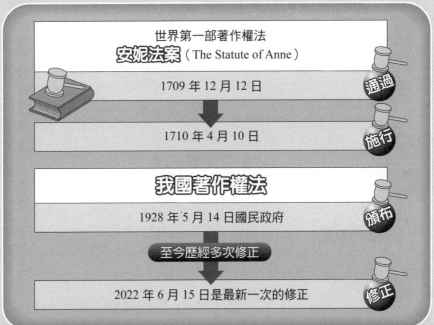

世界第一部著作權法
安妮法案（The Statute of Anne）

1709 年 12 月 12 日	通過
1710 年 4 月 10 日	施行

我國著作權法

1928 年 5 月 14 日國民政府	頒布
至今歷經多次修正	
2022 年 6 月 15 日是最新一次的修正	修正

UNIT **1-7**
我國專利法的發展

近代史上第一部有關專利的法規，是1898年清光緒帝所頒行之「振興工藝給獎章程」，該章程明定製造船械槍砲等產品，准許集資設立公司，並依其生產方式、創新程度，分別准予10至50年不同之保護；民國元年12月工商部公布「獎勵工藝品暫行條例」，為國民政府時代最早之相關法令，該條例目的在於鼓勵工業之興辦。

(一) 混沌不明時期：1944～1979

明文之專利法規，1944年制定完成，1949年實施。1958年外匯貿易改革方案，政府改採「獎勵投資發展出口」，進口代替轉向出口擴張時期；專利法於1959年、1960年兩度修法，分別就互惠條款及部分條文，做文字上的修正。1970年代末期，兩度石油危機，專利法又開始受到業界的重視。

雖明文規定「經濟部設立專利局掌理」，卻始終未設獨立之專利局，相關業務委由中央標準局兼辦，無專屬機構；再者，專利工作未受重視，專家學者以兼任身分審查，外審制度造成品質低落、權責不明，甚至缺乏明確審查基準與完善鑑定制度；總言之，專利制度仍問題重重，於是乎1978年大幅修正條款，通盤檢討申請要件、期間、審查程序等相關內容。

(二) 制度重建時期：1980～1999

1980年代，台灣企業邁入國際化，引進新技術開發新產品，產業結構明顯轉向高科技挑戰，如新竹科學園區，正是政策調整之重要指標；建立與發展技術產業的同時，各式各樣的專利權糾紛也蜂擁而至，政府與企業不得不嚴肅正面迎戰這個燙手山芋。

美國貿易與財政雙赤字，遂將智財權視為對付外國平衡貿易的重要手段，每年貿易談判不斷以「301條款」或「超級301」對我國施壓，要求修改法律與加強智財權之保護。歷經1986年、1994年及1997年三次重大修訂，特別是1994年修正專利法全文，就是為了與國際制度接軌，積極努力重返關稅暨貿易總協定（GATT）而努力；又因與最終協議草案規定有所出入，1997年再度修正。此時我國專利法已達國際標準。

(三) 國際併軌時期：2000～

2001年引進國內優先權制度、導入早期公開制度、廢除追加專利相關規定等，使申請審查業務單純、合理化；2003年為加速建構更完善的創新環境，修正重點放在健全專利審查機制、智財權除罪化等項目；2010年為配合審查實務需要，做技術性改正，包括統一對某些專有名詞，或名稱的使用、明確授權的屬性等做調整。

2012年修正全文159條，本次修法幅度甚鉅，主要可分為專利審查、權利維護、專利權例外、修改強制授權與開放部分設計專利等方面，其中修改強制授權為歐盟特別關切之項目。2019年，為配合國家經濟法規鬆綁，因應國際規範調整及完備審查實務作業，部分之修正。2022年為配合我國推動加入跨太平洋夥伴全面進步協定（CPTPP），導入專利連結制度，新增第60條之1條文，將學名藥能否取得藥品許可證與有無侵害新藥專利權加以連結，以在學名藥之藥品許可證審查程序中，便釐清潛在侵權爭議。

我國專利史

混沌不明時期 1944～1979	❶ 1944 年制定完成，1949 年實施，乃參酌他國立法例後，可謂是世界各國專利法中的後生晚輩。 ❷ 1958 年外匯貿易改革方案，政府改採「獎勵投資發展出口」；專利法於 1959 年、1960 年兩度修法，分別就互惠條款及部分條文，做文字上的修正。 ❸ 雖明文規定「經濟部設立專利局掌理」，卻始終未設獨立之專利局；再者，專利工作未受重視，專家學者以兼任身分審查，外審制度造成品質低落、權責不明，甚至缺乏明確審查基準與完善鑑定制度。
制度重建時期 1980～1999	❶ 1980 年代，台灣企業邁入國際化，引進新技術開發新產品，產業結構明顯轉向高科技挑戰。 ❷ 美國貿易與財政雙赤字，遂將智財權視為對付外國平衡貿易的重要手段，每年貿易談判不斷以「301 條款」或「超級 301」對我國施壓，要求修改法律與加強智財權之保護。
國際併軌時期 2000～	❶ 21 世紀進入知識密集型產業，發展戰略著重研發與創新。 ❷ 2019 年修法主要為擴大核准審定後申請分割之適用範圍及期限、提升舉發審查效能、限制新型專利得申請更正之期間並改採實體審查、延長設計專利權期限、檔案保存年限、其他健全法制事項及過渡條款。

★近年修法重點

❶ **開放動植物專利保護**
開放動、植物為可准予發明專利之標的，作為發展生技產業的重點配套措施之一。

❷ **增修效力不及之事項**
非出於商業目的之未公開行為、以研究或實驗為目的實施發明之必要行為、為取得藥事法所定藥物查驗登記或國外藥物上市許可而從事之研究、試驗及相關必要行為，皆為專利權效力所不及。

❸ **調合國際增訂公共衛生議題**
我國人民得利用此一機制，協助開發中國家及低度開發國家，依法透過強制授權取得所需醫藥品。

❹ **強制授權周延化**
將「特許實施」修正為「強制授權」之用語；明定須與公益之非營利使用、再發明等事由連結，以作為強制授權之依據。

❺ **提升專利權人權益保障**
導入「復權機制」，針對申請人或專利權利人非因故意，未於申請專利同時主張優先權，或未依時繳納專利年費而導致喪失專利權者；亦修正補正優先權證明文件之法定期限，擴大優惠期主張之適用範圍，包含新穎性及進步性等。

❻ **設計制度之變革**
主要包含變更設計專利名稱為「設計專利」、開放部分設計之申請、Icons（電腦圖像）及 GUI（使用者圖形介面）之申請、成組物品之申請、擴大設計的保護等制度。

❼ **針對現行專利法修正部分**
因應實務需要做一通盤檢視，大致包含一案二請及新型專利制度整體規劃修正、專利侵權相關規定、鬆綁程序性相關規定、有關補充、修正時限之限制規定均予刪除、修正專利年費逾期補繳及回復專利權相關規定、增訂可取得申請日之說明書外文本之外文種類及其應載明之事項由細則定之等規定。

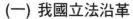

UNIT **1-8**
我國商標法的發展

原始社會物品上出現的銘文、年號、花紋、圖案等，由原先的裝飾功能到商品交換時的印記紀錄，其後，農業社會發展到工業時代時，工匠為了標明他的產品而將其簽字或「標記」印製在其藝術品或實用產品上，這些標記演變成為今天的商標註冊和保護制度，因為商標所標示的該產品或服務符合需求，能幫助消費者辨識某種產品或服務，因此方便在選購時的區別與確保品質。

(一) 我國立法沿革

中國在漢代的鐵器上已經有產地標記，至宋代用於功夫針上的白兔標誌，都是商標的雛型。我國則於1930年5月6日制定公布，1931年1月1日施行。商標法自1930年5月6日制定公布，並自1931年1月1日施行，歷經17次修正，2023年5月24日修正公布，施行日期由行政院定之。因近年來工商企業發展快速，商業交易型態活潑多元，且因商標流通具有國際性，而統合及協調各國商標申請程序之商標法新加坡條約（The Singapore Treaty on the Law of Trademarks, STLT）已於2006年3月在新加坡舉行之外交會議通過，並於2009年3月正式生效，使台灣與國際規範能相互調和，商標法納入該條約相關規定，使商標權保護更加周延，在2011年6月29日才進行修法。

(二) 經濟發展促進商標價值

隨著國際發展，商標在經濟上的價值更具重要性，為發展國家經濟，必須保護此種財產權的不受侵害，商標如果被不法商人冒用或影射以非法圖利，市場必定充滿贗品，不僅妨害工商業的正常發展，影響消費者利益，也會使國外的投資者卻步，尤其我國正在加速經濟之發展，獎勵投資，吸引外資，如仿冒商標的風氣猖獗，對於經濟發展可謂甚鉅，尤其是仿造已在我國合法註冊之外國商標輸出者，更影響我國際商譽。

(三) 商標的多樣性變化

商標的存在主要為彰顯商品或服務的識別性，傳統商標以形體、樣式或設計包裝的新穎度，吸引消費者的注意以增加其購買慾，然而現今社會多元迅速的變遷，為達到刺激社會大眾感官的目的性，業者無不嘗試以顏色、氣味，甚至動畫、觸覺、味道等等，突出商品或服務的獨特性，促使消費者產生強烈的消費誘因與其影響。

台灣為順應國際已開放各種非傳統商標得作為註冊保護之態樣潮流，並保障業者營業上之努力成果，亦自2003年修改以列舉方式規定由文字、圖形、記號、顏色、聲音、立體形狀或其聯合式所組成之商標為註冊保護之範圍，開放任何足以識別商品或服務來源之標識，皆能成為本法保護之客體，並例示商標得由文字、圖形、記號、顏色、立體形狀、動態（motion marks）、全像圖（hologram marks）、聲音等之標識，或其聯合式標識所組成，即商標保護之客體不限於所例示之情形。2011年的商標法施行後，非傳統商標申請案件必須符合──商標圖樣需以清楚、明確、完整、客觀、持久及易於理解方式呈現，且提出具有識別性之證據資料者均可申請，2012年7月1日台灣智慧財產局開放氣味商標申請註冊。

商標法立法沿革及目的

早期商標法立法沿革及目的

我國重視商標的重要性始於 1840 年鴉片戰爭後，帝國主義列強紛紛強迫滿清政府於對外通商條約中訂立保護外國商標的條款，如 1902 年的中英續訂商約、1903 年的中美商約。

1904 年滿清政府頒布第一部商標法 ——「商標註冊試辦章程」，由當時擔任中國海關總稅務司的英籍赫德起草。

1923 年北洋政府以該法為基礎，參照英國駐使國代譯條款，公布商標法及其施行細則。
民國成立後，北京政府頒布商標法，將商標種類分為文字、圖形、記號或其聯合式，且須指定顏色，我國現行商標法為 1930 年公布，1931 年施行。

1958 年修訂時明定商標文字應以國文為主，讀音以國語為準，得以外文為輔。

1993 年配合工商企業高度發展、社會經濟型態變遷，及積極重返 GATT，刪除商標圖樣須以中文為主之規定。
2003 年因應國內企業發展需要、國際立法趨勢，增訂聲音、立體形狀、單一顏色之非傳統商標，使我國商標種類更多元化。

知識補充站　★近年修法重點

近年，由於我國欲申請加入「跨太平洋夥伴全面進步協定」，其為目前世界上規範最進步、自由化程度最高、涵蓋經濟量體最大的貿易協定之一，透過修法調整商標侵權之主觀要件判斷標準，亦針對仿冒行為，增訂刑罰規定，接軌國際標準，以完備商標保護，吸引外資。

UNIT **1-9**
我國營業秘密法的發展

圖解智慧財產權

　　智慧財產權過去以專利權、商標權、著作權較為人所知悉，然而我國的產業結構，從過去單純的勞力代工階段，逐步演進至具有自主研發的能力時，對於智慧財產權相關權利之保護，卻因產業急速邁進而無法同步，此時為了因應 WTO 及 TRIPS 規定之要求，我國於 1996 年 1 月 17 日制定通過「營業秘密法」全文共 16 條，讓國內對於新興之無體財產權即「營業秘密」之領域，能與國際接軌以順應世界潮流。

(一) 國際規範

　　根據 TRIPS 第 39 條，對於有關營業秘密之未公開資訊保護（Protection of Undisclosed Information），規範於第二篇第七節第 39 條以下。TRIPS 使得傳統上僅著重於商品與服務貿易的 GATT 之規範範圍隨之擴大，而及於與貿易有關的智慧財產權與防止仿冒品之貿易，將智慧財產權之保護納入規範，該協定明確要求會員國對營業秘密應予以法律保護，我國加入 WTO 後，智慧財產權的立法與法律的修正，當然更加配合國際規範。

(二) 2013 年修法

　　公布增訂第 13 條之 1 至第 13 條之 4 條條文，2013 年修法增訂侵害營業秘密的刑責，並針對意圖域外使用情形，大幅加重刑事責任與民事賠償，犯罪主觀上，行為人須有意圖：❶ 為自己不法利益；或 ❷ 為第三人不法利益；或 ❸ 損害營業秘密所有人利益。客觀行為態樣可分為：❶ 不法取得：以竊取、侵占、詐術、脅迫、擅自重製或其他不正方法而取得營業秘密，或取得後進而使用、洩漏者；❷ 合法取得違法

利用：即未經授權或逾越授權範圍，重製、使用或洩漏該營業秘密者，或是經營業秘密所有人告知應刪除、銷毀後，不為刪除、銷毀或隱匿該營業秘密者；❸ 惡意轉得：明知他人營業秘密為不當持有，卻仍取得、使用或洩漏，即為惡意轉得人。

(三) 2020 年修法

　　2020 年修訂公布第 15 條條文，增訂第 14 條之 1 至第 14 條之 4 條條文，新增俗稱「科技業條款」的「偵查中秘密保持命令」，賦予檢察官在偵查相關案件時，可對偵查內容核發秘密保持令，避免營業秘密二度洩密，提高受侵害者提告意願。也新增「違反秘密保持令罪」，違者可處以 3 年以下有期徒刑、拘役或科或併科新臺幣 100 萬元以下罰金，杜絕營業機密在偵辦過程二度洩密。在修法後，不只法院能在營業秘密相關案件「起訴後」發出「秘密保持命令」，檢察官也可在「起訴前」，亦即案件偵查過程中認為有必要時，可針對原告與被告及相關人員發出「偵保令」。

小博士解說

營業秘密是企業成敗之關鍵

　　「創新資訊運用」儼然成為企業競爭策略基石，經營者不能置身事外且責無旁貸。企業自保之道，除應當具備一套良好的管理模式外，更有其必要以法律方式加以保護營運機密資訊，不論自預防性法治宣導，管控過程乃至證據保全程序，甚至遭受侵害後之訴訟攻防，皆環環相扣實務管理的每一步驟。

與貿易有關的智慧財產權協定（TRIPS）

 有關營業秘密之未公開資訊保護（Protection of Undisclosed Information），規範於第二篇第七節第39條以下。明確要求會員國對營業秘密應予以法律保護，我國加入WTO後，智慧財產權的立法與法律的修正，當然更加配合國際規範。

2013 修法重點

增訂第13條之1至第13條之4條條文。針對意圖域外使用情形，大幅加重刑事責任與民事賠償

主觀上	為自己不法利益
	為第三人不法利益
	損害營業秘密所有人利益
客觀上	不法取得：以竊取、侵占、詐術、脅迫、擅自重製或其他不正方法而取得營業秘密，或取得後進而使用、洩漏者
	合法取得違法利用：即未經授權或逾越授權範圍，重製、使用或洩漏該營業秘密者，或是經營業秘密所有人告知應刪除、銷毀後，不為刪除、銷毀或隱匿該營業秘密者
	惡意轉得：明知他人營業秘密為不當持有，卻仍取得、使用或洩漏，即為惡意轉得人

2020 修法重點

項目	內容
新增偵保令制度	檢察官在偵辦案件過程中，得對接觸案件偵查資料相關人士，核發「偵查中秘密保持命令」
保密義務	受偵保令約束者，不可將其接觸的偵查內容，作偵查程序以外目的使用、不得揭露給他人
罰則	違者可處3年以下有期徒刑、拘役或科或併科新臺幣100萬元以下罰金，境外行為亦受處罰
偵保令、秘密保持命令銜接	偵查保密可在偵查中及偵查終結後變更或撤銷，案件起訴後，得與法院核發的「秘密保持命令」銜接

資料來源：法務部

第 **2** 章
著作權法（一）

●●●●●●●●●●●●●●●●●●●●●●●● 章節體系架構 ▼

UNIT **2-1** 「版權」與「著作權」

圖解智慧財產權

(一) 版權是通俗說法

在一般出版品的封面或封底上，我們經常看到有「版權所有，翻印必究」等文字，「版權」似乎是耳熟能詳的用詞，但實際上，「版權」一詞只是通俗的說法，並不是正確的用法，而「著作權」才是著作權法所規定的正確用詞。

由於「著作權」的內容，包括「著作人格權」與「著作財產權」二大部分，又因「著作人格權」專屬著作人本身，不可以讓與或繼承，不能交易移轉；所以，一般在洽商著作出版發行或其他利用等交易事項時，所指的「版權」，都是指「著作權財產權」。

(二) 常見的授權寫法

在報章雜誌上我們常看到下列報導的消息：

❶ 「某電影公司或電視公司，將某部電影或某齣電視連續劇的『海外版權』賣給國外某傳播公司」，所稱「海外版權」應該是指電影公司或電視公司授權國外某傳播公司可以在該國公開播送該部電影或電視連續劇的「公開播送權」。

❷ 「某知名作家說已將小說的『電影版權』賣給電影公司或某導演」，此處「電影版權」應該是指授權該電影公司或導演，可以將小說改拍成電影的「改作權」。

❸ 「國內出版社已取得外國知名作家小說的『發行中文版權』」，「發行中文版權」應該是指該作家授權「改作權」、「重製權」及「散布權」給台灣的出版社，可以在台灣以中文翻譯的方式出版他的小說。

從上面的例子，我們發現這些授權的內容，都只是「著作權」的一小部分，不是全部的「著作權」，甚至也不是「著作權財產權」的全部。由於各種著作財產權都可以單獨分離且任意轉讓，而授權的方式或內容也可隨雙方需要做各種不同的變化，所以當我們與他人議定著作權問題或簽訂著作權相關契約時，必須要清楚且精準地以文字表達特定的權利義務關係，免得造成權利上的損害或事後的爭執。

小博士解說

「著作權財產權」是一群權利的統稱，依我國著作權法規定，可區分為重製權、公開口述權、公開播送權、公開上映權、公開演出權、公開傳輸權、公開展示權、改作權、編輯權、散布權、出租權等 11 種；每一著作會因著作的類型不同，而享有不同種類的著作財產權，例如，語文著作（如一本小說）可享有重製權、公開口述權、公開播送權、公開演出權、公開傳輸權、改作權、編輯權、散布權、出租權等多達 9 種著作財產權，但表演著作（如說書）則只在限制的範圍內享有重製權、公開播送權、公開演出權、公開傳輸權、散布權、出租權等 6 種。

著作財產權的不同型態

著作權財產權

重製權　公開口述權　公開播送權　公開上映權　公開演出權　公開傳輸權　公開展示權　改作權　編輯權　散布權　出租權

語文著作的著作財產權轉讓

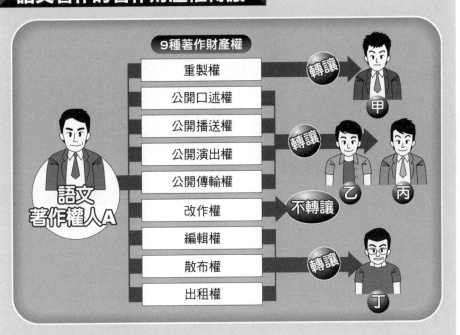

9種著作財產權

| 語文著作權人A | 重製權 | → 轉讓 → 甲 |

公開口述權
公開播送權
公開演出權 → 轉讓 → 乙 丙
公開傳輸權
改作權 → 不轉讓
編輯權
散布權 → 轉讓 → 丁
出租權

知識補充站　★著作財產權的轉讓

　　每一著作所享有的各種著作財產權，都是單獨可分離且得以任意轉讓的財產權，也就是說一本小說的著作權人，可以將享有的9種著作財產權全部轉讓給同一個人，也可以同時或分次將重製權轉讓給甲，把公開口述權、公開播送權、公開演出權及公開傳輸權轉讓給乙、丙，再將編輯權、散布權及出租權轉讓給丁，自己保留改作權。而甲、乙、丙或丁也可以在受讓此小說著作財產權後，再把全部或部分的著作財產權讓與他人或與他人共有。

UNIT 2-2 「著作」與「著作物」

圖解智慧財產權

(一) 著作物是著作所附著之物

「著作」是人類智慧創作，是作者思想、感情或個性的表達，屬於抽象沒有形體的財產，無法直接占有，須透過著作權法特別賦予「著作權」的保護；至於「著作物」則與房屋、汽車一樣，屬於具體存在而有形的財產，得以直接占有彰顯其權利，適用民法「物權」的相關規範。又「著作物」其實是「著作所附著之物」，可以再分為二種，包括：❶著作原件：例如原畫、手稿、底片或錄音及電影母帶等；或❷著作重製物：例如複製畫、手稿印刷成書籍、底片沖洗成照片、錄音及電影母帶重製的錄音帶或錄影帶等；即使是演說、表演、舞蹈等沒有附著在有體物上的「著作」，如果加以錄音、錄影或筆記，該錄音、錄影或筆記仍是著作重製物。

(二) 著作是作者的表達

因為人類最早的創作大多為語文著作型態，所以「著作」通常都附著在「著作物」上，「著作」和「著作物」二者緊密結合，常常不容易分辨。但是「著作」有時也未必有附著的物體，例如演說、表演、舞蹈等著作，表達完畢即結束，雖然沒有附著在物體上，仍是受到著作權法的保護。因此，「著作」是指作者思想、感情或個性的表達，而非其附著的「著作物」；當我們稱「美術著作」時，是指畫紙上畫作的表現，而非畫作所附著的畫紙。

(三) 訂定契約注意正確用語

在洽談契約時，假如雙方的真意是在就「著作」的「著作財產權」進行約定，就應該使用精準的法律用語，例如約定「甲方（作者）同意將本著作之著作財產權讓與乙方（出版社）」，或「甲方（作者）同意授權乙方（出版社）以紙本方式重製並散布本著作」，將約定對象明白地指向「著作」的「著作財產權」（更精準的指「重製」及「散布」著作財產權的部分，其他未提及者，就不屬於契約所約定讓與或授權的範圍）。如果約定內容為「甲方（作者）同意將本著作物之所有權讓與乙方（出版社）」，就會被認為作者只是將「著作物」（著作原件或重製物，例如小說的草稿或複印本）的「所有權」讓與，出版社並未取得有關的著作財產權，還是不可以重製並散布該著作，否則有侵害作者的著作權，會被追究民事及刑事責任，所以雙方均應注意契約用詞，才不至於因錯誤而造成巨大損失，或發生事後的無謂爭議。

😊小博士解說

我國自 1928 年公布著作權法以來，原來以著作物為著作權的權利客體，但在 1985 年 7 月 10 日修正公布著作權法時，為配合「創作保護主義」之採行，將「著作物」改為「著作」後，國內學者對於著作權之客體有不同的看法：大多數人認為依著作權法的規定是著作，一部分人則認為著作權的客體是著作物，也有人認為著作權是一種不作為的行為（大多指禁止他人未經同意不得做的行為）。由於著作權是一種無體財產權，和有體財產本來就不相同，不是以具體的著作物作為權利的客體，所以占有著作物實體的所有人並非實際享有著作權；反而是未實際占有該著作物的人，亦可為合法之著作權所有人。

著作與著作物

著作	「著作」是人類智慧創作，是作者思想、感情或個性的表達，屬於抽象沒有形體的財產，無法直接占有，須透過著作權法特別賦予「著作權」的保護。

著作物	「著作物」屬於具體存在而有形的財產，得以直接占有彰顯其權利，其實是「著作所附著之物」，可以再分為二種，包括：❶著作原件：例如原畫；或❷著作重製物：例如複製畫。

著作原件與著作重製物

著作原件	原畫、手稿、底片或錄音及電影母帶等。

著作重製物	複製畫、手稿印刷成書籍、底片沖洗為照片、錄音及電影母帶重製的錄音帶或錄影帶等。

知識補充站

在拍賣場購得一幅畫作，不問是原畫或複製畫，僅是購得該畫作的「物的所有權」，而不包括這一幅畫作的「著作財產權」，買到手的人不得將畫作印刷複製。反之，若是買到該畫作的「著作財產權」，縱使沒有交付原畫，或該原畫已滅失，或歸他人收藏，受讓或取得著作財產權的人仍得重製該畫作。實務上曾發生美術館逕行將收藏的大師美術著作複製成畫冊與月曆，並授權出版社利用，由於大師過世還不滿五十年，該美術著作仍由大師的繼承人享有著作財產權，經大師後人的抗議，最後以和解收場，這正是美術館分不清「著作」和「著作物」，所付出的慘痛代價。

拍賣場＝「物的所有權」

UNIT 2-3
「著作人」與「著作權人」

圖解智慧財產權

(一) 何謂著作人

著作人通常指創作著作之人，也就是我們常說的作者，由於創作的「著作行為」是屬於事實行為而非法律行為，因此不分自然人與法人，且在自然人中，也不論限制行為能力或無行為能力，例如未成年、精神耗弱或受監護宣告等，只要有創作著作的事實，都可以成為著作人。

從法律上來看，通常在著作的原件或其已發行的著作重製物等外觀上，或是著作在公開發表時，所表示的著作人本名或別名，會被「推定」為該著作的著作人，如果有人主張自己才是真正著作人時，需要舉出反證來推翻這個推定。例如有人為朋友或長官捉刀代筆創作，由於在著作原件或其已發行之重製物上或著作公開發表時，既以朋友或長官之名為之，除非代筆者主張並保有證據來證明自己是真正的著作人，否則仍推定該朋友或長官為該著作之著作人。

(二) 影子作家

國內出版社或經紀公司也採用「影子作家」經營模式，為知名的公眾人物媒介安排代筆創作，讓雙方建立出資聘人完成著作的關係，約定以該公眾人物為著作人，並依著作權法第 12 條規定享有著作人格權及著作財產權，再由該公眾人物以讓與方式，將著作財產權給出版社或經紀公司。也有出版社預先選好特定的筆名，再與不同的「影子作家」約定，要求他們所完成的作品均使用這個筆名，並禁止他們再使用該筆名在其他出版社出版的作品上，以多名「影子作家」共同使用同一筆名完成系列作品，來建立創作的品牌。

從以上的說明可見，著作權法上之著作人，可能由於當事人契約的約定或是法律上為利於著作流通利用所做的推定，並不一定是事實上的著作創作人。

(三) 何謂著作權人

著作權人則是一個統稱的法律用詞，泛指依著作權法所享有的著作權的人，由於著作權可分為著作人格權及著作財產權二大項，並可以彼此分離而同時分屬不同的人所享有，即享有著作人格權的人，不一定擁有著作財產權。又著作人格權專屬於著作人本身，不得讓與或繼承；而著作財產權則可自由交易或轉讓，為此，除非另有特別指明外，通常我們稱擁有著作財產權之人為著作權人，而享有著作人格權的人則以著作人稱之。

🤓 小博士解說

著作人本是著作權的主體，著作人完成著作時，應該立即享有著作人格權及著作財產權二大項著作權，但有時候著作人並不一定是著作財產權人，或者著作人的著作財產權是受到限制的，可能的原因有以下情形：❶ 著作人已將其著作財產權讓與他人，不再享有著作財產權；❷ 著作人已將他的特定著作財產權專屬授權給他人，他自己不能利用著作，更不能再授權給第三人；❸ 著作人是公司或雇主的員工，他在職務上的著作，除非另有契約約定，否則著作財產權自始就依著作權法規定歸屬於公司或雇主所有，著作人從未享有著作財產權；❹ 著作人是受出資人特別委任或以承攬方式而完成特定著作，且在契約中約定由出資人取得著作財產權，從著作一完成時起，著作人就從未享有著作財產權。

著作權之主體

 著作人 ▶ 著作權主體

 著作完成時 ▶ 著作人原則上即享有著作人格權及著作財產權，但著作人並不一定是著作財產權人

著作財產權受到限制的情形

著作人的著作財產權是受到限制的，可能的原因有以下情形

▶ 著作人已將其著作財產權讓與他人，不再享有著作財產權。

▶ 著作人已將他的特定著作財產權專屬授權給他人，他自己便不能以該特定方式利用著作，更不能再授權給第三人。

▶ 著作人是公司或雇主的員工，他在職務上的著作，除非另有契約約定，否則著作財產權自始就依著作權法規定歸屬於公司或雇主所有，著作人從未享有著作財產權。

▶ 著作人是受出資人特別委任或以承攬方式而完成特定著作，且在契約中約定由出資人取得著作財產權，從著作一完成時起，著作人就從未享有著作財產權。

特定著作財產權的轉讓與授權

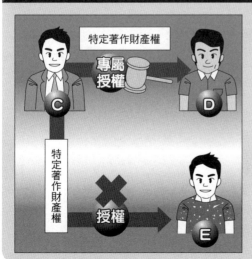

A 將自己的「著作財產權」讓與給 B，A 就不再享有「著作財產權」，但 B 享有 A 的「著作財產權」。

C 將自己的「特定著作財產權」專屬授權給 D，C 就無法將「特定著作財產權」再授權給 E。

F 是員工，他的著作屬於公司老闆所有，F 從沒享有著作財產權。

G 是自由作家，因為與出版社簽訂契約，從他創作到完成著作，都沒有享有「著作財產權」。

UNIT 2-4 CC 授權條款

(一) 創意共享

2001 年，在公共領域中心（Center for the Public Domain）的支持下，著名法律學者 Lawrence Lessig、James Boyle 與一些理念相同的先行者共同成立 Creative Commons 這個組織（簡稱 CC），針對著作權保護日趨嚴峻，對於新創或著作利用者產生諸多限制的缺憾，設法建立一套既保護創作者的作品，而又能鼓勵以特定方式利用這些作品的合理的著作權機制。

(二) 公共授權制度

公共授權制度是依照「公眾授權」的精神所發展出來的制度，它本來是反對著作權法運動過程中的產物，但並不是要顛覆或摧毀著作權法，而是在維持現行著作權法體制的前提下，尋求一種讓著作能更流通的運作模式，透過公眾授權方式，讓創作人與使用者分享作品。CC 授權條款和傳統著作權的商業授權類似，均採用契約方式進行著作財產權的授權使用；但 CC 授權條款是從傳統「保留所有權利」的商業授權，轉變為更富彈性的「保留部分權利」授權模式，讓被授權使用者擁有較自由的使用環境。

(三) 創用 CC 授權條款

經過多年的努力，目前已發展出一種簡單又富彈性的授權模式，提供方便的工具及授權條款（即 CC 授權條款，在國內被翻譯成「創用 CC」授權條款），藉由「姓名標示」、「禁止改作」、「非商業性」與「相同方式分享」等 4 種授權要素，搭配出 6 種授權條款，讓創作人在網路平台上，自行選擇最合適的一種來表達將作品提供他人使用的意願，以簡易的圖案標示在作品上，再釋出給大眾使用。同時，著作財產權人一旦簽署 CC 授權條款後，具有「不可撤回性」的性質，意即代表「授權人授予：全球、免權利金、非專屬、『永久（在著作權存續期間內）』的許可」。任何人只要根據 CC 授權條款，即可在充分瞭解授權人意願後，放心地採用所提供的作品來欣賞或是充實自己的創意，不必擔心被追究侵害著作財產權的責任。

2004 年中央研究院資訊科學研究所正式在我國推展 Creative Commons 授權——「創用 CC」，目前已經獲得經濟部智慧財產局、國立台灣美術館與教育部等政府機關支持，以及眾多專家學者和創作者的接受與採用。著作權人可以進入「創用 CC —— Creative Commons Taiwan」或「國際 CC —— Creative Commons International」等官方網站，在線上進行自己作品的公眾授權事宜；而一般使用者也可以使用該等網站搜尋，或是從已發表的著作中所宣告、揭示的 CC 授權標章或條款，在其授權範圍內自由引用其內容，作為新創作的素材，來增添新作品的創意，十分方便。

CC 授權條款的六種授權標章

姓名標示	(i)
姓名標示 —— 非商業性	(i) (S)
姓名標示 —— 非商業性 —— 相同方式分享	(i) (S) (O)
姓名標示 —— 禁止改作	(i) (=)
姓名標示 —— 非商業性 —— 禁止改作	(i) (S) (=)
姓名標示 —— 相同方式分享	(i) (O)

當我們看到一件作品以「姓名標示」（即有 (i) 標章）作為授權條款時，表示您可自由：

| 分享 | 重製、散布及播送本著作 |
| 重混 | 修改本著作 |

惟需遵照下列條件：

| 姓名標示 | 您必須按照作者或授權人所指定的方式，表彰其姓名（但不得以任何方式暗示其為您或您使用本著作的方式背書） |

且認知到：

| 免除 | 若您得到著作權人的同意，上述任何條件都可獲免除 |
| 其他權利
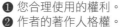 | 任何下列的權利絕不會受到本授權條款的影響：

❶ 您合理使用的權利。
❷ 作者的著作人格權。
❸ 其他人可能對該作品本身或該作品如何被使用所擁有的權利，例如形象（肖像）權或隱私權。 |

UNIT **2-5**
「公開發表」與「公開發行」

圖解智慧財產權

(一) 公開發表權

著作係創作人的思想或情感表達，對著作人而言，他可以決定要或是不要對他人公開著作內容，而且縱使著作人決定要或不反對公開時，仍保有公開著作內容的時間、地點，甚至選擇公開方式的權利，都受到著作權的保護，這也是著作人所專屬享有著作人格權中的「公開發表權」。

著作人的「公開發表權」，事實上僅有「第一次公開發表」其著作的權利，一旦著作經著作人第一次公開發表後，就不能再主張「公開發表權」，對於他人的第二次以後的公開發表行為，只能尋求著作財產權方面的保障。同時，在著作人公開發表著作以後，公眾對於他的著作即可在合理使用範圍內，加以引用，而不需要再徵詢著作人的同意。

(二) 公開發表的方法

公開發表的方法，可能會因著作類型或著作人的喜好而不同，但不外乎採用發行（重製）、播送、上映、口述、演出、展示（美術與攝影著作才能採行）或其他能向公眾公開提示著作內容的方法。事實上，公開發表也是著作財產權行使的結果，所以當著作人有下列情形之一者，法律上會推定著作人已同意公開發表著作：❶著作人將尚未公開發表著作的著作財產權讓與他人或授權他人利用時，因著作財產權的行使或利用而公開發表者；❷著作人將尚未公開發表的美術著作或攝影著作之著作原件或其重製物讓與他人，受讓人將著作原件或其重製物公開展示者；❸依學位授予法撰寫之碩士、博士論文，著作人已取得學位者；❹在僱傭或出資關係中，約定由雇用人或出資人自始取得尚未公開發表著作之著作財產權者，因其著作財產權之讓與、行使或利用而公開發表者；❺在出資關係中，依契約約定著作財產權歸受聘人享有，或未約定著作財產權之歸屬而其著作財產權歸受聘人享有，出資人依規定得利用該著作者。

(三) 公開發行

「公開發行」或「發行」則是指著作人或著作權人散布能夠滿足公眾合理需要的重製物，而不管在散布時是有償或無償提供重製物。通常著作都利用公開發行方式，讓其著作重製物在公眾間交易或流通，使大家能瞭解其著作之內容，引起社會共鳴或批評，或因而聲名大噪，或以此而取得經濟上的利益。縱使名氣不足，無法名利雙收或獲得肯定的價值，如果能從他人的批評與指正中，取得建議與經驗，仍不失為提升作品水準的最佳途徑。

小博士解說

公開發表除了是著作人格權與著作財產權的行使外，它還關係著某些著作之著作財產權的存續期間。因為下列四種情況下，著作之著作財產權存續期間，不便以著作人死亡時為計算標準，而改以著作公開發表時為起算點：❶攝影、視聽、錄音及表演著作，其存續期間較短；❷法人為著作人之著作，其並無所謂死亡時；❸非眾所周知之別名著作或不具名著作，一般大眾難確認該著作人何時死亡；❹著作如於著作人死亡後40年至50年間，始首次公開發表者，著作權法特別賦予該著作財產權之存續期間。

公開發表與公開發行

| 公開發表 | ➡ | 著作人的「公開發表權」，事實上僅有「第一次公開發表」其著作的權利，一旦著作經著作人第一次公開發表後，就不能再主張「公開發表權」。 |
| 公開發行 | ➡ | 「公開發行」指著作人或著作權人散布能夠滿足公眾合理需要的重製物，而不管在散布時是有償或無償提供重製物。 |

情境狀況

還沒販售的音樂 CD 片，大賣場可以播放裡面的音樂嗎？

營業場所接收電視或廣播所播送的聲音或影像後，為了讓營業場所各角落都能收視或收聽，另外拉線加裝喇叭、音響設施或增加視訊設備，擴大原電視、廣播播送的效果，這就屬於公開演出或公開播送的著作利用行為，要取得合法的授權。

倘若購買正版 CD 片，想要在營業場所播放，因為涉及公開演出問題，仍要取得合法授權，否則還沒販售音樂 CD 片，就因為涉及盜版行為，而違法了。

合法購買正版

千萬別使用盜版

UNIT 2-6
獨立著作與共同著作

圖解智慧財產權

(一) 獨立著作性質單純

　　每個人的創作，雖然有良窊優劣程度的不同，卻是人類與生俱來的能力，因此多數的創作靠個人單獨的能力即可完成，我們將它稱為獨立著作，以便與集二人以上所完成的共同著作，以及出資或僱傭關係中所完成的職務上著作做區分。它並不是著作權法上的用詞，但卻是法律關係最單純的著作態樣。由於我國對著作權的享有，已採用創作主義而非形式主義，只要著作創作一旦完成，著作權即自然發生，與有無著作權註冊或登記無關，也不必再經過主管機關的審查或是將著作送存到指定機構，即可取得著作權，且著作人格權及著作財產權等二項著作權也是同時產生的。在獨立著作的型態下，著作人格權及著作財產權都由著作人單獨享有，相較於共同著作由多位著作人所共有，彼此間須共同行使，以及出資或僱傭關係的著作權有賴雙方契約約定或依法定方式作權利歸屬，自然單純很多。

(二) 何謂共同著作

　　一項著作如由二個人以上共同完成，而且每個人所創作的部分並不能分離利用的話，就成為共同著作。換句話說，參與創作的多位著作人在其創作時，彼此交換意見以求在內容、思想、體裁與風格等一貫性，而使自己所創作的部分與他人的創作融合在一起，由於各自的創作無法做個別單獨的利用，自己的創作與他人的創作合併為共同的創作行為，創作所得著作即為共同著作，著作權則由參與創作的著作人所共有。

(三) 共同著作的要件

　　依實務及理論的見解，共同著作成立的要件有三：其一，須有二人以上的共同創作；其二，創作之際有共同關係；其三，著作為單一的型態，致無法將各人創作部分予以分割而為個別之利用。例如一部電影是集合導演、演員、製片、美術與燈光設計及音樂等眾人之思想及情感表達，始能完成的視聽著作，而且彼此已結合成為一項不可分離利用的共同著作。

小博士解說

　　從 1928 年國民政府頒布的著作權法起，到 1985 年 7 月 11 日修正著作權法實施以前，我國對於著作權的保護是採「註冊主義」，也就是著作人完成著作後須依著作權法規定向主管機關申請登記，經審查合格發給證書後，始取得著作權。另在 1998 年 1 月 22 日著作權法修正實施以前，原已登記取得著作權後，如有買賣、交換、贈與或繼承等轉讓情事，也必須檢附相關證明文件向主管機關申請移轉變更登記，換發著作權證書後，受讓人才算是取得著作權。

　　註冊主義的優點是經由政府部門的登記與公示制度，可以保障交易的安全，並可減低著作權人在舉證上的困難；它的缺點是政府過度介入私部門的活動，當著作人未辦理登記前，不能主張自己的著作權，無法對抗侵害者的侵權行為；同時，如果著作權法未規定的新著作類型，主管機關會以不符合規定而不准許登記，反而無法順應科技發展或知識經濟時代的變遷。

獨立著作與共同著作

獨立著作與共同著作

獨立著作

我國對著作權的享有採用創作主義而非形式主義，只要著作創作一旦完成，著作權即自然發生，即可取得著作權，在獨立著作的型態下，著作人格權及著作財產權都由著作人單獨享有。

共同著作

一項著作如由二個人以上共同完成，由於各自的創作無法做個別單獨的利用，自己的創作與他人的創作合併為共同的創作行為，創作所得著作即為共同著作，著作權則由參與創作的著作人所共有。

共同著作的要件

共同著作的要件

須有二人以上的共同創作

創作之際有共同關係

著作為單一的型態，致無法將各人創作部分予以分割而為個別之利用

★著作權的保護

　　1985 年 7 月 11 日修正著作權法實施以前，我國對於著作權的保護是採「註冊主義」，也就是著作人完成著作後須依著作權法規定向主管機關申請登記，經審查合格發給證書後，始取得著作權。由於我國對著作權的享有，已採用創作主義而非形式主義，只要著作創作一旦完成，著作權即自然發生，與有無著作權註冊或登記無關，也不必再經過主管機關的審查或是將著作送存到指定機構，即可取得著作權，且著作人格權及著作財產權等二項著作權也是同時產生的。

第2章 著作權法（一）

UNIT *2-7* 結合著作

(一) 定義

結合著作是指在外觀上呈現出來的是一個著作的型態，但實際上它的內容是由二個以上而各自獨立的著作所結合而成，且彼此都有分離利用的可能性。所以，結合著作是由各自獨立的著作結合而成的，它本身並不是獨立的著作，著作權屬於個別著作各獨自享有，它們的授權使用、轉讓及繼承均可各自獨立行使，無須相互間的同意，彼此並不受結合著作的影響。

舉例來說，一張伴唱音樂片（帶）通常包含數千首歌曲及數十個（或更多）MV影像，其中歌曲（詞）多是在製作此伴唱音樂片（帶）之前已創作完成的音樂著作，而MV影像除收錄原唱歌星的MV外，大部分是伴唱帶公司為此音樂片（帶）所拍攝完成的視聽著作，也就是說歌曲（詞）完成在先，而影像製作在後，二者在創作時不會有彼此聯絡或其他共同關係。伴唱帶公司所拍攝完成的影像為一項獨立的視聽著作，可以任意搭配任何一首歌曲或歌詞，而同一首歌曲或歌詞更可能因不同的伴唱帶公司而搭配不同的影像，換句話說，不論音樂著作或視聽著作完全可以從伴唱音樂片（帶）中分離出來，個別地加以利用。所以，當伴唱帶公司將所使用的音樂著作與所拍攝製作的視聽著作二者結合成伴唱音樂片（帶）後，並不是單一的獨立著作或是共同著作，而是許多獨立著作或是共同著作集合而成的結合著作。

多位作者集合完成的著作，從著作的外觀上難以分辨其屬於結合著作或是共同著作，而兩種形式的著作權歸屬差異很大：結合著作本身並不是獨立的著作，每位作者各自所完成的部分才是著作，有多個著作權存在，且每位作者完全取得各自所完成著作的著作權；相反地，如果是屬於共同著作方式時，只有共同著作本身是獨立的著作，並且由所有參與著作的作者共同享有這一個著作權。

(二) 結合著作與共同著作的區別

有關結合著作與共同著作的區分，有分離可能性說與個別利用可能性說兩種。以座談會紀錄為例，它是語文著作的一種，從出席者個別的發言來看，彼此為獨立個體，有分離的可能性，但是座談會中出席者個別的發言內容，彼此間存有關聯性，不能單獨利用，否則即有斷章取義的缺陷。以分離可能性說的觀點來看，此座談會紀錄應該是結合著作；但從個別利用可能性說的觀點來看，就會被認為是共同著作。

由1928年訂定著作權法第16條：「著作物係由數人合作而有少數人或一人不願發行者，如性質上可以分割，應將其所作部分除外而發行之；其不能分割者，應由餘人以相當之利益，其著作權則歸餘人所有。但該少數人或一人不願列名於著作物者，聽之。」及1944年修正之第15條：「著作物係由數人合作，而有少數人或一人不願註冊者，如性質上可以分割，應將其所作部分除外，其不能分割者應由餘人酬以相當之利益，其著作權則歸餘人所享有。」來看，我國是採分離可能性說。但是在1992年6月10日修正著作權法第8條規定：「二人以上共同完成之著作，其各人之創作，不能分離利用者，為共同著作。」已改採個別利用可能性說。

結合著作

| 結合著作 | 指在外觀上呈現出來的是一個著作的型態，但實際上它的內容是由二個以上而各自獨立的著作所結合而成，且彼此都有分離利用的可能性。各自獨立的著作結合即為結合著作，結合著作本身並不是獨立的著作，著作權屬於個別著作各獨自享有。 |

共同著作、結合著作、衍生著作、編輯著作之區分

共同著作	現代社會中所流行之多媒體（multimedia），屬多人集體創作的著作，除依契約約定由出資人或雇用人或受雇人其中之一為著作人外，大多屬於典型的共同著作。
結合著作	創作之時，彼此分工關係明確，各人分擔部分有分離利用之可能性，則係結合著作。
衍生著作或編輯著作	如其意思發生於著作完成之後，則自己之創作與他人之創作係產生衍生著作或編輯著作之關係。

 結論　共同著作與結合著作、衍生著作或編輯著作之區分，在於意思表示；不過，有時最初之意思難以確定，實際上要確定共同著作、衍生著作或編輯著作，仍有困難。

 ★結合著作的著作財產權歸屬

甲和乙以結合著作方式，合著一本「著作權法精義」，甲和乙所寫的部分彼此可分離為二著作，各自就自己所寫的部分取得著作權；假設甲死亡已經過 50 年，而乙死亡尚未滿 50 年，因為甲所寫成的部分已逾著作財產權的存續期間而消滅，任何人無需經甲的繼承人或其著作財產權人同意，都可以自由的利用，但是乙所寫成的部分尚在著作財產權的存續期間，仍受著作權法的保護，除屬於著作權法的合理使用外，應該取得乙的繼承人或其著作財產權人的同意後，才可以加以利用。

UNIT **2-8**
共同著作的權利歸屬

圖解智慧財產權

(一) 著作財產權的分配順序

共同著作的著作人格權權利歸屬，原則上是依照參與者間的約定，如果沒有契約約定時，則所有參與者都是共同著作人，共同享有著作人格權。至於共同著作的著作財產權分配，則依照下列順序來決定彼此間應有的權利部分：

❶ 依照共同著作人間的約定。

❷ 如果共同著作人彼此間沒有約定時，則依照各著作人參與創作的程度來決定。

❸ 假使各著作人參與創作的程度不明或難以明確區分時，即以推定為均等的方式，讓每位著作人都取得相同比例的應有部分。

共同著作的著作人格權與著作財產權的行使，例如公開發表、發行、授權使用、轉讓或與他人設定質權等，都應得到全部共同著作人的同意，雖然各著作人如果沒有正當理由時，不得拒絕同意，但在權利行使上，仍比獨立著作的情況較不方便。當共同著作人其中任何一人，未經其他共同著作人的同意下，即將自己的著作財產權應有權益部分移轉或授權給第三人時，仍屬無效，該第三人並無法受讓取得該共同著作的著作財產權或專屬授權。

(二) 著作權繼承的規定

由於共同著作人間合作完成一項著作，除可能基於專業分工外，彼此間也存有一定的關係，有如合夥事業般濃厚的人合作關係。因此，著作權法特別規定，凡著作人拋棄其應有部分，或著作人（自然人）死亡後無繼承人承認繼承或（法人）人格消滅後無承受人時，其應有的著作財產權部分，是由其他共同著作人依其應有部分的比例來分享。例如甲、乙、丙、丁四人合力完成一共同著作，並依約定四人均為共同著作人，且著作財產權由甲取得二分之一，乙、丙、丁則各為六分之一，嗣後丁死亡而無繼承人繼承時，丁應有六分之一的著作財產權部分，則依甲應有部分為二分之一，與乙、丙各為六分之一的比例（即3：1：1），由甲分享十分之一，乙、丙各分享三十分之一，最後分配的結果，該著作的著作財產權甲應有部分成為五分之三，乙、丙各為五分之一。

😀 小博士解說

有關共同著作的個別著作財產權人，在未經其他共有著作財產權人的同意下，自己利用該著作，是否構成侵害其他共有著作財產權人的著作財產權，在實務上仍有些爭議，大多數人認為共同著作的應有部分抽象存在整部著作中，無法個別分離，而且在讓與、授權及設質方面，已規定各著作財產權人，如無正當理由，不得拒絕同意其他人之著作財產權行使，在本於著作財產權人的身分，單純自己利用的情況，對其他著作財產權人而言，相對影響較小，更應給予較大的自己利用空間，不應該多所限制，因此，不宜認定係侵害他人著作財產權。但是為彼此尊重起見，並避免日後不必要之爭端，在此建議仍先經其他共有著作財產權人的同意為宜。

共同著作的權利歸屬

共同著作的權利歸屬

依共同著作人間之約定。

如果共同著作人彼此間無約定時，則依各著作人參與創作程度定之。

假若各著作人參與創作的程度不明時，即以推定為均等方式，各著作人取得相同比例的應有部分。

實例

① 甲乙二人完成一共同著作，在該著作之著作財產權存續期間，想利用該著作的任何部分者，均應取得甲乙二人或其繼承人的同意。

② 甲如要將自己所應有的部分，授權他人使用或轉讓予他人時，也需要取得乙或其繼承人的同意。

共同著作的權利行使

著作人格權與著作財產權

應得到全部共同著作人的同意。

雖然各著作人如果沒有正當理由時，不得拒絕同意，但在權利行使上，當共同著作人其中任何一人，未經其他共同著作人的同意下，即將自己的著作財產權應有權益部分移轉或授權給第三人時，仍屬無效。

該第三人並無法受讓取得該共同著作的著作財產權或專屬授權。

共同著作如要轉讓，需獲得共同著作人同意，雙方簽訂「共同著作讓與契約」。

共同著作人甲　第三人　共同著作人乙

知識補充站　★著作權繼承的規定

　　甲、乙、丙、丁四人合力完成一共同著作，並依約定四人均為共同著作人，且著作財產權由甲取得二分之一，乙、丙、丁等三人則各為六分之一；嗣後丁死亡後無繼承人繼承時，丁應有的六分之一著作財產權部分，則依甲應有部分為二分之一，與乙、丙各為六分之一之比例（即3：1：1），由甲分享十分之一，乙、丙各分享三十分之一，最後變成甲應有部分成為五分之三，乙、丙各為五分之一。

UNIT **2-9**
僱傭關係所完成著作的權利歸屬

圖解智慧財產權

(一) 僱傭關係中的著作區分標準

　　一般在僱傭關係期間，可能有著作的創作，依照職務的性質來區分：如採二分法，可分成「職務上的著作」與「非職務上的著作」兩類；如採三分法，則可分成「職務上所完成的著作」、「與職務有關的著作」及「非職務上的著作」等三類。所謂「於職務上完成的著作」如何認定，主管機關認為係屬事實認定的問題，須以工作性質做實質的判斷，例如：該著作是否在雇用人指示或企劃下所完成？是否利用雇用人的經費或資源所完成的著作？……等因素來衡量，這與工作時間及地點並無必然的關係。為避免爭議起見，在此強烈建議：雇用人與受雇人雙方在建立僱傭關係時，除工作時間、待遇等條件外，對於著作權的歸屬也應該訂立契約，明確地約定哪些為在職務上完成的著作，以及這些著作的著作人格權與著作財產權的歸屬。

(二) 著作人格權與財產權的歸屬

　　基於契約自由之原則，僱傭關係所完成的著作，著作權的歸屬得由雇用人與受雇人以契約約定，假如當事人並未有約定時，則依著作權法規定，係以該受雇人為著作人，但只享有著作人格權，而該著作的著作財產權則歸雇用人享有。雖然在理論上，雇用人與受雇人得以契約約定，將著作人格權與著作財產權均歸受雇人享有。但在實務上，受雇人與雇用人雙方締約地位並不平等，受雇人如同時取得著作人格權與著作財產權，而雇用人一無所有，可能沒有雇用人會願意訂立此種契約。反而以契約約定由該雇用人為著作人，使雇用人同時

享有著作人格權與著作財產權者，則較為常見。又如以契約約定雇用人為著作人，但只享有著作人格權，而其著作財產權歸受雇人享有，亦無不可。

　　在僱傭關係中，雖然不是在職務上所完成的著作，也有可能是雇用人與受雇人另外訂立委任或承攬契約，由雇用人另行支付酬勞，出資聘請受雇人完成著作，此時則適用出資關係所完成著作的相關規定。如果受雇人創作著作在先，受雇於雇用人在後，由於著作係受雇人於受雇前所創作完成，該受雇人於著作完成時即為該著作的著作人而享有著作權，受雇人只能以一般契約將該著作的著作財產權移轉給雇用人；由於該著作非屬僱傭關係所完成的著作，所以無法以事後才發生的僱傭契約，約定雇用人為該著作的著作人。

😊 小博士解說

　　另需注意的是，公務員在職務上所完成的著作，自 1998 年 1 月 23 日以後也適用上述的規定。但是，公務員在職務上草擬的文告、講稿、新聞稿及其他文書等，仍不得作為著作權標的，故無法享有著作權。又公務員依上述之規定為著作人時，因基於公務員特定身分，及公務員在職務上所完成的著作，具有供政府機關或民眾利用的公益性質，所以著作權法排除公務員的著作人格權中「公開發表權」與「姓名表示權」二項權利的行使，僅能主張「同一性保持權」。

著作權法對於在僱傭關係中所完成著作，著作權歸屬的規定

在 1992 年 6 月 11 日以前	自 1928 年著作權法頒布實施後，至 1992 年 6 月 10 日著作權法修正以前，對於僱傭關係中所完成著作之著作權歸屬，並未明文加以規定。如在此受雇期間所完成的著作，不論是否為職務上所完成，原則上，可依當時規定向主管機關申請註冊登記的著作人，以認定其著作權之歸屬。但如未經登記之著作，除非雇用人能證明與受雇人間有特別約定，將該著作的著作權歸屬於雇用人者外，該著作仍屬於受雇人的著作，而由受雇人享有著作人格權與著作財產權。
在 1992 年 6 月 12 日至 1998 年 1 月 22 日期間	1992 年 6 月 10 日修正之著作權法，將「僱傭關係」與「出資聘人」二種情形加以區分，並改以保護受雇人利益為主。但是，所謂僱傭關係卻僅界定在法人與受雇人之間，且著作必須是在法人之企劃下所完成的；簡言之，受雇人在法人雇主的企劃下，進行並完成的著作，除非契約約定以法人或其代表人為著作人外，否則以該受雇人為著作人，享有著作人格權與著作財產權。至於法人並未指示或規劃，而由受雇人主動完成的著作，以及雇主為自然人時，受雇人所完成的著作，不論其受雇的職務關係究竟如何，並未適用此規定。
1998 年 1 月 23 日以後	為均衡雇用人與受雇人間的利益，1998 年著作權法修正時，除尊重契約自由原則，得由雇用人與受雇人自由約定外；如無約定時，則將著作人格權歸屬於受雇人，而著作財產權歸屬雇用人，以調和雇用人與受雇人間的利益。

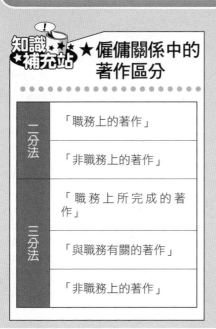

知識補充站 ★僱傭關係中的著作區分

二分法	「職務上的著作」
	「非職務上的著作」
三分法	「職務上所完成的著作」
	「與職務有關的著作」
	「非職務上的著作」

知識補充站

公務員在職務上所完成的著作，得享有的著作權區分：

❶ 文告、講稿、新聞稿及其他文書等，不得作為著作權標的，故無法享有著作權。

❷ 屬於著作的部分，依公務員與政府機關間的約定，享有著作人格權（約定公務員為著作人）或著作財產權。

❸ 約定公務員為著作人時，僅能主張著作人格權中的「同一性保持權」，其餘「公開發表權」與「姓名表示權」二項權利，因公務員特定身分及該著作具有供政府機關或民眾利用的公益性質，著作權法規定不得行使。

UNIT *2-10*
出資關係所完成著作的權利歸屬

圖解智慧財產權

(一) 委任及承攬關係

著作權可以由當事人間約定權利歸屬的情形，除了上述僱傭關係中所完成的著作外，另外還有因出資關係所完成的著作。著作權法上所謂出資關係，主要是因民法中的委任及承攬關係所從事的著作行為，而其中委任關係的委任人及承攬關係的定作人，即是「出資人」；另委任關係的受任人及承攬關係的承攬人，即是著作權法上所稱的「受聘人」。

基於契約自由原則，在出資關係中所完成的著作，出資人與受聘人得以契約約定其著作財產權的歸屬。但是，出資人與受聘人就著作財產權約定歸屬時，應將全部的著作財產權約定全部歸受聘人享有，或是全部歸出資人享有，不能做「某些著作財產權歸受聘人享有，其餘部分歸出資人享有」的約定，否則應屬無效的約定，而視同彼此未約定的狀態，由受聘人取得著作財產權，出資人得利用該著作。所以，當事人如想將著作財產權分割而彼此各享部分著作財產權時，仍須先決定其著作財產權全部歸受聘人享有，或全部歸出資人享有後，雙方再透過契約將部分權利移轉給對方，以達成「一部歸受聘人享有，其餘部分歸出資人享有」之目的。

(二) 部分權利歸屬的規定

出資人與受聘人在訂定契約時，也可將「著作財產權全部歸受聘人享有，或全部歸出資人享有」及「出資人或受聘人同意將著作財產權之一部讓與對方」等約定，在同一契約中以「依本契約所完成之著作，以受聘人為著作人，其著作財產權全部歸受聘人享有；惟受聘人同意將其中之公開上映權及出租權，無條件讓與出資人」加以約定，以釐清雙方的權益內容。

出資人與受聘人針對出資關係中所完成的著作，也可以約定何方為著作人，在契約自由原則下，可能出現特殊約定，其效力須視其約定有無違反著作權法強制禁止規定，以決定其有效性。不過，千萬要記得雙方不能約定由第三人作為著作人，因為這樣的約定是無效的，例如，甲出資請乙畫一幅畫，並約定由丙為該畫的著作人，此時，丙因該約定無效並不能成為該美術著作的著作人，而甲、乙雙方會被視為未約定著作人，依著作權法的規定，則由乙為著作人。

🔵 小博士解說

在出版社與作家間常有出版社出資請作家完成作品後出版發行，出資聘人完成著作的關係十分明確。但也可能是作家在完成著作後，出資請出版社代為編輯、排版、印刷，是否成立著作權法上出資關係？須視「編輯、排版、印刷」的實質內容而定；如果只是做版面的編排與校對，則屬於「勞力」成分，出版社「編輯、排版、印刷」的成果，並無著作權可言，不受著作權法保護，出版社想要保護自身權益，可以透過與作者約定，限制作者想要自己或再委託他人發行再版時，不得使用該版面，而要再另行排版、編輯。假如「編輯、排版、印刷」包含內頁圖案或封面的設計，這部分即可以單獨享有著作權，其權利歸屬須依出資關係的約定來決定。

著作權法上所謂出資關係

民法中的委任及承攬關係 → 著作權法上所謂出資關係，主要是因民法中的委任及承攬關係所從事的著作行為，而其中委任關係的委任人及承攬關係的定作人，即是「出資人」；另委任關係的受任人及承攬關係的承攬人，即是著作權法上所稱的「受聘人」。

出資關係的著作權歸屬規定三個不同的時期

在 1992 年 6 月 11 日以前	在 1992 年 6 月 10 日修正著作權法第 12 條規定以前，出資聘人完成的著作，其著作權歸出資人享有之，但當事人間有特別約定時，則聽從其約定。亦即在當事人間未有或不能證明有契約特別約定時，著作權歸由出資人享有。
在 1992 年 6 月 12 日至 1998 年 1 月 22 日期間	此期間係適用 1992 年 6 月 10 日所修正的著作權法第 12 條規定，即受聘人在出資人企劃下完成的著作，除為法人的受雇人適用同法第 11 條僱傭關係之規定外，以受聘人為著作人，但契約約定以出資人或其代表人為著作人者，從其約定。
1998 年 1 月 23 日以後	1998 年 1 月 23 日以後出資聘請他人完成的著作，其著作財產權的歸屬，除係受雇人於職務上完成的著作適用著作權法第 11 條僱傭關係之規定外，依同法第 12 條之規定，原則上當事人得透過契約約定予以認定。如雙方未約定時，則由受聘人為著作人並享有著作財產權，而出資人得在出資的目的及範圍內利用該著作。又雙方如僅約定以出資人為著作人，而未約定著作財產權之歸屬者，其著作財產權仍歸受聘人享有，而出資人則得利用該著作。但是，如約定著作財產權歸於出資人享有時，著作權法並未賦予受聘人利用該著作之權利，故受聘人如欲利用該著作時，除得主張合理使用之範圍外，仍須徵得出資人（著作財產權人）之同意，否則會有侵害著作財產權之虞。

★委任與承攬之定義

委任 —— 是指當事人甲與乙間以契約約定，由甲委託乙處理某件事務（例如拍一張照片），而乙也允諾為甲處理該事務，甲並不一定會給予乙報酬；有時，甲可能不是直接面對乙，而是以公開方式表示，要將某件事務委託乙處理；如果乙對於該事務的委託，不做拒絕的通知時，就視為允受該委託（民法第 528 條及第 530 條）。

承攬 —— 是指當事人甲與乙間以契約約定，由甲為乙完成一定的工作（例如寫一部小說），等工作完成（小說創作完成）時，乙才給付報酬給甲（民法第 490 條）。

UNIT 2-11
僱傭與出資關係的區分

圖解智慧財產權

(一) 契約明定權利歸屬

　　由上面所介紹的僱傭與出資關係中，如雙方在契約中已明定，著作權即可依照約定內容來作為權利歸屬的依據；可是在我國講人情、重義氣的社會中，往往在事前並未言明著作權的歸屬內容，雖然依著作權法的規定，都以受雇人或受聘人為著作人；但是由於僱傭與出資關係的不同，著作財產權的歸屬即不相同。如果屬於僱傭關係時，著作財產權歸雇用人享有；在出資聘人關係下，則著作財產權歸受聘人享有。所以，在請人代為創作時，必須明確區分雙方的關係。

　　依照我國民法的規定，僱傭是指當事人間契約約定，由一方在一定或不定的期限內為他方服勞務，而他方則給付對方報酬，其主要是以受雇人提供服務的時間為主。出資關係可為委任或承攬關係，委任是當事人約定，同意一方來幫助他方處理事務，而承攬則是由一方為他方完成一定的工作後，他方給付對方報酬，出資關係是以完成事務或工作為標的。例如一家電腦動畫公司為製作一部動畫，可能聘請一位編劇以承攬方式撰寫劇本後，再由公司內部人員依照劇本以電腦繪製動畫、剪輯與配音，完成一部動畫影片，最後委託另一家廣告公司設計宣傳海報；在這個過程中，產生劇本（語文著作）、動畫影片（視聽著作）與宣傳海報（美術著作）三項著作，其中劇本及海報是以出資關係完成，而動畫影片則為僱傭關係職務上所完成的著作，這些著作的著作權歸屬可依當事人約定來決定，如沒有約定的話，劇本和海報的著作人分別為編劇與廣告公司，著作財產權也歸他們享有。

動畫影片的著作人為公司內部人員，但是著作財產權歸電腦動畫公司所有。

(二) 著作完成前先行約定著作人為何人

　　在僱傭與出資關係中，要約定雇用人或出資人為著作人的話，必須在受雇人或受聘人尚未完成著作之前，否則著作一旦完成，依法定由受雇人或受聘人為著作人，當事人僅可以經由約定轉讓著作財產權，無法將著作人格權移轉給雇用人或出資人。當著作完成時，著作人即告確定，這是事實認定問題，任何人無法再變更它，著作人格權即永遠專屬於著作人享有，只有著作財產權可以自由轉讓、拋棄或繼承，也因著作財產權具有移轉性，經由買賣財產權或授權使用權等交易活動，讓著作財產權更有積極的市場價值。

契約未約定時著作權的歸屬

著作權法
第 11 條 &
第 12 條

❶ 以受雇人或受聘人為著作人。
❷ 但是由於僱傭與出資關係的不同，著作財產權的歸屬即不相同。如果屬於僱傭關係時，著作財產權歸雇用人享有；在出資聘人關係下，則著作財產權歸受聘人享有。

三方關係圖

 A 自然人或法人 → 出資請法人 B 完成著作之契約 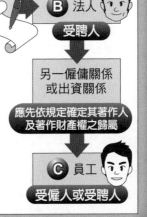 B 法人

出資人　　不得約定為著作人　　受聘人

另一僱傭關係或出資關係

應先依規定確定其著作人及著作財產權之歸屬

C 員工

受僱人或受聘人

A 君（也可以是法人）出資聘請 B 法人完成著作時，在此契約中 B 法人雖為受聘人，但是著作實際仍須由其所雇用的員工或再委託或外包由其他人承攬（C 君）來完成，B 法人與 C 君間成立另一個僱傭或出資契約關係，應先依規定確定其著作人及著作財產權之歸屬；而且也不得約定當事人以外的第三人 A 君為著作人。縱使受聘之 B 法人，取得該著作的著作人格權與著作財產權，因為著作人格權不得讓與，所以出資人 A 君無從再以契約約定自受聘的 B 法人取得著作人身分。

 知識補充站

　　有時旅行社為招攬生意，與知名攝影師合作，由旅行社規劃旅遊行程，知名攝影師帶團出遊並指導旅客拍照。旅行社與知名攝影師間，究係僱傭關係抑或出資聘人關係，很難一概而論，應依契約而定。一般而言，若是內部員工，應是僱傭關係，若是外聘人員，不論是以委任或承攬方式，都是出資聘人的關係。知名攝影師在隨團行程所拍的攝影著作，究竟是適用著作權法上員工在職務上所完成的著作，或者是出資完成的著作，也是值得討論的問題。
　　假設這位知名攝影師的報酬是從旅客所繳交團費中抽成，旅行社與知名攝影師二者之間並不是雇主與員工的關係，而且旅行社係利用知名攝影師指導攝影為號召而達到出團旅遊目的，允諾給予自團員繳費中抽成為報酬，知名攝影師則負責在旅程中提供攝影技巧的教導任務，旅行社與知名攝影師二者之間，除非雙方有約定，知名攝影師自團費所抽成的報酬，包括在旅途中為旅行社拍攝照片之報酬，否則知名攝影師在隨團行程所拍的攝影著作，不適用著作權法中出資完成著作的關係。假若這位知名攝影師同時又具有國際導遊執照，由他自行招團後，再交由旅行社負責提供旅遊服務，即旅行業常見的靠行關係，雙方縱使有帶團旅遊的僱傭關係，但是關於旅程中的攝影成果，若未列入工作的範圍，則不是職務上的著作，旅行社要使用這些照片，仍須取得知名攝影師的授權同意。

UNIT **2-12** 「影子作家」與「捉刀代筆」所完成著作的權利歸屬

圖解智慧財產權

(一) 何謂影子作家

有些知名的公眾人物，自己忙得沒空去創作，出版社或經紀公司常以「影子作家」的經營模式，媒介安排讓「影子作家」為知名的公眾人物代筆，並且建立雙方出資聘人的關係來完成著作，同時約定以公眾人物為著作人並享有著作財產權，再經由移轉方式，使出版社或經紀公司取得著作財產權，這種模式符合著作權法的規範，應屬適法行為。

如果是採由出版社直接與公眾人物訂約，再由出版社自己的職員或外包給專業寫手扮演「影子作家」，來完成著作的做法進行時，由於「影子作家」與公眾人物之間並沒有受雇或受聘的關係，出版社依法不能用約定方式，由公眾人物成為著作人。只是在實務運作上，基於商場上銀貨兩訖與行業的慣例，出版社職員或外包專業寫手並不會出面主張權利，或是也沒有足夠的證據來證明自己才是真正的著作人，著作上既然已載明著作人為該公眾人物，大家也習以為常，外界並不會重視此問題。

(二) 捉刀代筆

至於有些人有為朋友或老長官捉刀創作的情形，由於雙方並沒有僱傭或出資的關係，也無任何金錢對價，該著作是代筆者的獨立著作，彼此間關於著作人的約定應屬無效，代筆者仍應是該著作的著作人，並享有全部著作財產權。不過實務上，由於雙方存在友誼之情或長官部屬的關係，較少發生爭議的情形，而且著作的原件或其已發行的重製物上或著作公開發表時，都以朋友或長官的名義，依照著作權法第 13 條規定，推定該朋友或長官為該著作的著作人；除

非代筆者保有證據以茲證明為真正的著作人，否則難以主張著作權。

(三) 實務

實務上，也有一些出版社會事先預定某一特定的筆名，再與不同的「影子作家」約定，要求他們所完成的作品都要使用這個筆名，並且禁止他們再使用該筆名於其他非該出版社出版的作品上，出版社透過這批「影子作家」共同使用同一筆名的方式，來創作系列作品以建立品牌。這樣的經營模式，在法律上並無禁止的規定，因為出版社與「影子作家」之間如已成立僱傭或出資關係，而且彼此約定以出版社所指定的筆名為著作人，可視為出版社（出資人）的別名，則符合著作權法第 11 條或第 12 條的規定，仍屬於適法有效的創作行為。

在新居落成、婚喪喜慶等場合中，也常有請達官貴人題字賀詞，這些美術或語文著作大都不會是本人親手書寫，而也是由他人代筆所做成的，由於代筆者多是達官貴人的幕僚、助理或是出錢所聘請的專人，彼此間多有僱傭或出資的關係，適用著作權法第 11 條或第 12 條僱傭或出資關係所完成著作的規定，從法律觀點來看，被視為是達官貴人的著作。

影子作家

政治人物

影子作家

出版社　影子作家

僱傭或出資關係

著作權法條補充

著作權法第11條	❶ 受雇人於職務上完成之著作，以該受雇人為著作人。但契約約定以雇用人為著作人者，從其約定。 ❷ 依前項規定，以受雇人為著作人者，其著作財產權歸雇用人享有。但契約約定其著作財產權歸受雇人享有者，從其約定。 ❸ 前二項所稱受雇人，包括公務員。
著作權法第12條	❶ 出資聘請他人完成之著作，除前條情形外，以該受聘人為著作人。但契約約定以出資人為著作人者，從其約定。 ❷ 依前項規定，以受聘人為著作人者，其著作財產權依契約約定歸受聘人或出資人享有。未約定著作財產權之歸屬者，其著作財產權歸受聘人享有。 ❸ 依前項規定著作財產權歸受聘人享有者，出資人得利用該著作。
著作權法第13條	❶ 在著作之原件或其已發行之重製物上，或將著作公開發表時，以通常之方法表示著作人之本名或眾所周知之別名者，推定為該著作之著作人。 ❷ 前項規定，於著作發行日期、地點及著作財產權人之推定，準用之。

知識補充站 ★影子作家之著作權

「影子作家」與公眾人物之間並無受雇或受聘關係，出版社無法約定由公眾人物為著作人，只是實務運作上，基於商場上銀貨兩訖與行業慣例，出版社職員或外包專業寫手並不會出面主張權利，或無足夠的證據以證明自己才是真正的著作人。

UNIT *2-13*
著作人格權的內容

圖解智慧財產權

(一) 何謂著作人格權

著作人格權包括公開發表權、姓名表示權與同一性保持權三個部分，是專屬於著作人對於自己的著作依法所享有的權利，它具有人格權的特質，但不具有財產權的性質。法人本來並沒有人格權可言，但在著作權法中，並未區分自然人或法人，故都可成為著作人，又基於公益的考量，所以法人能以著作人的身分，可享有專屬的著作人格權。由於著作人格權具有「人格權」的特性，因此，著作人格權永遠專屬於著作人本人所有，不能轉讓給他人，也無法拋棄或繼承，當然也不受著作財產權移轉的影響。

(二) 著作完成即受保護

著作人格權在著作人完成著作時，即開始受到著作權法持續的保護，縱使著作人死亡（自然人）或消滅（法人）後，對於他的著作人格權保護，仍視同生存或存續一樣，任何人都不可以侵害，也就等於是永久受到保護。不過，侵害著作人格權的刑事責任部分，在 2003 年修法時已刪除；而民事責任部分，依據現行著作權法第 86 條的規定，除遺囑另有指定者外，只能由配偶、子女、父母、孫子女、兄弟姊妹與祖父母請求救濟。當著作人的這些親屬或遺囑指定的人都死亡後，縱使有侵害著作人格權情形發生時，實際上並沒有人能主張權利及尋求救濟了。

(三) 不得事先拋棄

由於著作人格權不得事先拋棄，因此實務運作時，在進行著作財產權讓與或授權時，常會有「著作人同意不對著作財產權人或被授權人行使著作人格權」等類似的約定。而這種約定並無約束力，事後如有利用人侵害著作人格權的情形，著作權人仍得請求財產或非財產上的損害賠償，縱使相對人主張著作人違反先前的約定，也無法以此作為抗辯理由而免責，僅能就該約定，另行要求著作人負違約的損害賠償責任。

小博士解說

著作人格權在國際條約方面發展較晚，1986 年伯恩公約始將「姓名表示權」及「同一性保持權」納入保護。至於其他國家在立法上，著作人格權尚有「意見變更權」（the right to withdraw or retract）（當著作人對於原著作中所表達的意見，在公開發表後有所變更或不同看法時，可以行使購回權，將已流通在外的著作買回，以避免該著作繼續在外流通）或「批評意見回覆權」（the right to reply to criticism）（當他人對著作進行批評時，著作人有權以同一方式回覆其意見）。

我國著作權法原本將著作權只界定為著作財產權而已，例如 1985 年修正的著作權法第 3 條第 1 項第 2 款規定：「著作權：指因著作完成而發生第四條所定之權利。」而同法第 4 條則規定，文字著述等 17 類著作的著作人在著作完成時享有依著作性質，除得專有重製、公開口述、公開播送、公開上映、公開演奏、公開展示、編輯、翻譯、出租等權利外，並得專有改作的權利，故當時的著作權，並不包括著作人格權在內。在 1992 年 6 月 10 日修正著作權法第 3 條第 1 項第 2 款規定後，才明確將著作權包括因著作完成所生的著作人格權及著作財產權。

著作人格權

著作人格權 的內容	公開發表權
	姓名表示權
	同一性保持權
著作人格權 的特色	著作人格權永遠專屬於著作人本人所有，不得轉讓給他人，也無法拋棄或繼承，當然也不受著作財產權移轉的影響。
	影響著作品質及其呈現結果構成侵害，如劣質的錄音效果、模糊不清的畫面、受病毒感染的軟體程式……等重製行為，破壞原著作風貌亦造成對著作人格權的侵害，未經過著作人的許諾擅自對其著作增刪、著色、電子化改編……等行為，造成對著作人名譽或聲望的破壞。
著作人格權 的保護內容	著作人格權的保護始於著作人完成著作時，永久受到保護。
	著作人格權不得事先拋棄。

侵害著作人格權的責任

刑事責任	侵害著作人格權的刑事責任部分，在 2003 年修法時已刪除。
民事責任	現行著作權法第 86 條的規定，除遺囑另有指定者外，只能由配偶、子女、父母、孫子女、兄弟姊妹與祖父母請求救濟。
	著作權人得請求財產或非財產上的損害賠償。

知識補充站

　　1986 年伯恩公約始將「姓名表示權」及「同一性保持權」納入保護。台灣則於 1992 年 6 月 10 日修正著作權法第 3 條第 1 項第 2 款規定後，才明確將著作權包括因著作完成所生的著作人格權及著作財產權。加拿大著作權法界定著作人格權，必須符合說明創作人來源（paternity）、維持創作人聲譽（integrity）、作品與創作人之關聯性（association）等特性。

UNIT **2-14**
著作人格權不得轉讓

(一) 專屬於著作人

著作人格權與著作財產權是不同的二種權利，彼此獨立且分離，著作財產權得自由移轉或拋棄，著作財產權人死亡後，併入遺產中由繼承人來繼承。但著作人格權屬於特別人格權的一種，專屬於著作人，和著作人的人格無法分離，不得讓與或拋棄，著作人死亡後也不能由繼承人繼承。著作人格權係著作人專屬的權利，由於著作權法賦予僱傭與出資關係所完成的著作，得依當事人約定，由僱用人或出資人為著作人；因此，著作人格權的歸屬端賴該著作的著作人是誰，並不是探究誰真正創作了這著作，所以著作人並不一定是真正創作著作的人。

(二) 不能轉讓

著作人格權無法轉讓，專屬著作人本人，我國著作權法規定係永久存在，不因著作人之死亡（自然人）或消滅（法人）而終止，任何人不得侵害之；著作人死亡後，其著作人格權被侵害時，仍有賴親屬代位請求救濟。著作人格權給予著作人對其作品擁有完整的、獨占的、公開展示及演出、更改或刪除的專屬權，試想如在維納斯雕像上加上耳環，不僅格格不入破壞美感，同時侵害著作權人人格權。

著作人格權亦屬於特別人格權之一種，專屬於著作人本身，不得讓與或繼承，因此其主體不會改變，恆為著作人所享有。而著作財產權係得任意轉讓，亦即著作人及其受讓人得將著作財產權之全部或部分讓與他人或與他人共有；且著作財產權之受讓人，在其受讓範圍內即取得著作財產權，亦即著作財產權係隨其轉讓而改變其主體。

小博士解說

有人或許會認為，在僱傭與出資關係中，約定僱用人或出資人為著作人，是受雇人或受聘人將著作人格權移轉給雇用人或出資人；事實上，在著作尚未完成之前，並未有著作權產生，受雇人或受聘人並無著作人格權，何從將它移轉給別人，所以在法律上，雇用人或出資人依約定為著作人，是在受雇人或受聘人完成著作時，原始取得著作人格權，而不是受雇人或受聘人所移轉。同時，雇用人或出資人依約定為著作人後，不得再移轉給受雇人或受聘人或其他任何人。

至於著作權法只賦予僱傭與出資關係所完成的著作，得依當事人約定，由雇用人或出資人為著作人，其他非有僱傭或出資關係的當事人，並不能在著作完成前，以約定方式指定非創作的人為著作人，主要是考量這類著作在創作過程中，雇用人或出資人才是著作的催生者，也是創作的投資者或支持者，立法者希望透過僱傭與出資關係獎勵創作，來增進人類文化發展，所制定之法律制度。

著作權之轉讓

著作權
之轉讓

著作人格權無法轉讓
著作人格權無法轉讓，專屬著作人本人。

著作財產權可以轉讓
著作財產權得自由移轉或拋棄，並有遺產稅之申報與核課問題。

真正創作著作的人不一定擁有著作人格權

僱傭與出資關係
所完成的著作，
得依當事人約定

由雇用人或出資人為著作人；因此，著作人格權的歸屬端賴該著作的著作人是誰，並不是探究誰真正創作了這著作，所以著作人並不一定是真正創作著作的人。

著作人格權乃著作人專屬之權利

專屬權

著作人格權給予著作人對其作品擁有完整的、獨占的、公開展示及演出、更改或刪除的專屬權。

著作人格權給予著作人對其作品擁有完整的、獨占的、公開展示及演出、更改或刪除的專屬權，試想如在維納斯雕像上加上耳環，不僅格格不入破壞美感，同時侵害著作權人人格權。

著作人死亡後之權利

著作人格權	著作人死亡者，關於其著作人格權之保護，視同生存或存續，任何人不得侵害。
	著作人死亡後，除其遺囑另有指定外，一定之親屬，得依著作權法第84條規定，對於侵害其權利者得請求排除之；對於侵害之虞者得請求防止之。另依著作權法第85條第2項規定，得請求表示著作人之姓名或名稱、更正內容或為其他回復之適當處分。
著作財產權	著作財產權得轉讓，當被繼承人死亡時所擁有之著作財產權，則與一般財產同樣列入遺產，除遺贈外，由繼承人依民法規定繼承。
	著作財產權內容繁雜，辨識本不容易，遺產稅之納稅義務人於申報限期內對繼承財產負有完整申報之責任。

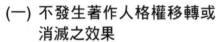
UNIT **2-15**
約定不行使著作人格權的效果

在著作人格權既不得讓與，又不能拋棄的限制下，當事人或許因授權契約約定需要，或因讓與著作財產權時受讓人的要求，社會有限制著作人格權行使的需求，使得當事人間約定不行使著作人格權的方式因應而生。著作人與他人約定，同意不行使其著作人格權後，並不會失去原有的著作人地位，其效力為：

(一) 不發生著作人格權移轉或消滅之效果

著作人與他人約定不行使著作人格權，僅是同意不對其行使著作人格權而已，著作財產權人或被授權人雖取得著作人不行使著作人格權之約定，並未因而取得著作人格權，對於任意第三人侵害著作人格權的情事，仍須由著作人自行主張其權利，如由著作財產權人或被授權人逕行提起訴訟，即有當事人不適格的問題，將遭法院駁回。另外，著作人同意不行使著作人格權，並不代表當事人可以任意將著作人變更標示為其他人姓名，否則涉及著作人格權的讓與，已違反著作權法規定，應屬無效的行為。

(二) 效力僅及於當事人間

著作人與他人約定不行使著作人格權，僅同意不對該第三人行使其著作人格權，其效力並不及於其他著作權人。例如，著作人將著作的著作財產權讓與甲，甲再將其中的改作權專屬授權給乙，另外丙則取得著作人不對其行使著作人格權的約定後，以割裂或竄改等方法改變該著作的內容時，縱使著作人依遵守約定不行使著作人格權，而甲與乙仍然得以丙的行為侵害其著作財產權，向丙請求排除之，如有損失時，並得要求丙負損害賠償的責任；丙並不能以取得著作人約定不行使著作人格權為理由，來對抗甲或乙。

(三) 無強制力

著作人與他人約定不行使著作人格權，並無強制力，也就是說，著作人仍可向著作財產權人或被授權人行使其著作人格權。如前例中，著作人認為丙的行為有損害其名譽時，仍得向丙要求排除之，並請求丙負損害賠償及更正內容或為其他回復名譽的措施。而丙基於契約條款的保護或主張並無故意侵權，很有可能被認為不構成侵權行為；至於著作人違反與丙的約定而行使著作人格權，也有可能構成違約行為。

小博士解說

一般而言，約定不得對行使著作人格權，主要在未來利用著作時，得逕為發表、修改或不註明出處，不必再一一獲得著作人的同意，可促進著作財產權的再流通，尤其是改作權與編輯權的行使，活躍衍生著作的創作，以方便著作的流通。

約定不行使著作人格權

約定不行使
著作人格權

當有限制著作人格權行使的需求時，就是要求當事人間約定不行使著作人格權的方式，原因如下：
❶ 授權契約約定需要
❷ 讓與著作財產權時受讓人的要求

❶ 著作人與他人約定，同意不行使其著作人格權後，並不會失去原有的著作人地位。
❷ 著作人格權是否可得約定不行使，著作權法並無明確規定，但在實務上大多持肯定的看法。
❸ 不排除權利人單方面同意或雙方當事人以契約方式約定，著作人在特定時間或地域上，對於被授權人的使用行為不得主張其著作人格權，特別是不得禁止其使用以及請求損害賠償。

約定不行使著作人格權的效果

約定不行使
著作人格權的效果

不發生著作人格權移轉或消滅之效果

效力僅及於當事人間

無強制力

★提供數則常見的契約條款文字內容，請讀者參考：

❶「甲方（著作人）同意不對乙方（著作財產權人）及乙方所同意授權使用本契約所定標的著作之人，行使著作人格權」（著作人與著作財產權人間）。
❷「甲方（著作人）同意對本著作不行使著作人格權」（概括性）。
❸「甲方（受聘人）受乙方（出資人）委託創作○○○著作（以下簡稱本著作）一件，同意以甲方為著作人，乙方享有著作財產權，甲方並同意對乙方不主張本著作之著作人格權」（受聘人與出資人間）。
❹「為擴大藝術教育推廣功效，本次創作應徵獲獎作品之著作人，應無償授權主辦單位得作非營利性之使用，並同意不得對主辦單位行使著作人格權」（徵選或競賽報名簡章）。

UNIT **2-16**
著作財產權與著作人格權間調和

圖解智慧財產權

著作人格權發源於法國、德國等歐陸法系國家，基於保護著作人與其著作之人格關係，將著作視為著作人格最深層之表達，所以對於著作之侵害就是對著作人人格之冒犯。相對地，美國等普通法國家，則以財產價值觀點來看待著作人格權之保護，注重著作人自其著作回收適當之經濟報酬，認為著作人只要獲得適當之補償，原則上可以放棄著作權法上的任何保護，任何使用著作的方式均被允許。

因此，著作權法對於調和二者間權利關係做下列原則性的規範：

(一) 公開發表權部分

尚未公開發表的著作，著作人將著作財產權讓與他人或授權他人利用時，由於著作財產權的行使或授權利用的結果，使得該著作公開發表，推定著作人同意公開發表該著作（參考著作權法第15條第2項第1款）。

(二) 姓名表示權部分

利用著作的人，除著作人有特別表示或違反社會使用慣例者外，得使用自己的封面設計，並加冠設計人或主編之姓名或名稱（參考同法第16條第3項）。又依著作利用目的及方法，對於著作人的利益並無損害之虞，且不違反社會使用慣例者，得省略著作人的姓名或名稱（同法同條第4項）。

(三) 同一性保持權部分

將著作人的權利範圍限縮在：禁止他人用歪曲、割裂、竄改或其他方法，改變著作的內容、形式或名目，導致損害

到著作人的名譽。以區隔著作財產權人的改作權與編輯權等正常行使與利用（同法第17條）。

小博士解說

當然，在理論上，也有可能是著作財產權人為增長著作財產權的權利價值，而過度授權使用，讓使用者能有較大或無限的改作空間，以迎合市場的需求，可能損及著作人的名譽。本來，著作人可以引用同一性保持權加以禁止，甚至可要求將改作的作品銷燬及損害賠償，但是，由於著作人並不精於市場行銷，初期對於自己的原創作品是否能被社會大眾更沒有把握，所以在與發行商簽訂合約時，大多被要求不行使著作人格權，在國外甚至拋棄著作人格權，當自己的作品大發利市後，想再修改合約內容，所需耗用的時間與金錢等成本很高，困難度更高，只好忍受此現實。這種情況在日本動畫市場最常見，例如流行動畫海賊王（One Piece）與七龍珠（Dragonball Z）等經由美國的經銷商或被授權公司改編成英文版，大幅刪除日本文化劇情以符合西方孩童習性，甚至連故事中顯現海盜冒險精神的激烈打鬥場面均被消除，使熱愛日本原版動畫的眾多支持者無法接受。

為何著作財產權與著作人格權需要調和

分屬於不同的主體所享有	著作財產權與著作人格權是著作權的一體兩面，但由於著作財產權得自由讓與或由繼承人繼承，而著作人格權則專屬於著作人本身，不得讓與或繼承。
當著作人與著作財產權人不同	彼此行使著作財產權與著作人格權時，難免會有相互重疊或起衝突的情事發生。
影響著作財產權的流通性	如果著作人過度堅持自己的著作人格權，不容許著作公開發表，或強調著作內容的完整性。
著作財產權人行使權利的不確定性	著作財產權人行使讓與及授權利用等權利的不確定性，造成著作財產權人的損失，社會大眾望而卻步，不願意也不敢去利用著作，失去著作權法保護著作權的意義。

著作人格權的特性

台灣的著作人格權的特性	我國為歐陸法系國家，著作權法又採近似法國二元論之立法方式，卻屢次受美國貿易制裁之威脅，而配合修正著作權法，既認為著作人格權不得轉讓，但又允許當事人約定不行使其權利；著作人格權永久存在卻不得繼承，其一定親屬又得代位行使著作人格權。

著作人格權

	著作人格權有別於著作財產權，乃專屬於著作人本身的權利，與著作人有不可分離的特性。	
著作人格權的功能	著作人投注其自身之人格特質、精神、靈魂在其創作成品上，特別是歸屬性（attribution）與不可分離性（integrity），使人得知該著作為著作人所做，並防止他人之不正當散布，使著作無從辨識非著作人所作，著作人防止他人變形醜化其著作，因而詆毀其聲譽之權利。	
	人格權的主要功能是使著作人能透過其作品與讀者溝通，延伸著作人的本質與性格，允許著作人保護其著作的訊息完整性，著作人格權也是超越經濟利益衡量，保護創作者人格且維護作品完整性的權利，使創作者姓名與其作品相聯繫並保護作品不受竄改或歪曲。	

著作人享著作人格權的權利

UNIT 2-17
重製權

重製權是最早受到保護的著作權，甚至在早期歐美各國著作權法的規範內容重點，可說只在於禁止他人重製之行為，以維護作者或出版商的經濟利益。隨著科技發展與時代進步，對於其他種類著作財產權的保護，也是從重製的觀念衍生出來，因此任何著作類型均享有重製權。

依照著作權法第 3 條第 1 項第 5 款之規定，重製係指將著作用印刷、複印、錄音、錄影、攝影、筆錄或其他方法來加以重複製作，也就是說，將著作不論是暫時或長久性的重複製作而重現著作的內容，都屬於重製行為。同時，也將下列二項納入重製之範圍：❶劇本、音樂著作或其他類似著作演出或播送時，予以錄音或錄影；❷依建築設計圖或建築模型建造建築物。

另外，現代科技以電腦或光碟機觀賞影片、聽音樂或閱讀文章，這些影片、音樂或文章都將重製在電腦或光碟機的 RAM 中；且在利用網路傳輸、瀏覽、快速存取或操作，也有暫時性重製情形，這些如果都需要著作財產權人的同意，將造成莫大不便，阻礙資訊的交流，所以著作權法特別把專為網路合法中繼性傳輸，或合法使用著作時屬於技術操作過程中必要的過渡性、附帶性，而且不具有獨立經濟意義的暫時性重製，都排除在重製權的適用範圍以外。

不過，由於電腦程式著作是透過電腦的執行，才能創造出獨立的經濟意義，如果也任由第三人以暫時性方式重製，則電腦程式的著作財產權已無保護意義，因此，電腦程式著作的暫時性重製，仍是著作財產權人所專有的重製權範圍，沒有經過同意或授權，任何人都不可以用拷貝或執行後即予刪除的方式，擅自重製電腦程式著作。

著作經重製而附著在有形體物，即是重製物，也是著作「發行」的客體。但是，重製物的所有權（物權）與著作的著作權並不相同。重製物的所有權人，並未當然取得著作財產權，為讓二者的利益能調和，著作權法規定在下列情況下享有特定的著作權：

❶著作人將尚未公開發表的美術著作或攝影著作的著作原件或其重製物讓與給他人，依著作權法第 15 條第 2 項第 2 款的規定，受讓人得以其著作原件或其重製物公開展示，並推定著作人同意公開發表其著作。

❷在中華民國管轄區域內取得著作原件或其合法重製物的所有權人，可以用移轉所有權的方式來散布。

小博士解說

著作權法對於重製的定義，在 1992 年 6 月 10 日修正前，係針對重製權作定義，修正後才改直接對重製作定義，指以印刷、複印、錄音、錄影、攝影、筆錄或其他方法「有形」的重複製作，亦即以附著在有形體物為要件。但是，在 2003 年 7 月 9 日再修正時，雖然重製的範圍擴大增列「直接、間接、永久或暫時」的重複製作，不過卻以「於數位化網路環境下，重製並不以有形之重複製作為限」為理由，刪除原有的「有形」二字。所以，現行著作權法所稱重製，並未限定在有形與固定為要件，而將無形及暫時性的重複製作，也視為重製之範圍。

重製權就在生活中

生活中常見重製行為

- 使用影印機影印書本內容
- 使用手機拍書本內容
- 使用電腦做資料拷貝
- 在公開場合演說、聽眾以錄音機錄音、攝影機攝影及筆記記錄

著作權法規定之重製行為

所謂重製行為	著作權法第3條第1項第5款規定，重製係指將著作用印刷、複印、錄音、錄影、攝影、筆錄或其他方法來加以重複製作，也就是說，將著作不論是暫時或長久性的重複製作而重現著作的內容，都屬於重製行為。
同時也將右述兩項納入重製之範圍	劇本、音樂著作或其他類似著作演出或播送時，予以錄音或錄影。
	依建築設計圖或建築模型建造建築物。

著作權法規定排除在重製權的適用範圍外

暫時性重製	專為網路合法中繼性傳輸，或合法使用著作時屬於技術操作過程中必要的過渡性、附帶性，而且不具有獨立經濟意義的暫時性重製。
實例	以電腦或光碟機觀賞影片、聽音樂或閱讀文章，這些影片、音樂或文章都將重製在電腦或光碟機的 RAM 中。
	利用網路傳輸、瀏覽、快速存取或操作，也有暫時性重製情形。
電腦程式著作	由於電腦程式著作是透過電腦的執行，才能創造出獨立的經濟意義，如果也任由第三人以暫時性方式重製，則電腦程式的著作財產權已無保護意義，因此，電腦程式著作的暫時性重製，仍是著作財產權人所專有的重製權範圍，沒有經過同意或授權，任何人都不可以用拷貝或執行後即予刪除的方式，擅自重製電腦程式著作。

UNIT *2-18* 公開口述權

(一) 何謂公開口述

著作權法除了保護像重製這類有形的著作利用之外，也保護許多無形的著作利用，公開口述權就是其中一種。它是語文著作類所單獨專屬享有的著作財產權，其他類型著作則無此項權利。由於語文著作是人類最原始的創作，不分年齡、性別與教育程度，只要用語言或文字，將自己的思想、感情用嘴說出或用筆寫下，表達出具備「原創性」的內容，即可成為語文著作，受著作權法的保護，所以公開口述權是一種既平常卻又特殊的權利。

(二) 公開口述的方法

公開口述是以言詞或其他方法，包括將語文著作口述後加以錄音，再向公眾傳達其著作內容。舉例來說，我們在公開場合朗誦詩歌、短文，或是老師在課堂上講授教材的內容等，都是屬於公開口述的行為；另外，如果將名嘴的演講內容錄音後，然後在公開場所再播放錄音的內容，這種方式也是屬於一種公開口述的行為。

但是，如果將名嘴的演講內容錄音後，再把錄音帶於電台播放時，即非公開口述，而為公開播送之行為；另外將語文著作的內容，用說書或相聲的表演方式，則是公開演出之範圍，而不是公開口述。

小博士解說

公開口述權是各項著作財產權類型中產生爭議比較少的一種，因為通常大家比較不會任意公開口述他人的著作，況

且，在特定的非營利性活動中公開口述他人著作，或是政治、宗教上的公開演說，都屬於著作權法所規定的合理使用行為。另外，用他人的著作作為學校課堂授課或公開演講的素材，只是將該著作的表達內容，加以理解消化後，做思想或概念的傳達，並不是著作的公開口述。但是，如果將著作的內容逐字逐句朗讀，或是將他人的著作當成自己演講或授課的主要內容，才容易產生侵害公開口述權的問題，也可能被法院認為構成侵害該著作的公開口述權。

此外，只有「語文著作」才能利用語言加以口述，而其他的著作因為不能轉換為語文的型態呈現著作的原貌，亦即無法以口述的方法來傳達著作內容，自然不能享有公開口述權。舉例來說，美術館的導覽人員，常利用擴音器口述名家畫作的內容，在場的民眾若是沒有看到那幅畫作，還是沒有辦法從口述的過程中，真正了解到畫作的內容，這就是美術著作無法享有公開口述權的原因，當然，美術館的導覽人員也不會因為口述畫作的內容而有侵害該美術著作公開口述權的問題。

公開口述權就在生活中

教室中學生聽教師授課或聽名嘴演講錄音	電台播放該錄音，聽眾收聽
公開口述	**公開播送**

看不到畫，各自想像

公開口述權

特殊性	語文著作類所單獨專屬享有的著作財產權，其他類型著作則無此項權利。
意義	公開口述是以言詞或其他方法，包括將語文著作口述後加以錄音，再向公眾傳達其著作內容。
舉例	在公開場合朗誦詩歌、短文。
	老師在課堂上講授教材的內容。
	將名嘴的演講內容錄音後，然後在公開場所再播放錄音的內容。

公開口述權較無爭議

合理使用行為	特定的非營利性活動中公開口述他人著作，或是政治、宗教上的公開演說，都屬於著作權法所規定的合理使用行為。
思想或概念的傳達，並不是著作的公開口述	將他人著作理解消化後的表達內容，作為學校課堂授課或公開演講的素材。
容易產生侵害公開口述權	將著作的內容逐字逐句朗讀，或是將他人的著作當成自己演講或授課的主要內容，才容易產生侵害公開口述權。

UNIT **2-19**
公開播送權

(一) 何謂公開播送

　　基於公眾直接收聽或收視為目的，而使用有線電、無線電或其他器材的廣播系統傳送訊息方法（包括同步播送），藉由聲音或影像，向公眾傳達著作的內容，這就是公開播送。例如目前家庭所接收的有線播送系統業者（俗稱第四台）播送的視聽節目，就是屬於公開播送的行為。

　　在各類型著作中，除了表演經重製或公開播送後，再做公開播送時，表演人無法享有這項權利外，其他類型的著作都享有此項公開播送權。同時，如果是由原播送人以外的第三人，將原播送的聲音或影像再利用有線電、無線電或其他器材的廣播系統，再向公眾傳達傳送訊息，也是屬於公開播送的權利範圍，仍應取得該著作的著作財產權人的同意，才可以再為公開播送的行為。

(二) 公開場合與獲利與否判斷侵害行為

　　在國內發生的類似侵害公開播送權案件中，司法機關會以「公開場所」與「行為人是否藉由公開播送間接獲利」兩項要件來認定，例如火鍋店、餐廳播放輕柔音樂，增進用餐氣氛，來提升餐廳格調，以吸引顧客上門消費，這是屬於有間接獲利的情形，因此餐廳業者必須付費給著作財產權人，否則涉及侵害公開播送權，依法可論處 3 年以下徒刑，並須負民法的侵權損害賠償責任。

　　又一般廣播電台主持人，或餐廳、便利商店、大賣場等業者，或是機關學校、民間團體，也常將自己所購買的音樂 CD，在電台廣播節目中，或營業辦公場所內的廣播系統，在公開場所播放音樂，也是屬於公開播送的行為，必須分別取得該錄音著作與音樂著作著作財產權人的授權，才能公開播送。

小博士解說

　　以音樂著作為例，我們在日常生活中，透過公民營之無線電視台、衛星電視台、有線系統業者、調幅 AM 電台、調頻 FM 中功率電台、小功率電台、有線音樂頻道、衛星音樂頻道等，收聽或收看電視、廣播節目或廣告，這些節目或廣告中有播送音樂或彈奏、演唱播出時，這些業者需要向著作權人申請公開播送的概括授權。各音樂著作權人為管理方便起見，大多是委由社團法人中華音樂著作權協會（MÜST）來管理（該協會接受管理「公開演出權」、「公開播送權」與「公開傳輸權」等三種著作財產權的授權委託），需要公開播送該音樂著作的使用者，可直接向該協會付費使用，以減少個別徵詢授權及付費的麻煩。但是，如果欲使用未委託該協會管理的音樂著作，仍然需要分別向各音樂著作權人洽商授權使用事宜。為因應餐廳、便利商店或大賣場等業者公開播送音樂的需要，已有專業的音響電器公司將已取得合法授權的成千上萬首音樂，錄製於播放機中，再以每年租用方式給餐廳、便利商店或大賣場等業者不限時間的播放使用，不但經濟實惠，又省事方便，大家也不必擔心發生侵害他人公開播送權的情事。

公開播送權就在生活中

何謂公開播送權

要件	「公開場所」、「行為人是否藉由公開播送間接獲利」。
意義	基於公眾直接收聽或收視為目的，而使用有線電、無線電或其他器材的廣播系統傳送訊息方法（包括同步播送），藉由聲音或影像，向公眾傳達著作的內容就是公開播送。
舉例	❶ 家庭所接收的有線播送系統業者（俗稱第四台）播送的視聽節目。 ❷ 旅館、餐廳、火鍋店、便利商店或百貨公司常透過其內部系統「轉播」電視、廣播節目，供其營業場所之顧客收聽或收看時，亦是公開播送行為，須取得合法授權。

音樂著作如何公開播送

音樂著作
如何公開播送

節目或廣告中有播送音樂或彈奏、演唱播出時，這些業者需要向著作權人申請公開播送的概括授權。

各音樂著作權人為管理方便起見，大多是委由社團法人中華音樂著作權協會（MÜST）來管理，需要公開播送該音樂著作的使用者，可直接向該協會付費使用，以減少個別徵詢授權及付費的麻煩。

如果要使用未委託該協會管理的音樂著作，仍然需要分別向各音樂著作權人洽商授權使用事宜。

專業的音響電器公司將已取得合法授權的成千上萬首音樂，錄製於播放機中，再以每年租用方式給餐廳、便利商店或大賣場等業者不限時間的播放使用。

UNIT 2-20 公開上映權

圖解智慧財產權

(一) 何謂公開上映權

自從人類發明電影技術以後，世界上產生了一種全新的著作類型，就是視聽著作，同時，這種全新的著作必須使用放映機將電影的內容向公眾播放，於是公開上映權也因應而生，也只有視聽著作的著作權人才能享有公開上映權，其他類型著作則無此權利。

公開上映權是利用單一或多數視聽機或其他傳送影像的方法，在同一時間向現場或現場以外一定場所的公眾傳達著作的內容。從早期的廟會活動，在現場放映免費的蚊子電影（在野外或廣場上架起大大的白布簾螢幕，觀眾坐著板凳看著會隨風飄動的電影，不時還要遭受蚊蟲的叮咬，因而得名），到現代在豪華電影院的電影播放，都是屬於公開上映的行為。

有關公開上映權比較容易產生困擾的，不是在視聽著作的播放，而是在於播放的對象。舉例來說，我們在自己家裡看電視播放或自己租購的 DVD 電影等，因為並不是對現場或現場以外一定場所的公眾播放，所以就跟公開上映無關。

但是，如果是在家庭以外的特定多數人所在的場合，或是在不特定人可以進出的場所，甚至像是私人俱樂部、錄影帶或碟影片播映場所（MTV）、旅館房間、遊覽車、火車、捷運等供公眾使用的交通工具上，播放視聽著作，這樣是屬於對公眾播放的行為，就構成「公開上映」。因此，在旅館裡或飛機上放映電影、在遊覽車上播放伴唱帶讓遊客唱卡拉 OK 等，都必須要取得視聽著作的公開上映的授權（一般常稱為「公播授權」）才能合法利用。

(二) 第四台

由於有線電視（俗稱「第四台」）的普遍，我們在公共場所中也常常可欣賞到各項視聽著作節目，是否也會構成「公開上映」的行為？依據主管機關與最高法院判決的看法，公共場所在第四台播送系統業者傳送途中並未再設接收器材（例如接收器）接收其訊號予以傳達者，縱使設有放大器、混波器等加強傳送訊號的器材或設備，但由於公共場所電視機所接收的節目，是第四台播送的結果，則該等公共場所並無「公開播送」的行為。

如果公共場所只是單純地打開電視機接收第四台的節目內容供人觀賞，由於該電視機是接收節目的必然設備，公共場所只是單純地接收訊息，並沒有「公開上映」的行為。不過，如果公共場所將第四台所傳達的節目予以「轉錄」後，再以單一或多數視聽機或其他傳送影像的方法向公眾傳達節目內容，則會涉及「重製」及「公開上映」的行為，應該徵得視聽著作著作財產權人的同意或授權後，才可以進行這些活動。

小博士解說

讀者千萬要注意，並不是我們購買或租用電影 DVD，就可以在公開場所任意播放，因為這些 DVD 雖然是合法取得，但都被限制為家用版，沒有附有「公開上映」的合法授權。假如我們隨便拿到學校或機關、組織在公開場所播放給大家看，除非符合教學等合理使用的規定，否則，仍然會有侵害公開上映權的問題。

公開上映權

公開上映權

特殊性	➤	只有視聽著作的著作權人才能享有公開上映權，其他類型著作則無此權利。
意義	➤	利用單一或多數視聽機或其他傳送影像的方法，在同一時間向現場或現場以外一定場所的公眾傳達著作的內容。
舉例	➤	從早期的廟會活動，在現場放映免費的蚊子電影，到現代在豪華電影院的電影播放，都是屬於公開上映的行為。

公開上映權常產生的困擾

私人俱樂部、錄影帶或碟影片播映場所（MTV）、旅館房間、遊覽車等供公眾使用的交通工具上，播放視聽著作	這樣是屬於對公眾播放的行為，就構成「公開上映」。在旅館裡或飛機上放映電影、在遊覽車上播放伴唱帶讓遊客唱卡拉 OK 等，都必須要取得視聽著作的公開上映的授權（一般常稱為「公播授權」）才能合法利用。
在公共場所中欣賞到有線電視（俗稱「第四台」）各項視聽著作節目	如果公共場所只是單純地打開電視機接收第四台的節目內容供人觀賞，由於該電視機是接收節目的必然設備，公共場所只是單純地接收訊息，並沒有「公開上映」的行為。
	如果公共場所將第四台所傳達的節目予以「轉錄」後，再以單一或多數視聽機或其他傳送影像的方法向公眾傳達節目內容，則會涉及「重製」及「公開上映」的行為，應該徵得視聽著作著作財產權人的同意或授權後，才可以進行這些活動。

知識補充站

　　KTV 業者播放視聽伴唱帶等供顧客唱歌，係屬公開上映視聽著作的行為，實務上，大多數法院認為 KTV 業者以高於市價（家庭用）數倍之價格向伴唱帶公司購買，伴唱帶公司已默示同意 KTV 業者公開上映伴唱帶，因此無須再給付公開上映授權金。

第 **3** 章

著作權法（二）

章節體系架構

UNIT **3-1** 公開演出權

圖解智慧財產權

(一) 何謂公開演出

在留聲機、唱片、錄音帶、CD等發明以前，音樂著作只能透過現場歌手或是樂團的演出讓觀眾欣賞，對於音樂著作權人而言，除了銷售樂譜（屬於重製權的利用）以外，對於公開演出音樂收取權利金是一種很重要的權利，因此，公開演出是各項著作財產權中較早發展成獨立的權利之一。這是語文（主要是劇本）、音樂及戲劇或舞蹈著作專屬享有排他、支配的公開演出權，至於表演人則限定以擴音器或其他器材公開演出其表演，才能享有公開演出權；如果表演人是將表演重製後或公開播送後，再以擴音器或其他器材向大眾公開表演的內容時，就無法再享有此公開演出的權利。而錄音著作只能對公開演出錄音著作的人請求支付使用報酬，無法禁止他人公開演出的行為。除此以外，其他類型的著作則無此項權利。

(二) 公開演出的範圍

通常表演團、舞蹈團、演唱會、樂器演奏會等以演技、舞蹈、歌唱、彈奏樂器向現場的公眾傳達著作內容，即是公開演出。另外，如廣播、電視或網際網路運用擴音器或其他器材等，將原播送的聲音或影像向公眾傳達著作的內容，不論接收著作內容訊息的大眾是否聚集在一起，也不管這些接收訊息的大眾是否都同時收看或收聽表演，也都是屬於公開演出的行為。

不論是公司、門市、賣場或餐廳等行業，甚至是7-11、全家等便利商店，只要是在公眾得進出的場所，加裝喇叭擴音系統播放CD音樂、轉播電台或電視台播出的音樂、戲劇和舞蹈時，都符合著作權法公開播送的範疇。雖然廣播公司已經取得公開播送的授權，但就這些賣場等業者而言，透過擴音設備播放的行為，是另一個公開演出的行為，也要另外取得詞曲作者或戲劇、舞蹈作者、劇本作者或他們所委託的著作權仲介團體取得授權，才能避免發生侵害公開演出權的糾紛。

在公共場所或是在有一定數量（通常指超過單一家庭所有成員或其全部親朋好友總和的人數）人群的場所，無論是以朗誦、繪製、跳舞、演唱、演奏或演戲等任何方式，直接在舞台上的現場表演，或是間接藉由設備以複製影像、增加音量，達到顯示出影像或發出聲響等表演目的，都是屬於公開演出。

在網路上傳輸有著作權的音樂或電影檔案是否屬表演行為？一般來說，只要沒有同步的（simultaneous）顯示（rendering或showing）現象，就不屬於公開演出的行為。因此，藉由網路「傳輸」一部數位化電影並不等於「演出」該部電影，而是涉及重製權的問題；當該數位化電影被全部傳至某部電腦後，藉由適當的軟硬體協助下，隨時可在公共場所或是供其他觀眾播放觀賞，就發生公開演出行為了。

公開演出權

公開演出權

特殊性	語文（主要是劇本）、音樂及戲劇或舞蹈著作專屬享有排他、支配的公開演出權。
	表演人則限定以擴音器或其他器材公開演出其表演，才能享有公開演出權。
	公開演出是各項著作財產權中較早發展成獨立的權利之一。
類型	表演團、舞蹈團、演唱會、樂器演奏會等以演技、舞蹈、歌唱、彈奏樂器或其他方法向現場之公眾傳達著作內容，即為公開演出。
	以擴音器或其他器材（例如網際網路），將原播送之聲音或影像向公眾傳達一個作品的行為（如廣播、電視），不論接收大眾是否聚集在一起，也不論接收大眾是否都準時收看或收聽表演也屬於公開演出的行為。
	在公共場所或是在有一定數量（通常指超過單一家庭所有成員或其全部親朋好友總和的人數）人群的場所，無論是以朗誦、繪製、跳舞、演唱、演奏或演戲等任何方式，直接在舞台上的現場表演，或是間接藉由設備以複製影像、增加音量，達到顯示出影像或發出聲響等表演目的，都是屬於公開演出。
舉例	甲將乙之歌曲加以演唱，由丙製成錄音帶，而丁未經授權將該錄音著作公開演出，則丁僅侵害乙之音樂著作之公開演出權，並未侵害甲之表演著作或丙之錄音著作的著作財產權。因甲之表演著作已經重製，依著作權法第 26 條第 2 項規定，即喪失權公開演出權。而丙之錄音著作，依同條第 1 項規定，並無公開演出權。

★只有語文、音樂及戲劇舞蹈等三類著作才可享有公開演出權

語文、音樂及戲劇或舞蹈著作專屬享有排他、支配之公開演出權，其他類型之著作則無此項權利。

UNIT 3-2
公開傳輸權

圖解智慧財產權

（一）何謂公開傳輸

　　由於數位科技、電子網路及其他通訊科技的興起，任何著作都可以輕易地以數位（digital）形式存在或呈現，再藉由網際網路、紅外線、藍芽等新型態傳輸媒體快速地傳送給許多人，對著作權人的權益產生相當不利的影響，世界智慧財產權組織（WIPO）因而在 1996年通過了著作權條約（WIPO Copyright Treaty, WCT）及表演與錄音物條約（WIPO Performances and Phonograms Treaty, WPPT）兩項國際公約，針對數位化網路環境，明定應賦予著作權人享有公開傳輸的權利。

　　本項權利不限定著作的類型，著作權人都可以享有透過有線電、無線電網路或其他通訊方法，藉由聲音或影像將他的著作提供或傳送給公眾，讓大家可以隨時隨地到網路上去瀏覽、觀賞或聆聽著作內容的權利。而表演人將表演重製成錄音著作後，也可以享有公開傳輸的權利。

（二）侵害態樣

　　未經授權在網路或其他形式的數位媒體上傳輸檔案，若不符合理使用，都屬於侵害公開傳輸權的行為。例如：❶ 網友喜歡將流行歌曲或電影上傳放在網路部落格或網頁上，供不特定的其他網友線上收聽欣賞，這種行為並未取得授權，除涉及對他人重製權侵害外，由於是利用有線電或無線電網路，藉聲音或影像向公眾提供或傳達著作的內容，使大眾能在各自選定的時間或地點傳輸，已構成對他人公開傳輸權的侵害；❷ 網友會利用超連結的方式，將他人網站的網址轉貼在自己的部落格網頁中，供上網瀏覽的不特定人得以網頁連結至他人網站，再由連結到的他人網站提供免費欣賞或下載的服務，由於自己沒有將他人的影片、音樂直接上傳，這樣的行為不會涉及重製或公開傳輸他人著作，但自己如果明知他人網站所提供的免費欣賞或下載服務，是違法的行為時，不但可能因協助或擴大傳播，遭著作權人以共犯或幫助犯追究法律責任，也是一種不尊重他人著作財產權的不道德行為，不足為取。網路中常有業者以廣告或加入會員等積極措施，教唆、誘使、煽惑、說服大家來下載其所提供之匯集著作網路位址電腦程式，或者購買其設備或器材，再指導、協助或預設路徑，讓大眾免費觀賞電子書或電視節目、電影等文字與影音著作，均視為侵害他人之著作財產權行為。

😊 小博士解說

　　常有許多教師們會製作線上的數位教案，放置在自己的網頁上供學生或其他想學習的人，利用網路瀏覽或下載方式，以增加課程學習的效果。在這些自製教案中使用的素材，例如圖片或背景音樂，會包含其他人的著作，都可能會面臨觸犯公開傳輸權及重製權的危險。所以建議老師們在製作數位教案時，為了保險起見，最好還是使用完全自製或已屆滿著作權保護期間的著作物當素材，即無侵權的疑慮。再有不足而有使用受著作權保護的著作作為素材需要時，除非能確定是因教學目的所需的合理使用外，仍須事先取得著作權人的授權或同意使用，才能安心使用，而採用已使用創用 CC 授權的著作當素材，則是最佳的選擇，只要遵循明確的授權條款，即可不必再擔心會侵害他人之著作權。

公開傳輸權

公開傳輸權

特殊性

不限定著作的類型，著作權人都可以享有透過有線電、無線電網路或其他通訊方法，藉由聲音或影像將他的著作提供或傳送給公眾，讓大家可以隨時隨地到網路上去瀏覽、觀賞或聆聽著作內容的權利。而表演人將表演重製成錄音著作後，也可以享有公開傳輸的權利。

意義

由於數位科技、電子網路及其他通訊科技的興起，任何著作都可以輕易地以數位（digital）形式存在或呈現，再藉由網際網路、紅外線、藍芽等新型態傳輸媒體快速地傳送給許多人。

網路上的公開傳輸

網路上的公開傳輸

在網路網站上主動或被動播放背景音樂、網路音樂，試聽下載、網路廣播電台、網路電視影片、網路卡拉 OK、KTV、網路廣告及其他通訊方法（如電信業者之手機鈴聲下載），如有公開傳輸音樂、影片或電子書等著作時，均需申請公開傳輸之概括或個別授權，否則無論是網站供人免費下載之提供者或下載之使用者，均可能侵害著作權人之重製權及公開傳輸權。

各個網站或 BBS 站的版主，對於網友貼上網的文章、圖畫、音樂或影片，如果不確定是作者同意在網路上流通的，最好刪除，免得無端發生侵害公開傳輸權的糾紛。

著作權人可以將他的著作，不管是文字、錄音、影片、圖畫等任何一種型態的作品，用電子傳送（electronically transmit）或放在網路上提供（make available online）給公眾，接收的人可以在任何自己想要的時間或地點，選擇自己想要接收的著作內容。

UNIT 3-3
改作權

圖解智慧財產權

（一）何謂改作

「改作」是根據或參考既有的著作再另為新的創作，它必須是另外投入具有原創性的活動，把既有著作做改變的行為，才能算是改作。如果只是單純做簡單的變更或替換，而沒有原創性，則不是著作權法所稱的改作。而改作的對象是既有的著作，但不一定是要受著作權法保護的著作，像著作財產權保護期間已經屆滿的古代的小說、史詩、畫作等著作，都可以成為改作的對象，例如依據三國演義、水滸傳等章回小說改編成電視劇本，再改拍成電視劇，都是屬於改作行為。

至於改作的方法，可以利用翻譯、編曲、改寫或拍攝成影片的方式來做，也可以將文字著作圖片化（如漫畫或影片）或美術作品異種複製（水彩畫轉成油畫或版畫）等方式，以及使用「闡發新理或不同之技術」（1928 年頒布實施的著作權法第 19 條規定的條文內容，可視為最早的改作權），都屬於改作的方法。

（二）改作權

「改作權」則是指著作權人有權決定是否允許他人來「改作」自己的著作。也就是說，當我們希望改作的對象（原著作），是他人受著作權法保護的著作時，就必須要取得著作權人的授權，否則會構成侵害原著作的改作權。這項權利除表演以外，不限著作的類型，著作權人都能享有。改作所完成的創作，只要能符合著作的要件，就可成為另一項新的著作，我們稱它為衍生著作，與改作的對象 —— 原著作，不論是否屬於同類型的著作，均是彼此各自獨立的著作，而且改作所完成的衍生著作與原著作一樣，可以再將它改作，透過這種綿延不斷的改作，讓人類的文化創作更為多樣豐富、生生不息。

🔲 小博士解說

依照原著作改作成新的著作，它的著作類型隨改作的結果，各有不同，以近年來風靡全球的哈利波特小說為例，將原始的英文版改作成中文版的哈利波特小說，或改作成劇本（不論以何種語言進行），都可歸類為語文著作；也可以改作成哈利波特漫畫，歸類成美術著作；也可以將它改作成哈利波特電影或動畫影集，視為視聽著作；當然也可以改作成歌劇或話劇，而被歸類為戲劇、舞蹈著作。而且，這些改作後的新著作間，或是與原著作間，彼此都是各自獨立。

改作權為著作權人所享有，因此如欲對受著作權法保護的原著作另為改作時，須先經該著作權人同意，才可以進行改作，否則會發生侵害行為。又改作係以內在形式存有原著作的表現形式，而在外觀形式上變更原著作的表現形式，也就是改作後所做成的衍生著作，都會忠於並為原作的主要架構及精神；如果只是參考他人既有著作，而將它改得「面目全非」成另一個全新的著作，讓一般人在欣賞新著作時，無法再與原著作聯想在一起的話，它是一項全新創的著作而不是衍生著作，原著作的著作權人也很難主張新著作有侵害改作權的行為。

何謂改作？

何謂改作？　將既有的著作改作的情形，非常普遍發生，舉例來說，將哈利波特原始的英文版小說，可以翻譯成為中文版，也可以改寫成劇本或漫畫，再把劇本或漫畫拍成電影、動畫影集或以歌劇、話劇等方式呈現，都是所謂的「改作」行為。

- （中文版）哈利波特
- 哈利波特電影劇本 → 哈利波特電影
- 哈利波特漫畫
- 哈利波特動畫劇本 → 哈利波特動畫

何謂改作權

何謂改作權

特殊性　除表演以外，不限著作的類型，著作權人都能享有。改作所完成的創作，只要能符合著作的要件，就可成為另一項新的著作，我們稱它為衍生著作，與改作的對象 —— 原著作，不論是否屬於同類型的著作，均是彼此各自獨立的著作，而且改作所完成的衍生著作與原著作一樣，可以再將它改作，透過這種綿延不斷的改作，讓人類的文化創作更為多樣豐富、生生不息。

意義　「改作權」則是指著作權人有權決定是否允許他人來「改作」自己的著作。也就是說，當我們希望改作的對象（原著作），是他人受著作權法保護的著作時，就必須要取得著作權人的授權，否則會構成侵害原著作的改作權。

★侵害改作權之責任

　　甲完成一首單純之演唱曲，乙如經甲之同意將該歌曲編成交響樂曲，而丙未經甲之同意將該歌曲編成鋼琴演奏曲；乙及丙即以編曲之改作方式各創作另一衍生著作，彼此均為獨立之著作，各受著作權法之保護；但是，丙未經甲之同意將該演唱曲編成鋼琴演奏曲，甲得依著作權法第 84 條規定請求排除之，並依同法第 88 條之 1 規定，對於侵害行為做成之物或主要供侵害所用之物，得請求銷燬或為其他必要之處置。同時，另依同法第 88 條及第 92 條規定，甲亦得向丙主張負賠償損害之民事責任及追訴其不法侵害他人著作財產權之刑事責任。

圖解智慧財產權

　　關於「編輯權」的內容如何，現行的著作權法第 28 條規定：「著作權人專有將其著作編輯成編輯著作之權利」，只是賦予著作權人編輯權的專有權利，並未再對它的定義或內容加以闡明。不過，我們可以從 1985 年所修正的著作權法第 3 條第 24 款原規定來看，編輯權的意思指著作人就自己的著作，享有整理、增刪、組合或編排產生另一著作的權利。如果著作人在著作完成前與人約定，由他人享有著作財產權；或者是在著作完成後，將這項著作財產權移轉給他人，則由取得的人享有此項專有權利，原著作人如想再利用原著作來編輯新的著作時，仍然要經過享有此項著作財產權人的同意。這項權利除表演著作外，其他各類型著作的著作權人都可以享有。

　　由於資料的分類或歸類，有助於知識累積與運用，因此日常生活中存在許多像報紙、雜誌、百科全書或資料庫等，都是經由編輯而成的著作類型，簡單地說，編輯著作是將現有的著作或資料，由著作人發揮原創性結合而成的一項著作。如果編輯所使用到著作財產權仍在存續期間的部分，需要取得該著作權人的同意才可以納入；如果編輯所使用到的著作已無著作財產權，仍要注意不要隨意改變，以避免侵害原著作人的著作人格權。

　　至於將各種不受著作權保護的資料加以集結整理，雖然不是編輯權的行使，但是只要有獨特的檢索方式或分類方法等，具有相當程度的原創性，仍可成為一項著作，受著作權法的保護。

　　一般書籍的著作人完成稿件（初稿），交給出版社出版發行，初稿與最後出版發行的書籍成品，通常二者並不完全相同。著作人所完成的初稿是獨立的著作，而出版社所發行的書籍成品，除了著作人完成的稿件，還會有出版社所設計的封面與內頁的美術或攝影著作編輯在其中，這些著作和著作人完成的初稿是分屬不同的著作，著作權應該屬於出版社，或也可能是他內部員工或所聘請的專業人士享有。

　　假如著作人只是授權出版社出版，自己仍享有初稿的著作財產權，未來如想要自己出版或另外授權其他出版社出版時，除非獲得原出版社的同意，否則必須要重新設計封面，以免侵害原出版社封面與內頁美術或攝影編輯的著作財產權。

　　另外，在投稿或出版書籍時，有些報章雜誌或出版社會有審稿的機制或可逕行刪修稿件的規定，審稿的專家學者通常是就專業領域提供建議，由作者參酌的決定修正自己的著作，不會有編輯權行使的問題。而許多報章雜誌為篇幅或版面設計需要，常在徵稿的辦法中規定，要求作者必須同意報社可增、刪稿件，一般報社的編輯大多是做小幅度的修正，不會變更原著作的主要內容及風格，並且以作者名義刊登，報社雖有編輯行為，但未達編輯成新著作的原創性，報社也不會主張修正後稿件的著作權，所以也不至於有太大爭議。如果報社將作者的稿件做大幅度的修正，具有相當的原創性而成另一新的著作時，這時報社必須與作者約定好新著作的著作權歸屬，同時，如已變更原著作的風貌，最好也應徵求其同意，以避免新著作的著作權歸屬與侵害作者著作人格權的爭議。

何謂編輯權

特殊性	除表演著作外，其他各類型著作之著作權人均可享有。
	編輯著作是將現有的著作或資料，由著作人發揮原創性結合而成的一項著作。
	如果編輯所使用到著作財產權仍在存續期間的部分，需要取得該著作權人的同意才可以納入。
	如果編輯所使用到的著作已無著作財產權，仍要注意不要隨意改變，以避免侵害原著作人的著作人格權。
意義	編輯權的意思指著作人就其本人著作，享有整理、增刪、組合或編排產生另一著作之權利。假如著作人只是授權出版社出版，自己仍享有初稿的著作財產權，未來如想要自己出版或另外授權其他出版社出版時，除非獲得原出版社的同意，否則必須要重新設計封面，以免侵害原出版社封面與內頁美術或攝影編輯的著作財產權。

著作人完成稿件（初稿）交給出版社出版發行

初稿與最後出版發行者的書籍成品，通常二者並不完全相同

→ 著作人所完成的初稿是獨立的著作。

→ 出版社所設計的封面與內頁的美術或攝影著作，編輯著作權應該屬於出版社，或是內部員工或所聘請的專業人士享有。

→ 假如著作人只是授權出版社出版，自己仍享有初稿的著作財產權，未來如想要自己出版或另外授權其他出版社出版時，除非獲得原出版社的同意，否則必須要重新設計封面，以免侵害原出版社封面與內頁美術或攝影編輯的著作財產權。

沒有編輯權行使的情形

投稿或出版書籍時

→ 有些報章雜誌或出版社會有審稿的機制或可逕行刪修稿件的規定，審稿的專家學者通常是就專業領域提供建議，由作者參酌決定修正自己的著作。

徵稿

→ 許多報章雜誌為篇幅或版面設計需要，常要求作者必須同意報社可增、刪稿件，一般編輯大多是做小幅度的修正，不會變更原著作的主要內容與風格，並且以作者名義刊登，報社雖有編輯行為，但未達編輯成新著作的原創性，報社也不會主張修正後稿件的著作權。

UNIT **3-5**
製版權

(一) 何謂製版權

著作權法在 1964 年修正時，新增製版權規定，嗣後經多次修正，成為著作權中除著作財產權與著作人格權以外，運用公共領域的文字著述或美術著作時，不可或缺的一項權利。製版權制度在保護對古籍、古代文物加以整理的投資利益，為了鼓勵大眾對古籍整理的重視，法律才創設製版權，賦予凡對無著作財產權或著作財產權消滅之古籍、古代文物，加以重新排版整理印刷的人，在首次發行並依法登記後，享有專有以影印、印刷或類似方式重製的權利。

製版權在文字著述方面，要有整理印刷的行為，包括修補闕漏、重新印製等，但在方法上不一定要經過重新排版，也不需要直接使用著作的原件。但在美術著作方面，除了要無著作財產權或著作財產權消滅者外，尚須就真跡字畫加以影印、印刷或類似方式重製，且須以該真跡字畫先前未曾被製版發行者為限。

(二) 採登記主義

製版權的發生是採用登記主義，未經主管機關登記即沒有製版權可言。所以，當製版人完成重製首次發行的製版物，卻遲遲不願意向主管機關登記取得製版權，即在市面上發行銷售，如果有第三人就其版面加以影印、印刷或類似方式重製時，製版人並無法主張享有製版權及依著作權法規定尋求救濟。不過，該第三人有明顯以不正當的競爭方式重製，製版人不論有無製版權，仍可依照公平交易法追究該第三人的責任。

又製版權只限於就其版面，專有以影印、印刷或類似方式的重製，才有排他

權。同時，製版權人只能禁止他人擅自以印刷或類似的方式重製該版面，並不限制第三人以其他方式利用該著作，例如第三人就製版人所利用的著作，另行以電子資料處理方式製作成 CD-ROM 或存入電子資料庫，以供查閱或在網路上供人下載瀏覽，這樣並沒有侵害製版人的製版權。又如第三人不是直接就製版人之版面加以影印、印刷或類似方式重製，而是自己另就古文加以整理，縱使整理的結果與製版人的出版品類似，仍不算是侵害製版人的製版權，也就是說，第三人以自己的方法所整理發行的出版品，只要經登記主管機關登記後，將成立另外一項獨立的製版權。

小博士解說

如果想要使用的文字著述或美術著作原件，是屬於「文化資產保存法」及「公有古物複製及監製管理辦法」所規範的範圍時，雖然這些古文物已不受著作權法的保護，但是，製版人必須依照相關規定取得主管機關或保存機構同意，並依照規定方式來進行重製。

何謂製版權

何謂製版權

特殊性
- 製版權的發生是採用登記主義，未經主管機關登記即沒有製版權。
- 製版權只限於就其版面，專有以影印、印刷或類似方式的重製，才有排他權。

意義

製版權制度在保護對古籍、古代文物加以整理的投資利益，為了鼓勵大眾對古籍整理的重視，法律才創設製版權，賦予凡對無著作財產權或著作財產權消滅之古籍、古代文物，加以重新排版整理印刷的人，在首次發行並依法登記後，享有專有以影印、印刷或類似方式重製的權利。

文化資產與公有古物

文字著述或美術著作原件

如果使用的文字著述或美術著作原件，屬於「文化資產保存法」及「公有古物複製及監製管理辦法」所規範的範圍時，製版人必須依照相關規定取得主管機關或保存機構同意，並依照規定方式辦理。

製版權之運用

不同態樣的規定

- 製版權僅限於就其排印或影印之版面，專有以「印刷或類似方式」重製之權利，製版權人僅得禁止他人擅自以印刷或類似之方式重製該版面，並不限制第三人以其他方式利用該著作。

- 若第三人就製版人所利用之著作，另行以電子資料處理方式製作成 CD-ROM 或存入電子資料庫，以供查閱或在電視上公開播送，並非侵害製版人之製版權。

- 如第三人不是直接就製版人之版面加以影印、印刷或類似方式重製，而是自己另就古文加以整理，縱使整理的結果與製版人的出版品類似，仍不算是侵害製版人的製版權，也就是說，第三人以自己的方法所整理發行的出版品，只要經登記主管機關登記後，將成立另外一項獨立的製版權。

UNIT 3-6 著作財產權存續期間的長短

一項著作的市場價值，大多是由著作財產權所創造的，著作財產權的存續期間愈長，愈能保障著作的權益，但卻不利於一般大眾對著作的利用。為調和社會公共利益及促進國家文化發展，所以世界各國對於著作財產權的存續期間會給予一定期間的法定保護期限，當存續期間屆滿後，該著作即進入公共領域，可供大家自由使用。

(一) 存續期間的原則性規定

我國著作權法從 1928 年制定以來，一向採著作人的終身及他死後由繼承人享有著作（財產）權 30 年為原則，但是，著作權自始依法歸機關、學校、公司或其他法人或團體享有，以及編輯、電影、錄音、錄影、攝影及電腦程式、文字著述之翻譯等類型的著作，著作人無法終身享有著作權，只能從著作完成時起算 30 年期間享有著作權。詳言之，著作人如果可以終身享有著作權，自著作完成時可以自己終身享有，當著作權轉讓給他人或是著作人死亡後，則由受讓人或繼承人自受讓或繼承日起算，繼續享有 30 年；而非終身享有的著作權，經轉讓或繼承者，由受讓人或繼承人繼續享足其賸餘之期間。大家可以看出，當時對著作權存續期間的規定，不但分歧而且因著作權的移轉，存續期間可重新起算，呈現不確定的狀態。

1992 年 6 月 10 日修正著作權法時，為符合國際法制一般趨勢，將著作財產權以存續於著作人之生存期間及其死亡後 50 年為原則，而共同著作的著作財產權，則存續到最後死亡的著作人死亡後起算 50 年。

(二) 例外規定

不過，屬於下列的著作，則各有例外的規定：

❶ 未公開發表的著作，如於著作人死亡後 40 年至 50 年間，始首次公開發表者，該著作財產權之期間，自公開發表時起存續 10 年。但著作在創作完成時起算 50 年內未公開發表者，則存續至創作完成時起 50 年。換言之，此時該著作財產權的存續期間即可逾越著作人死亡後 50 年的一般原則。

❷ 別名著作或不具名的著作，一般大眾無從得知或難以得知著作人的真名、生存期間與死亡日期者，著作財產權的存續期間為自著作公開發表起 50 年。

❸ 攝影、視聽、錄音及表演著作，其著作財產權存續至著作公開發表後 50 年；但著作在創作完成時起算 50 年內未公開發表者，其著作財產權則存續至創作完成時起 50 年。

❹ 法人為著作人的著作，其著作財產權存續至著作公開發表後 50 年；但如果著作在創作完成時起算 50 年內未公開發表者，其著作財產權存續至創作完成後 50 年。

從上述的規定來看，著作財產權存續期間已經比以往明確，但為考量某些不同狀況，將存續期間作特別的規範，似乎還有些複雜，但不會再有以移轉著作權方式，存續期間不斷重新起算，而造成不確定或萬年不消滅的情況。

有關我國著作（財產）權年限（存續期間）規定，歷次修正沿革

修訂日期	著作（財產）權年限（存續期間）	相關條次
1928.5.14	以著作人終身及其繼承人繼續享有 30 年為原則	第 4 條
	著作人死後始發行或不著姓名或用假名之著作權 30 年	第 6 條及第 8 條
	照片著作權 10 年	第 9 條
	翻譯書籍著作權 20 年	第 10 條
1944.4.27	以著作人終身及其繼承人繼續享有 30 年為原則	第 4 條
	著作人死後始發行及非自然人之著作權 30 年	第 6 條及第 7 條
	照片、發音片、電影片著作權 10 年	第 9 條
	翻譯書籍著作權 20 年	第 10 條
1964.7.10	增加製版權 10 年，其餘未異動	第 22 條
1985.7.10	以著作人終身及其繼承人繼續享有 30 年為原則	第 9 條第 2 項
	著作人死後始發行、非自然人、編輯、電影、錄音、錄影、攝影、文字著述之翻譯及繼承或受讓者之著作權 30 年	第 11 條至第 14 條
	製版權 10 年，但電影製版權為 4 年	
1990.1.24	未異動，但增訂回溯適用新法規定	第 50 條之 1
1992.6.10	以存續於著作人之生存期間及其死亡後 50 年為原則。著作於著作人死亡後 40 年至 50 年間首次公開發表者，著作財產權之期間，自公開發表時起存續 10 年	第 30 條至第 35 條及第 79 條
	別名著作、不具名著作、法人為著作人之著作、攝影、視聽、錄音及電腦程式著作，存續至著作公開發表後 50 年。但著作在創作完成時起算 50 年內未公開發表者，其著作財產權存續至創作完成時起 50 年	
	製版權 10 年	
1998.1.21	表演之著作財產權存續至著作公開發表後 50 年	第 34 條
2001.11.12	電腦程式著作存續於著作人之生存期間及其死亡後 50 年	第 34 條

UNIT **3-7**
著作財產權存續期間的計算

著作財產權自著作創作完成時開始發生，著作財產權存續期間的起算，原係以創作完成時即開始，但是一般存續期間以著作人終身及其死亡後 50 年為原則，而著作人終身的長短因人而異，且著作財產權的存續期間也有許多例外的情況，所以著作權法對於著作財產權存續期間的起算，可以歸納成下列三種方式：

(一) 原則上是以著作人死亡時為起算點

(二) 以著作公開發表時為起算點的四種狀況

❶攝影、視聽、錄音及表演著作；❷法人為著作人的著作，因為法人並無死亡的適用；❸以不是眾所周知的別名著作或不具名著作，因為一般大眾難確認該著作人何時死亡；❹著作如於著作人死亡後 40 年至 50 年間，始首次公開發表者，著作權法特別再賦予該著作財產權的存續期間。

如果著作是以繼續或逐次的公開發表方式，則以各次公開發表能否獨立成為一項著作，來認定它的存續期間起算點：如果各次公開發表的部分都能獨立成為一項著作時，每一著作各自個別公開發表日起算；如果各次公開發表部分無法各自獨立成為一項著作，必須等到可以獨立成為一項著作時，才以該次公開發表日作為起算點。不過，如果後續的部分不能在前次公開發表日後 3 年內公開發表時，則著作財產權存續期間須自前次公開發表日來起算。

(三) 以著作創作完成日為起算點的著作

如果著作在創作完成時起算 50 年內仍未公開發表時，則著作財產權存續期間以創作完成日為起算點，換句話說，著作在 50 年內仍未公開發表，就會變成公共領域的著作。

至於著作財產權存續期間終止點的認定，考量到一般人對於著作人死亡日、著作公開發表日或著作創作完成日，很難確實掌握，為避免查證上的困擾或權益上的紛爭，著作權法規定著作財產權存續期間的終止點，是以該期間屆滿當年的末日，即當年 12 月 31 日晚上 12 時為期間的終止點。我們只要知道著作人在何年死亡或著作在何年公開發表、創作完成，就容易推算該著作的著作財產權存續期間在哪一年底屆滿。

😊 小博士解說

著作權法對於著作財產權存續期間的計算，是屬於特別法規定，並不再適用民法關於期日及期間的規定，所以存續期間 50 年，實際上都在 50 年以上，最長可能到 51 年少 1 天。另外，著作財產權存續期間終止的末日，採「以該期間屆滿當年之末日為期間之終止」方式，係著作權法在 1992 年 6 月 10 日時才修正規定採行，所以在 1992 年 6 月 11 日該修正規定實施以前，仍須適用民法關於期日及期間末日的規定。

著作權法對於著作財產權存續期間的起算

著作權法對於著作財產權存續期間的起算	原則上是以著作人死亡時為起算點。	
	有些著作的著作財產權存續期間，不便以著作人死亡時為計算標準，右列四種情況，都以著作公開發表時為起算點	攝影、視聽、錄音及表演著作。
		法人為著作人的著作，因為法人並無死亡的適用。
		以不是眾所周知的別名著作或不具名著作，因為一般大眾難確認該著作人何時死亡。
		著作如於著作人死亡後 40 年至 50 年間，始首次公開發表者，著作權法特別再賦予該著作財產權的存續期間。
	如果著作是以繼續或逐次的公開發表方式，以各次公開發表能否獨立成為一項著作，來認定它的存續期間起算點	如果各次公開發表的部分都能獨立成為一項著作時，每一著作各自個別公開發表日起算。
		如果各次公開發表部分無法各自獨立成為一項著作，必須等到可以獨立成為一項著作時，才以該次公開發表日作為起算點。
		如果後續的部分不能在前次公開發表日後 3 年內公開發表時，則著作財產權存續期間須自前次公開發表日來起算。
	著作在創作完成時起算 50 年內仍未公開發表時，則著作財產權存續期間以創作完成日為起算點。	

著作財產權存續期間的計算

著作財產權存續期間的計算

→ **著作財產權存續期間的計算** → 例如，甲於 2023 年 1 月 1 日清晨在蘭嶼拍攝 2023 年第一道曙光的照片，並於次日（1 月 2 日）利用這些照片加上音樂及旁白等製作一支「2023 年的第一道曙光」紀錄片，兩項著作均在完成日當天即上網公開發表。

→ **著作財產權存續期間的始點** → 由於甲所拍攝 2023 年第一道曙光的照片屬於攝影著作，該照片的著作財產權存續期間自 2023 年 1 月 1 日起算，至 2072 年 12 月 31 日晚上 12 時為止，恰好為 50 年整；而甲所製作「2023 年的第一道曙光」紀錄片屬於視聽著作，該紀錄片的著作財產權存續期間自 2023 年 1 月 2 日起算，至 2073 年 12 月 31 日晚上 12 時為止，則為 50 年又 364 天。

→ **著作財產權存續期間的終止點** → 又著作財產權存續期間的終止點（12 月 31 日），如恰好逢星期六、日或紀念日、其他休息日等，也不須再延長至休息日的次上班日，也就是說，終止點永遠不變，都是屆滿 50 年時，當年的 12 月 31 日為終止點。

UNIT **3-8** 著作財產權的移轉

(一) 變更著作財產權的主體

　　基於社會專業分工體系的發展，著作人完成著作時享有的著作財產權，如能交由專業或有需求的利用人來行使權利，著作人不但可收取報酬，並可以專心在創作領域上發展所能，可以發揮更大的文化傳播效果，所以著作財產權具有移轉性。著作財產權的移轉，可以透過買賣、贈與、交換（互易）或強制執行（拍賣）等讓與方式來進行，這種準物權行為會直接發生著作財產權的所有權終局移轉效果，著作財產權的主體會因而變更，讓與人將著作財產權的全部或部分讓與他人後，就喪失他所讓與範圍內的著作財產權，轉由受讓人取得；受讓人取得著作財產權後，也隨時得再讓與該著作財產權給任何人。

(二) 轉讓的方式

　　當我們進行著作財產權買賣或贈與等轉讓行為時，雖然雙方當事人間的約定方式可為「明示」或「默示」，也可用書面（要式）或口頭等其他方式（非要式）。但是，因為著作財產權是屬於無形資產，難用具體實物加以主張，也不像有形的動產可以用占有來表現權利。同時，權利移轉非常的方便迅速，關係容易變得複雜，所以使用書面契約明定要移轉的範圍較為適宜，以避免日後舉證之困擾。

　　著作財產權除經由原始方式取得著作財產權外，也可經由讓與或繼承而取得著作財產權。由於不同類型的著作，所能享有的著作財產權種類不一，而同一著作也可有數種不同種類的著作財產權，且著作財產權又可以全部或分割部分讓與他人，繼承時也存在共同繼承與遺產分割的情形，所以在受讓或繼承所取得著作財產權時，宜先確認讓與人或被繼承人原有的權利範圍，尤其注意可能有與他人共有的情形。

小博士解說

　　關於著作財產權的讓與，我國著作權法在 1985 年修正以前，僅簡單規定著作權得轉讓於他人，並未對於讓與的範圍與方式加以規範，故國人以往常用「買斷版權」等含糊用詞，來作為著作權交易之方式，極易發生糾紛。1985年著作權法修正時，明定著作權得全部或部分轉讓他人或與他人共有，且讓與的範圍，是依雙方約定，如果有約定不明時，則推定並未讓與而由讓與人享有；又在 1998 年修正時，更增訂「著作財產權之受讓人，在其受讓範圍內，取得著作財產權」規定，使得著作財產權讓與的範圍更加明確。

　　另外，在 1998 年 1 月 22 日著作權法修正實施以前，著作權法是採註冊主義，著作權轉讓非經向主管機關註冊登記，不得對抗第三人（包括惡意及善意）；如果發生著作財產權雙重讓與的情形時，未辦理讓與登記者不得對抗已辦妥讓與登記者；但受讓人還未辦妥著作財產權讓與登記前，仍有完全的告訴或自訴權利，可以對抗不法侵害著作財產權的第三人。但自 1998 年 1 月 23 日著作權法修正後，已廢除此項註冊制度，如遇有爭執時，必須由主張權利的人向法院提起訴訟並負舉證責任。

著作財產權移轉

意義與方式

- 讓與人將著作財產權的全部或部分讓與他人後，就喪失他所讓與範圍內的著作財產權，轉由受讓人取得；受讓人取得著作財產權後，也隨時得再讓與該著作財產權給任何人。

- 著作財產權除經由原始方式取得著作財產權外，也可經由讓與或繼承而取得著作財產權。

- 轉讓行為的約定方式可為「明示」或「默示」，也可用書面（要式）或口頭等其他方式（非要式）。

- 著作財產權的移轉，可以透過買賣、贈與、交換（互易）或強制執行（拍賣）等讓與方式來進行。

著作財產權具有可分性

變更著作財產權的主體

- 權利所有人可以將各種著作財產權中之一種或數種著作財產權分離或組合

- 分別或同時轉讓給同一人或不同的人

- 受讓人在受讓範圍內才取得著作財產權

- 對於著作財產權的讓與範圍，係採「權利保留」原則或「列舉其一，排除其餘」的正面表列法則來認定

- 除非有明確的反證外，否則當事人間有約定不明的部分，是被推定為未讓與

知識補充站 ★1998 年前的著作權的登記制度

❶ 在 1998 年 1 月 22 日著作權法修正實施以前，著作權法是採註冊主義，可經由政府部門的登記公示系統，提供保障交易的安全，並減低舉證的困難。著作權轉讓非經向主管機關註冊登記，不得對抗第三人（包括惡意及善意）。

❷ 如果發生著作財產權雙重讓與的情形時，未辦理讓與登記者不得對抗已辦妥讓與登記者；但受讓人還未辦妥著作財產權讓與登記前，仍有完全的告訴或自訴權利，可以對抗不法侵害著作財產權的第三人。

❸ 但自 1998 年 1 月 23 日著作權法修正後，已廢除此項註冊制度，如遇有爭執時，必須由主張權利的人向法院提起訴訟並負舉證責任。

UNIT 3-9
著作財產權的部分讓與

著作財產權具有可分性，著作權人可以將各種著作財產權中的一種或數種，分別或同時轉讓給同一人或不同的人，受讓人在受讓範圍內才取得著作財產權。對於著作財產權的讓與範圍，則採「權利保留」原則或「列舉其一，排除其餘」的正面表列法則來認定，所以，除非有明確的反證，否則當事人間有約定不明的部分，是被推定為未讓與。著作權人除可將同一著作的各個著作財產權分別讓與外，也可以將一個原完整的著作財產權（例如重製權），依照當事人間契約來限制或區分該著作財產權的範圍，而做下列權利的部分（一部）讓與。

(一) 限定地域

例如將語文著作台灣地區或美國地區的改作權及公開播送權，分別轉讓給同一家或不同二家電視台，受讓的電視台依契約只取得台灣美國地區的改作權及公開播送權，在歐洲或其他地區的改作權及公開播送權，則仍屬原所有人的權利。

(二) 限定語言版本

例如某一電視台向日本動畫公司購買某一卡通影集中文版的著作財產權，而擁有該卡通影集中文版的視聽著作，並享有重製權、公開播送權、公開上映權、公開傳輸權、改作權、編輯權、散布權及出租權等著作財產權。但是，該卡通影集的日文版、英文版或其他種語言版本視聽著作，則仍屬日本動畫公司或其他人所有。

(三) 限定特定著作財產權的權能

著作財產權人在限定個別著作財產權分別讓與之同時，可能只是讓與該個別著作財產權權能的一部分。換句話說，是限制受讓人行使該個別著作財產權的方式，例如在讓與語文著作的重製權時，約定受讓人僅能以書摘或精華本方式重製，則該語文著作的重製權中，全文重製的部分並未讓與受讓人。另外，在現代科技發達下，重製所能附著的媒體物，種類更加繁多，前述讓與語文著作重製權時，如只約定受讓人僅能以紙本方式重製，則其他數位化方式的重製，沒有納入讓與的範圍，受讓人仍不得自行以紙本以外的方式重製該語文著作。

(四) 限定著作商品化的範圍

隨著社會變遷或科技進步，人物、角色、符號或圖案等美術或圖形著作，均可能在壁紙、貼紙、玩具、文具或服飾上重製或改作，亦即「商品化權利」（merchandizing rights），在實務上商品化權利的分割讓與，也屬於各類著作財產權權能的部分讓與。例如，著作財產權人將其圖案的圖形著作，讓與玩具商使用在其所生產之各種玩具上，即不包括將該圖案之圖形著作使用在服飾或其他事物上。

小博士解說

主管機關或部分學者認為，著作財產權的部分讓與是另一種的授權利用形式，性質上是永久性的專屬授權，並非讓與著作財產權，但在實務上卻普遍存在這種讓與的方式。

著作財產權的部分讓與

意義	著作財產權具有可分性，著作權人可以將各種著作財產權中的一種或數種，分別或同時轉讓給同一人或不同的人，受讓人在受讓範圍內才取得著作財產權。	
限制或區分該著作財產權的範圍	著作權人除可將同一著作的各個著作財產權分別讓與外，也可以將一個原完整的著作財產權（例如重製權），依照當事人間契約來限制或區分該著作財產權的範圍，而做下列權利的部分（一部）讓與：	**❶ 限定地域** 例如將語文著作台灣地區或美國地區的改作權及公開播送權，分別轉讓給同一家或不同二家電視台。
		❷ 限定語言版本 例如某一電視台向日本動畫公司購買某一卡通影集中文版的著作財產權，該卡通影集的日文版、英文版或其他種語言版本視聽著作，則仍屬日本動畫公司或其他人所有。
		❸ 限定特定著作財產權的權能 例如在讓與語文著作的重製權時，約定受讓人僅能以書摘或精華本方式重製，則該語文著作的重製權中，全文重製的部分並未讓與受讓人。
		❹ 限定著作商品化的範圍 例如，著作財產權人將其圖案的圖形著作，讓與玩具商使用在其所生產之各種玩具上，即不包括將該圖案之圖形著作使用在服飾或其他事物上。

著作財產權可否以限定時間作為部分讓與

讓與 著作財產權可否以限定時間作為部分	例如將某一語文著作的改作權及公開播送權，只出售著作三年期限給電視台，三年期限過後，電視台即無該著作的改作權及公開播送權，而自動回歸由著作財產權人享有。
	多數學者及主管機關認為，著作財產權一旦為轉讓，即為永久轉讓，當事人如附有期限，則應是一定期間的著作財產權專屬授權。不過，當事人間所為不論是著作財產權的部分讓與或是專屬授權，在現行著作財產權毋庸登記制度下，第三人難以得知，如受讓人再予轉讓時，易生糾紛，交易前應先注意查證或明定讓與人應負充分告知及權利瑕疵的義務。

UNIT **3-10**
著作財產權的授權利用

在今日資本密集與細密分工的社會環境中，除非自己具有相當之資金及行銷通路，否則難以充分發揮著作財產權的經濟價值，所以著作權人將著作財產權交由他人實施的情形，愈加普遍。著作權人行使著作財產權，大多數是用授權的方式，把著作財產權提供給他人來利用，以收取授權金來獲得著作的經濟效益。

一般來說，授權利用依照授權時有無專屬性，可分為專屬授權與非專屬授權兩種：

(一) 專屬授權

專屬授權是指被授權人在被授權範圍內，取得著作財產權人的地位行使權利，並可以用自己的名義為訴訟上行為，例如發現有侵害著作財產權的盜印情形，重製權的專屬被授權人可以不透過授權人，自己逕向法院提起侵權的訴訟。同時，著作財產權人已專屬授權他人行使著作財產權的期間，在專屬授權範圍內被限制不得再行使權利，包括不得再授權第三人與授權範圍相衝突的權利，著作權人自己也不可以自行利用這項著作財產權。通常在被授權人有比較大的資源投入或支付較高授權金的情形，會要求著作權人以專屬的方式授權；又為了避免專屬授權後，被授權人不積極行使權利，著作權人也會相應地要求被授權人提供最低的權利金保證，或是保留在某些條件下終止授權的權利。

(二) 非專屬授權

非專屬授權則是指專屬授權以外的其他授權型態，例如：電腦軟體或資料庫的使用授權、廣播或電視公司取得音樂公開播送的授權、電影院所取得電影公開上映的授權等，都是著作財產權的非專屬授權。非專屬授權最重要的特色，就是相同的授權範圍內，可能同時有許多的被授權人存在，都可以利用相同的著作，彼此不受影響。不過，除非著作財產權人同意，否則非專屬的被授權人不可以將被授權的權利再授權給其他第三人使用。無論是專屬授權或是非專屬授權，當著作權人在授權後，才把著作財產權移轉或專屬授權給其他人時，在先前已經取得合法授權的被授權人，都不會受到影響。

🔵 小博士解說

基於著作財產權的授權，著作財產權人與被授權人間係以信賴為基礎，而著作財產權人與再授權的第三人間並無此關係，所以禁止非專屬授權的被授權人在未經著作財產權人同意時，將其被授與之權利再授權第三人利用。至於專屬授權因具有物權性格，則不受禁止再授權的限制。例如，著作財產權人先以非專屬授權方式，授權某甲在台灣地區重製其著作，而後再以專屬授權方式，授權某乙在台灣地區重製其著作；此時，某乙雖擁有著作財產權人的專屬授權，惟因某甲已取得非專屬授權在先，某乙無法禁止某甲繼續在原授權範圍內重製該著作，而某乙如認為有損害權益，也只能向授權人 —— 即著作財產權人請求解除契約、減少授權金或賠償損失。

專屬授權與非專屬授權

	專屬授權	非專屬授權
授權利用依照授權時有無專屬性，可分為專屬授權與非專屬授權兩種	指被授權人在被授權範圍內，取得著作財產權人的地位行使權利，並可以用自己的名義為訴訟上行為。	指專屬授權以外的其他授權型態，非專屬授權最重要的特色，就是相同的授權範圍內，可能同時有許多的被授權人存在，都可以利用相同的著作，彼此不受影響。不過，除非著作財產權人同意，否則非專屬的被授權人不可以將被授權的權利再授權給其他第三人使用。
舉例	例如在授權合約中訂明：❶本合約為專屬授權，授權人在本合約授權範圍內，不得再授權其他人或自己使用；❷被授權人得以著作財產權人之地位行使權利、得對侵害著作權之人主張權利，或為訴訟上之行為。	例如：電腦軟體或資料庫的使用授權、廣播或電視公司取得音樂公開播送的授權、電影院所取得電影公開上映的授權等，都是著作財產權的非專屬授權。
相同點	無論是專屬授權或是非專屬授權，當著作權人在授權後，才把著作財產權移轉或專屬授權給其他人時，在先前已經取得合法授權的被授權人，都不會受到影響。	

授權的限制與法律效果

限制內容	❶ 授權人在專屬授權範圍內，不得再授權其他人或自己使用。 ❷ 非專屬的被授權人未經著作財產權人同意，不可以將被授權的權利再授權給其他第三人使用。
舉例	A 著作之著作財產權人甲先以非專屬授權方式授予乙在台灣地區重製 A 著作，而乙未經甲同意即再授權予丙，在台灣地區重製 A 著作。不久，甲再以專屬授權方式，授予丁在台灣地區重製 A 著作。最後，甲將 A 著作之全部著作財產權移轉予戊。
法律效果	❶ 丙無權重製 A 著作，甲及丁均得向丙主張權利（要求停止重製 A 著作及賠償損失），或向丙提起民事、刑事訴訟。 ❷ 丁雖取得專屬授權，但無法禁止乙在台灣地區重製 A 著作（因已取得授權在先，如丁認為有損害其權益，只能向甲請求解除契約、減少授權金或損害賠償）。 ❸ 戊雖取得 A 著作之全部著作財產權，但不影響乙與丁繼續在台灣地區重製 A 著作之權益。

UNIT **3-11**
為何要有合理使用與強制或法定授權的規定

(一) 著作是經由文化與人類生活經驗累積而產生

前面介紹著作的各項權利內容，都是著作權人專屬享有，具有排他性，也就是說，這些權利是由著作權人來支配的，別人不能任意行使，否則會有侵權的責任。不過，文化是人類生活經驗的累積，每個人不斷地學習先人所累積的經驗與知識，再往各領域鑽研，讓新的創作源源不斷。正如英國著作權學者兼律師奧古斯丁·畢瑞爾（Augustine Birrell）所說：「如果要我舉證某塊羊腿是我買的，那會是一件輕而易舉的事情；如果要我說出自己所寫的書裡面，有多少內容是我自己所獨立創作的，卻會是一件很困難的事」。著作雖然是著作人個別的創作，但是大多源自於已有的文化，再融入個人的思想或情感而成，如由個人來獨享此成果，則有失公允。

(二) 增加著作被廣泛流傳與普遍使用的機會

從著作的創作動機來看，收取權利金或報酬的經濟利益，固然是從事創作者一項重要的誘因，但是仍有許多創作者是為興趣或其他非經濟因素所激發。著作如被大眾廣泛流傳與普遍使用，這種被肯定的成就感，比得到金錢報酬，更具有鼓勵創作的意義。所以法律規範促使大眾能更自由運用，應該符合這些作者的期望。同時，著作法是平衡著作權人與著作利用人間的利益衝突，世界各國在設計著作權法制或訂定著作權法時，會針對著作權人的權利加以適度限制。除了規定具公益性質之著作不得作

為著作權標的，及限制著作財產權的存續期間以外，合理使用與強制或法定授權費也是常見的限制方式。

合理使用如同是法律賦予的保護傘，將某些特定身分的著作利用人、某些特定類型著作的部分權利、非營利而影響著作權人經濟利益不大者等的使用著作，並不需要經過著作權人的同意。不過，使用人也必須謹守分際，一旦逾越合理使用的範圍，就無法再主張免責。

(三) 強制授權與法定授權

強制授權與法定授權則是防範著作被少數人壟斷所設計的措施。在許多情況下，可能使用者與著作權人洽談授權使用事宜，需要耗費相當的時間；也可能是著作權人具有議價優勢，要求很高的授權金，讓一般大眾無法負擔；更有可能是使用者根本無法找到著作權人，洽商授權使用事宜。當這些特別情況發生時，使用人可依強制授權制度，事前經由主管機關的許可，並支付法定的使用報酬給著作權人；或依法定授權制度，事前不需要經過著作權人的同意或主管機關的許可，在使用後自行主動依照法定的報酬或經權利人的請求，支付使用報酬給著作權人。這種透過公權力介入的方式，一方面降低著作權交易的社會成本，另一方面提高著作的使用率，或許有些違背市場自由交易的精神，但就社會整體而言，應該是利大於弊的權衡做法。

合理使用與強制或法定授權

原因	著作雖然是著作人個別的創作，但是大多源自於文化的基礎上，再融入個人的思想或情感而成，由個人獨享此成果有失公平。
功能	許多創作者是為興趣或其他非經濟因素所激發，當其著作被廣泛流傳與普遍使用的成就感，比得到金錢報酬，更具有鼓勵創作的意義。
限制	使用人也必須遵守分際，一旦逾越合理使用的範圍，就無法再主張免責。
	強制或法定授權仍須支付法定的權利金或報酬。

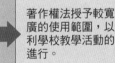

強制授權與法定授權

目的	防範著作被壟斷所設計的措施。
原因	使用者與著作權人洽談授權使用事宜，需要耗費相當的時間。
	也可能是著作權人具有議價優勢，要求很高的授權金，讓一般大眾無法負擔。
	更有可能是使用者根本無法找到著作權人，洽商授權使用事宜。

著作權法授予較寬廣的使用範圍，以利學校教學活動的進行

教育是人類文明的推動力，也是文化經驗傳承的必要途徑，而教學必須使用各項著作作為教材內容，如嚴格遵照使用著作財產權的規定來利用，反不利教育之推動，且教育並非以營利為目的，具有公益性。為因應 2019 年以來全球新冠疫情，著作權法於 2022 年修法放寬對教學、教育目的之授予，除原有重製已公開發表之著作外，擴大在必要範圍內得公開演出、公開上映、公開播送或公開傳輸已公開發表之著作。

➡ 著作權法授予較寬廣的使用範圍，以利學校教學活動的進行。

學術研究合理範圍內的著作利用行為

學術研究合理範圍內的著作利用行為

➡ 在學術研究時，經常要引用到已公開發表的著作內容，特別是學術論文寫作，更需要以先前的相關研究的結果或權威學者已建立的理論為基礎，只要是引用（包括翻譯）部分內容或以摘要方式轉述，並註明該著作名稱、著作人以及資料來源等基本資訊，則屬於在合理範圍內的著作利用行為。

UNIT 3-12
為學校授課目的使用已公開發表之著作

教育是人類文明的推動力，也是文化經驗傳承的必要途徑，而教學必須使用各項著作作為教材內容，如嚴格遵照使用著作財產權的規定來利用，反不利教育之推動，且教育並非以營利為目的，具有公益性，故著作權法授予較寬廣的必要使用範圍，以利學校實體與遠距教學活動的進行。學校及其所聘用之老師，為學校授課目的之必要範圍內，得依下列方式用已公開發表之著作：

(一) 得重製、公開演出或公開上映已公開發表之著作

各級學校及擔任教學的老師，為學校授課目的，可以在必要範圍內重製、公開演出或公開上映已公開發表之著作；舉例來說，老師們為授課之需要，可以選錄某些文學作品的主要內容，或據以改編的電影片段，編輯成正式教材或輔助教學的題材，有時會影印他人著作的部分內容發放給學生參考，如果使用的量不多，應可屬於必要範圍內之使用；如果老師將著作權全部內容影印分送給學生，或是將整部影片播放給學生欣賞，就逾越必要範圍，容易損及著作財產權人的利益，涉有侵害著作財產權行為之嫌。

(二) 得公開播送或公開傳輸

已公開發表之著作由於數位科技發展與 2019 年以來新冠疫情蔓延全球，使得學校遠距教學成為必要工具，學校及老師在網路教學中，經常須公開播送或公開傳輸已公開發表之著作，例如將上述重製文學作品的主要內容，或據以改編的電影片段，以數位教材方式在網路教學中播送或傳輸供學生遠距觀看，或是學校及老師將教學內容製作成教學影片，提供學生非同步或課後線上學習使用，以增強學習效果及學生受教權益。

基於網路傳播無遠弗屆的特性，學校及老師利用遠距教學或教學影片上傳時，未有學校學籍或未經選課之人亦可能接收此等內容，如此將侵害著作財產權人權益甚鉅，故學校及老師必須採取合理之技術措施，例如須設置帳號與密碼或其他認證措施，以有效防止非經選課之人者，無法接收（參與）遠距教學或教學影片，始得免責。

(三) 不得有害於著作財產權人之利益

由於各級學校及擔任教學的老師，為學校授課目的，可以在必要範圍內重製、公開演出、公開上映、公開播送或公開傳輸已公開發表之著作，容易對於著作財產權人之利益有所侵損，因此必要範圍必須加以合理限制。惟此必要範圍之認定，則須依該著作之種類、用途及其重製物之數量、方法為前提，加以判別是否有害於著作財產權人之利益，例如擔任教學的學校老師在重製他人著作時，可參考教育部所彙總之美國與香港教科書影印合理標準。

小博士解說

❶ 為學校授課目的泛指依法設立之各級學校及其所聘用之教師，針對在學校正式註冊具有學籍之學生進行教學活動。

❷ 經濟部智慧財產局已公布「著作權法第 46 條規定之遠距教學應採取合理技術措施之指引」乙種，供學校及老師參考。

為教學目的重製已公開發表之著作

遠距教學
應採取合理
技術措施

➊ 接觸學校及老師上課課程之人，應僅限於該課程有學籍的學生或經註冊選課之人。
➋ 僅可讓有學籍的學生或經註冊選課之人得在學校或老師提供之使用者個人帳號、密碼登入該學習平台，進行使用；必要時，該帳號、密碼得隨時變動，避免遭不當破解、利用。
➌ 學校及老師應向學生宣導不得將使用者個人帳號、密碼提供予他人。
➍ 得採取其他較帳號、密碼更能有效防止非有學籍的學生或經註冊選課之人，接觸遠距教學內容的措施。

重製他人已公開發表著作的必要範圍

有關教師授課需要而重製他人已公開發表之著作的必要範圍，可參考經濟部智慧財產權彙整之美國和香港教科書影印合理標準，摘要如下：

基本原則

➊ 上課指定之教科書不應以影印的方式代替購買。
➋ 教師為授課目的所影印的資料對於已經出版銷售的選集、彙編、合輯或套裝教材不應產生市場替代的效果。
➌ 應由教師自行衡量需不需要重製別人的著作，而不是接受第三人要求或指示而重製。
➍ 教師授課的合理使用，係出於授課臨時所生的需要，因受到時間的拘束和限制，無法合理期待及時獲得授權。
➎ 同一教師關於同一資料如在每一學期反覆重製、使用時，應徵求權利人授權。
➏ 影印本應註明著作人、著作名稱、來源出處、影印日期等，並應向學生說明著作資訊，並提醒學生尊重著作權，及不可再行影印或重製給其他人。

有關重製的數量或比例

➊ 供教師自己使用時，限重製一份：
為供學術研究、教學或教學準備之用，可根據教師個人的需求，由其本人或他人，複製一份下列之著作：
① 書籍之一章。
② 期刊或報紙中之一篇著作。
③ 短篇故事、短篇論文或短詩，而不論是否來自集合著作。
④ 書籍、期刊或報紙中之一張圖表（chart）、圖形（graph）、圖解（diagram）、繪畫（drawing）、卡通漫畫（cartoon）或照片（picture）。

➋ 供教室內的學生使用時，可重製多份：任課教師為供教學或討論之用，可由本人或他人重製下列之著作：
① 所重製的影印本，限於相關課程的學生每人一份。
② 所利用的每一著作的比例要簡短：
Ⓐ 詩：不超過 250 字；故事或文章：不超過 2,500 字（前述作品的字數限制可以調高，以便重製一首詩未完的一行，或故事或文章未完的段落）。
Ⓑ 藝術作品（包括插圖）：整份作品；如同一頁印有超過一份藝術作品，則可將整頁重製。
Ⓒ 音樂作品：有關的節錄部分不超過作品總頁數 10%（可調高有關百分比，以便重製一整頁）。
Ⓓ 其他作品：有關的節錄部分不超過 2,500 字或作品總頁數 10%（包括插圖），以較少者為準（可調高有關字數限制或百分比，以便重製一整頁）。
③ 同一本書、期刊雜誌使用的比例：如為同一作者，短詩、文章、故事不超過一篇、摘要不超過二篇；同一本集合著作、期刊雜誌不超過三篇。如屬報紙上的文章，同一學年同一課程不超過 15 件著作。
④ 同一學年中，重製的著作件數不超過 27 件。

（摘自經濟部智慧財產局「教師授課著作權錦囊」，網址：https://www.tipo.gov.tw/tw/cp-180-219554-0f82b-1.html，上網日期：2023 年 7 月 22 日）

UNIT **3-13** 圖書館的合理使用

(一) 應閱覽人供個人研究的要求僅能重製一份

為讓著作得以廣泛流通，以促進文化藝術的發展，圖書館、博物館、歷史館、科學館、藝術館或其他文教機構，對於所典藏的著作，在應閱覽人供個人研究的要求下，可以提供所收藏已公開發表著作的一部分，或已公開發表之論文集、期刊的單篇著作，讓閱覽人影印（重製）參考，但每位閱覽人僅能重製一份。當閱覽人取得該件重製本後，不論以引用著作中部分內容，或將著作內容翻譯成其他語言，或以摘要方式轉述著作內容，只要註明該著作名稱、著作人以及資料來源等基本資訊，依照前面所介紹的為研究目的需要，都是屬於閱覽人在合理範圍內使用該著作的行為。

(二) 配合長期保存典藏之需要的重製

圖書館、博物館、歷史館、科學館、藝術館或其他文教機構等除了提供閱覽人查閱使用外，長期保存典藏各種著作也是它成立的重要目的。有時，為了本身保存收藏資料的需要，例如藝術類之著作，無法以原版真跡供閱覽人使用；或者也可能是該著作已絕版或難以在市面上購得該著作重製物，為保存該唯一著作或著作重製物，必須將該著作或著作重製物再重製後，提供新的著作重製物讓閱覽人借閱使用。而著作已絕版或難以在市面上購得該著作重製物，其他同性質機構當然無法取得典藏，這時如認為有取得收藏的必要或應閱覽人使用需要，也可以徵得已典藏機構的同意，將其館內所收藏的著作，加以重製後提供給其他同性質機構來使用。

(三) 因應電子數位化的重製

在網際網路環境中，許多圖書館為順應內容電子數位化，提供遠距資料傳輸服務或為保存需要，而常常需要進行館藏的期刊論文或書籍做全文掃描成數位資訊，這種重製行為雖然可適用本項的合理使用規定。不過，重製而成的光碟僅能供典藏或在館內公開傳輸中供使用者瀏覽，並不可將這些光碟直接供使用者外借，或將該數位資訊提供遠距傳輸服務，在實務見解上認為並不能構成合理使用，必須取得著作財產權人的授權，才能合法使用，否則會涉及使用到這些著作的公開傳輸權。

(四) 數位館藏合法授權期間還原著作

(五) 促進學術研究風氣的重製

為促進學術研究風氣，對於附在已公開發表的碩士或博士學位論文、期刊學術論文、研討會論文集或研究報告中的摘要，著作權法特別賦予供公眾使用的圖書館可以享有重製、翻譯或散布等利用權限，以方便提供給閱覽人來查詢或檢索，增加這些學術著作的使用率。

由於圖書館、博物館、歷史館、科學館、藝術館或其他文教機構等單位，肩負文化交流的任務，所以除了可以用重製、翻譯等方式外，也可以借予閱覽人或其他類似機構，這些流通而衍生著作的散布，仍屬於法律所容許的合理使用行為。

(六) 國家圖書館數位化重製

為避免原館藏因久經翻而滅失、損傷或污損，2022 年 6 月 15 日公布修正之著作權法第 48 條第 2 項，特別允許國家圖書館可對其館內藏書進行數位化重製，並得在館內公開傳輸，以利館藏圖書之保存以及往後研究人員與借閱者使用。不過，如果該著作在市場上已有數位形式提供者，則國家圖書館仍不得重製。同時，也賦予國家圖書館針對中央或地方機關或行政法人於網路上向公眾提供之資料進行數位化重製，具有蒐集與備份當代各級政府或公法人所提供文件之雙重意義。

圖書館的合理使用

圖書館的
合理使用

圖書館為順應數位電子環境，提供遠距資料傳輸服務或為保存需要，而常需進行館藏的期刊論文或書籍做全文掃描成數位資訊，此重製行為雖可適用本項合理使用，但重製而成的光碟僅供典藏或在館內電子設備中供使用者瀏覽，並不可將光碟直接供使用者外借，或將該數位資訊提供遠距傳輸服務，否則涉及散布權及公開傳輸權，在實務見解認為並不構成合理使用，仍須取得著作財產權人的授權，才能合法使用。

供個人研究的要求

閱覽人僅能
重製一份

圖書館、博物館、歷史館、科學館、藝術館或其他文教機構，對於所典藏的著作，在應閱覽人供個人研究的要求下，可以提供所收藏已公開發表著作的一部分，或期刊或已公開發表之研討會論文集的單篇著作，讓閱覽人影印（重製）參考，但每位閱覽人僅能重製一份。

配合長期保存典藏之需要的重製

典藏需要
的重製

為保存該唯一著作或著作重製物，必須將該著作或著作重製物再重製後，提供新的著作重製物讓閱覽人借閱使用。

著作已絕版或難以在市面上購得該著作重製物，其他同性質機構當然無法取得典藏。

電子數位化的重製

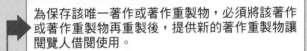

涉及侵害著作的
公開傳輸權情形

重製而成的光碟僅能供典藏或在館內電子設備中供使用者瀏覽，並不可將這些光碟直接供使用者外借，或將該數位資訊提供遠距傳輸服務。

UNIT **3-14**
一般的合理使用

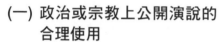

當我們未經著作權人的同意或授權而使用他人的著作時，如果能夠主張利用行為係在合理使用的範圍內，即可阻卻違法而不構成著作財產權的侵害。除了上述各種合理使用的態樣外，著作權法為促進學習及文化發展等考量，也適度放寬一般的合理使用，有以下三種方式：

(一) 政治或宗教上公開演說的合理使用

在政治或宗教上的公開演說，其目的無非在於宣傳政治理念或宗教教義，本來就具有公益性，也希望演說內容能廣為流傳，任何人的利用行為（包括翻譯及散布），只要不侵害其著作人格權，應不會有違背公開演說者的本意或損及其經濟利益；所以，著作權法明文規定屬於合理使用的範圍。但是，如果有人想要針對特定人的演說或陳述，將它集結編輯成一本或一套編輯著作時，由於其利用的數量與程度較大，又其須投入相當資源，應有其特別目的，是否會損及著作權人，宜保留由著作財產權人事先審視並經同意後才能實施，較能衡平著作財產權人利益與社會公益。

(二) 供個人或家庭為非營利目的之合理使用

就個人或家庭常會為使用某些著作的部分，到圖書館、博物館、歷史館、科學館、藝術館或其他文教機構等以借閱方式使用，因為使用者使用前並未在市場上以合理價格取得著作物，使用以後也不可能再付費購買該著作物，對於著作權人在市場的收益本來多少會有些影響。但是在立法上，斟酌這些普遍存在的需求殷切，權衡著作權人的私益與大眾的公共利益後，為促進文化發展，特別允許個人或家庭在非營利目的的條件下，可以利用圖書館及其他非供公眾使用的機器，重製已公開發表的著作；同時，也可以在利用他人著作時，將該著作進行改作，而另創作為新的著作，並加以散布。

(三) 為個人備份或使用需要的重製

當消費者購買 CD、DVD 或書籍等著作物後，為防範該重製物不慎毀損，也可能希望在家中、辦公室的個人空間及自用車上都能聆聽或欣賞該著作，所以再製作一份或數份著作重製物，供自己備份或使用。只要不將這些再重製的著作物轉贈或借供他人使用，並在移轉原來購買的著作物所有權後，立即將這些再重製的著作物銷毀，通常還是屬於合理使用的範圍。

總之，個人在利用著作時，如果屬於學術研究的性質或非營利的目的，又能符合上述各種合理使用的態樣，可以謹慎小心地使用著作。如果利用著作的目的在於娛樂消遣，例如聽音樂、看電影，就應該購買合法的著作物；如果是以利用他人的著作營業謀利，例如編輯視聽伴唱帶或拷貝音樂片販賣，更需要事先洽商著作權人或其所屬著作權仲介團體授權使用事宜，以免誤蹈法網。

政治或宗教上公開演說

合理使用 ➤ 其目的在於宣傳政治理念或宗教教義，具有公益性也希望演說內容能廣為流傳，任何人的利用行為（包括翻譯及散布），只要不侵害其著作人格權，應不會有違背公開演說者的本意或損及其經濟利益。

宣傳政治理念

③

供個人或家庭為非營利目的

合理使用 ➤ 權衡著作權人的私益與大眾的公共利益後，為促進文化發展，特別允許個人或家庭在非營利目的條件下，可以利用圖書館及其他非供公眾使用的機器，重製已公開發表的著作。

個人備份或使用需要的重製

合理使用

消費者購買 CD、DVD 或書籍後，為防範該重製物不慎毀損，也可能希望在家中、辦公室的個人空間及自用車上都能聆聽欣賞該著作，而再製作一份或數份著作重製物，通常還是屬於合理使用範圍。

消費者購買電腦程式著作重製物（磁片或光碟），除了買到電腦程式著作所附著的磁片或光碟的「物的所有權」，通常為了操作使用，必須將電腦程式「灌入」電腦硬碟中，此時電腦硬碟中也新產生一份電腦程式著作重製物，實際上已構成電腦程式著作的重製行為。

購買電腦程式著作重製物其實也是購買電腦程式著作的使用權，這種因使用上必要的重製行為，應不必再經著作財產權人的同意。

UNIT **3-15**
合理使用的判斷基準

　　由於著作權人與利用人在主觀上的看法不同，合理使用的認定又常因各種利用情形不同，或隨著科技的發展而會有不同的結論。例如，寫一篇關於梵谷畫風的論文，利用梵谷的一幅畫，來作為說明的體裁，可以被認為是合理使用；反之，利用梵谷某幅畫中的一小部分，做成領帶的圖案銷售，就不能被認為是合理使用。又例如同樣是從網路上下載檔案的行為，從網路上下載許多篇文章供自行研究，基於資訊流通自由，可被認為是合理使用。但是，我們從網路上下載許多首 MP3 音樂檔案供私下欣賞，會嚴重影響音樂的錄音著作的銷售量，而被認為不是合理使用。

　　在未經過著作權人同意下利用的著作行為，是否合乎上述所列舉的各種合理使用態樣？或是除此之外還有其他的合理使用情形？該如何來認定？常是紛爭的癥結。著作權法除了以列舉各種合理使用的態樣外，為求能更適用在現實生活中所發生的各種不同狀況，特別規定下列四項主要的判斷基準：

❶ 利用之目的及性質，包括係為商業目的或非營利教育目的。

❷ 著作之性質。

❸ 所利用之質量及其在整個著作所占之比例。

❹ 利用結果對著作潛在市場與現在價值之影響。

　　在實務案例判斷時，除了上述四項判斷基準外，也有引用其他如「使用者所投入的勞力、金錢等成本與使用所得的利益或該著作的價值」、「重製後產品是否可替代原來著作物」或「以何種方法完成使用或重製」等因素，而強調「使用的必要性」與「基於公共利益而利用該著作」也都是重要的主張。另外，著作權人團體與利用人團體就著作的合理使用範圍已達成協議，也可以作為判斷的參考因素。

小博士解說

　　在著作權侵權訴訟實務上，面對原告追訴侵權的法律責任，被告通常會採取下列三階段的抗辯策略：

　　第一階段，先抗辯原告所主張是屬於根本不受著作權法的保護標的，例如該標的屬於著作權法所明定不得為著作之標的。

　　第二階段，一旦確定原告所主張的客體，係屬於著作權法保護的著作，則被告通常抗辯自己並未接觸該著作，或原告所述利用著作的行為並非自己所為，或自己之著作係屬獨立創作，並無利用原告著作的行為。

　　第三階段，利用著作之行為已確認係被告所為，則被告即須運用上述四項判斷基準，主張利用該著作係在合理使用範圍內，為最後抗辯之理由。

合理使用的判斷基準

為求能更適用在現實生活中所發生的各種不同狀況，特別規定四項主要的判斷基準	利用之目的及性質，包括係為商業目的或非營利教育目的
	著作之性質
	所利用之質量及其在整個著作所占之比例
	利用結果對著作潛在市場與現在價值之影響
其他可以作為判斷的參考因素	使用者所投入的勞力、金錢等成本與使用所得的利益或該著作的價值
	重製後產品是否可替代原來著作物
	以何種方法完成使用或重製
	使用的必要性
	基於公共利益而利用該著作
	著作權人團體與利用人團體就著作的合理使用範圍已達成協議

著作權侵權訴訟實務

第一階段 先抗辯原告所主張是屬於下列根本不受著作權法的保護標的	該標的為思想、程序、製程、系統、操作方法、概念、原理或發現，非屬於著作，不受著作權法保護。
	是屬於下列著作權法所明定不得為著作之標的： ❶ 憲法、法律、命令或公文。 ❷ 中央或地方機關就前款著作做成之翻譯物或編輯物。 ❸ 標語及通用之符號、名詞、公式、數表、表格、簿冊或時曆。 ❹ 單純為傳達事實之新聞報導所做成之語文著作。 ❺ 依法令舉行之各類考試試題及其備用試題。
	不受保護的外國著作。
	該著作財產存續期間已屆滿，已成為公共領域之著作。
第二階段	被告通常抗辯自己並未接觸該著作，或原告所述利用著作的行為並非自己所為，或自己之著作係屬獨立創作，並無利用原告著作的行為。
第三階段	利用著作之行為已確認係被告所為，則被告即須運用上述四項判斷基準，主張利用該著作係在合理使用範圍內，為最後抗辯之理由。

UNIT **3-16** 著作權集體管理團體

圖解智慧財產權

(一) 集體管理

在教育文化與資訊傳播不普及的年代，著作人和利用人都不多，且利用及散布範圍也十分有限，著作權人多能自己管理著作權，自行決定著作的利用方式與授權範圍。隨著人類文化經濟的發展，不但著作數量龐大，著作權內容複雜，著作人、著作權人及利用人更是日益增多且散布各地，個別的著作（權）人實難憑一己之力分別與散布各地的利用人訂立授權契約，收取報酬。相對地，利用人也無法就想利用的著作，找出個別的著作（權）人，一一請求其授權，因此由「集體管理」（collective administration）著作權的概念，著作權集體管理團體遂應運而生。

(二) 促進著作利用的效率

著作財產權人及其專屬授權的被授權人為行使權利、收受及分配使用報酬，可經經濟部智慧財產局的許可，組成著作權集體管理團體來集中管理，由管理團體代理著作權人授權他人利用其著作，利用人也可以透過它取得所需著作的授權，如此不僅可增進對著作人權益的保護，同時也促進著作利用的效率。

🙂 小博士解說

世界第一個著作權團體是 1851 年在法國成立的 SACEM（Sociere des Auteurs Compositeurs et Editeurs de Musique），代理音樂著作財產權人對利用人授權，收取使用報酬，並分配於著作財產權人，爾後世界各國也紛紛出現著作權集體管理團體。我國自 1997

年制定著作權仲介團體條例，2010 年修正名稱為「著作權集體管理團體條例」，目前經許可成立的計有五家，其相關資料如下：

❶ 社團法人中華音樂著作權協會（MÜST），網址 http://www.must.org.tw；❷ 社團法人亞太音樂集體管理協會（ACMA），網址 https://www.acma.org.tw/；❸ 社團法人台灣音樂著作權集體管理協會（TMCA），網址 http://www.tmca.tw/；❹ 社團法人台灣錄音著作權人協會（ARCO），網址 http://www.arco.org.tw；❺ 社團法人中華有聲出版錄音著作權管理協會（RPAT），網址 http://www.rpat.org.tw。

著作權集體管理團體主要業務是代理著作財產權人（會員）管理著作財產權，對外以自己的名義與利用人訂立個別授權契約或概括授權契約，並代收使用報酬後再分配給應得的會員。會員將著作財產權交由著作權集體管理團體後，即不得自行管理或另行授權他人管理，如果發生侵害著作權的情事，會員也無法自行主張權利，而需由集體管理團體以自己名義追訴侵權者的法律責任。

另依著作權集體管理團體條例第 11 條規定，集管團體之會員應為著作財產權人，且著作財產權人不得同時為二個以上辦理相同集管業務之集管團體之會員。其先後加入者，就後加入之集管團體，視為未入會；其同時加入者，應於加入時起 30 日內擇一集管團體加入，未於 30 日內選擇者，視為均未入會。

著作權集體管理團體之緣由

緣由

隨著人類文化經濟的發展，不但著作數量龐大，著作權內容複雜，著作人、著作權人及利用人更是日益增多且散布各地，個別的著作（權）人實難憑一己之力分別與散布各地的利用人訂立授權契約，收取報酬。

利用人也無法就想利用的著作，找出個別的著作（權）人，一一請求其授權，因此由「集體管理」（collective administration）著作權的概念，著作權集體管理團體遂應運而生。

「使用者付費」之精神

「使用者付費」之精神

由於旅館、醫療院所、餐廳、咖啡店、百貨公司、賣場、便利商店、客運車、遊覽車……等營業場所播放電視、廣播供客人觀賞，是社會上常見的利用行為，但因事先無法得知及控制播放之內容，且不易取得完全之授權，因此面臨刑事訴追之風險；此外，廣告中所用到的音樂係由廣告製作公司所選擇，電台、電視台無法決定，以至於廣告在電視台播出時，電視台與個別權利人洽商授權時常面臨刑事訴追之風險。針對上述問題，立法部門、廣大利用人、各著作權團體及行政機關長期的努力之下，達成利用人本「使用者付費」之精神，著作權團體本「促進市場和諧」之原則，創造權利人與利用人雙贏。

著作權集體管理條例

著作權集體管理團體條例

我國在2010年將「著作權仲介團體條例」修正為「著作權集體管理團體條例」

將「著作權仲介團體」修正為「著作權集體管理團體」（以下簡稱「集管團體」），就未加入集管團體，權利人個別行使權利之情形，將營業場所公開播送之二次利用著作行為，以及著作經個別權利人授權重製於廣告後，後續公開播送或同步公開傳輸行為，免除利用人刑事責任。

利用人將不必再擔心遭受個別權利人刑事訴追，但仍有依法支付使用報酬之義務，不支付者，則仍須負擔民事侵權法律責任。

增設「共同使用報酬率」及「單一窗口」之制度。

由於我國目前已經成立之仲介團體共有5家，且同種著作類別之仲介團體不只1家，利用人於實務上常發生須同時與5、6家團體洽取授權之不便，也造成團體個別向利用人收費之困難，為使授權更為簡便，爰增訂多家團體就專責機關指定之利用型態有訂定「共同使用報酬率」之義務，並應由其中一個團體向利用人收取。

被指定的利用型態包括：旅館、美容業等公開場所二次利用行為、KTV、卡拉OK及伴唱機等大量利用著作之利用型態。由於共同使用報酬率之訂定有其複雜性，於修正條文中規定兩年之過渡期間。

UNIT **3-17**
著作權審議及調解委員會

　　經濟部智慧財產局為制定法定使用報酬率，並簡化紛爭之處理，依法設置著作權審議及調解委員會，負責辦理下列事項：

❶ 審議使用報酬率，以供利用人依法應支付給著作財產權人的使用報酬（指著作權法第 47 條中，教科用書編製者為編製教科用書以及所附隨專供教學之人教學用之輔助用品，而須重製、改作或編輯他人已公開發表的著作；以及各級學校或教育機構，為教育目的而需要公開播送他人已公開發表的著作）。

❷ 調解著作權集體管理團體與利用人間對於使用報酬的爭議。

❸ 調解著作權或製版權的爭議。但涉及刑事者，以告訴乃論罪的案件為限。

❹ 其他有關著作權審議及調解的諮詢。

　　當上述爭議案件經著作權審議及調解委員會調解成立後，經濟部智慧財產局應在 7 日內將調解書送請管轄法院審核。如調解書經法院核定後，當事人就該事件不得再行起訴、告訴或自訴；而且經法院核定的民事調解，與民事確定判決有同一之效力；經法院核定的刑事調解，如以給付金錢或其他代替物或有價證券之一定數量為標的者，該調解書則具有執行名義。

😃 小博士解說

　　由於侵害著作財產權須負民事責任及刑事責任，而著作權人多以尋求填補其經濟損失為主，希望侵害人賠償其損害，至於讓其受國家刑罰制裁，則非關注重點；因此，訴訟實務上，著作權人往往採「以刑逼民」，先提起刑事自訴，迫使被告出面談判和解，或同時提

起刑事與民事訴訟，再尋求和解，如侵害人與著作權人達成和解時，著作權人即撤回告訴。

　　雙方當事人如能自行協調或經由律師、其他第三人居中而協調達成和解，即可避免耗時費錢的司法訴訟程序。如無法達成和解，為簡化訴訟程序及節省司法資源，依現行法令規定，侵害著作財產權提起訴訟前或進行時，得依下列三種調解途徑尋求和解：

❶ 鄉鎮市調解委員會 —— 可由當事人一方聲請調解，民事事件應徵得另一方當事人之同意，而告訴乃論之刑事事件應得被害人（著作權人）同意；或第一審法院受理後裁定移付之案件，鄉鎮市調解委員會即得依「鄉鎮市調解條例」等規定進行調解。其委員雖具有法律或其他專業知識及信望素孚之公正人士，但受區域限制，較難有充分之著作權專業知識。

❷ 著作權審議及調解委員會 —— 係由經濟部智慧財產局依著作權法規定設置，為國內最專業之著作權調解單位。

❸ 法院 —— 除訴訟標的之金額或價額在新臺幣 50 萬元以下者，於起訴前應經法院調解外，其餘案件亦得向管轄法院聲請調解，由法官或其選任調解委員進行調解程序。

設置著作權審議及調解委員會

目的	為制定法定使用報酬率及簡化紛爭之處理。
功能	審議使用報酬率，以供利用人依法應支付給著作財產權人的使用報酬。
	調解著作權集體管理團體與利用人間對於使用報酬的爭議。
	調解著作權或製版權的爭議，但涉及刑事者，以告訴乃論罪的案件為限。
	其他有關著作權審議及調解的諮詢。

有關著作權爭議案件的和解

和解途徑	鄉鎮市調解委員會
	著作權審議及調解委員會
	法院
和解效力	著作權審議及調解委員會調解成立後，經濟部智慧財產局應在七日內將調解書送請管轄法院審核。
	經法院核定後，當事人就該事件不得再行起訴、告訴或自訴。
	經法院核定的民事調解，與民事確定判決有同一之效力；經法院核定的刑事調解，如以給付金錢或其他代替物或有價證券之一定數量為標的者，該調解書則具有執行名義。

審議與調解的法律依據與委員資格

鄉鎮市調解委員會	依「鄉鎮市調解條例」等規定進行調解	其委員雖具有法律或其他專業知識及信望素孚之公正人士，但受區域限制，較難有充分之著作權專業知識。
著作權審議及調解委員會	依著作權法規定設置，為國內最專業之著作權調解單位	由行政院新聞局、公平會、法務部、經濟部、教育部等有關機關代表、著作權、會計、經濟、資訊領域之學者專家及2位智慧局業務有關人員及權利人代表及利用人代表兼任組成。
法院	依法院組織法設置，並依民事訴訟法進行調解	訴訟標的之金額或價額在新臺幣50萬元以下者，於起訴前應經法院調解。
		其餘案件亦得向管轄法院聲請調解，由法官或其選任調解委員進行調解程序。

UNIT **3-18**
著作人格權受侵害時的救濟方法

圖解智慧財產權

著作人對於侵害著作人格權之救濟，得依民事與刑事二種途徑請求救濟：

(一) 民事救濟

著作人在民事救濟上，可歸納為下列四項請求權：

❶ 侵害禁止請求權

著作人對於已侵害其著作人格權者，得請求排除之，以及對於有侵害著作人格權之虞者，也可以請求防止其發生。而且此種請求權並不以侵害人有故意或過失為前提，只要發生侵害著作人格權的事實或有發生的可能者，即得請求排除或防止以為救濟。

❷ 損害賠償請求權

侵害他人著作人格權者，應負損害賠償責任，且縱然不是財產上的損害，被害人也可以請求賠償相當的金額。所以，著作人對於侵害其著作人格權者，得請求財產上及非財產上之損害賠償：①財產上之損害賠償：不論著作人是自然人或法人，都可以請求財產上的損害賠償，而侵害著作人格權係屬侵權行為態樣之一，應適用民法第184條第1項「因故意或過失，不法侵害他人之權利者，負損害賠償責任。故意以背於善良風俗之方法，加損害於他人者亦同。」及第2項「違反保護他人之法律，致生損害於他人者，負賠償責任。但能證明其行為無過失者，不在此限」之規定；②非財產上之損害賠償：由於非財產之損害賠償為撫慰金請求，須以被害人精神上受有痛苦為必要，著作人如為法人者，因無精神上之法益，故無精神上痛苦可言，依司法實務上的見解，自不能請求非財產上之損害賠償。

❸ 回復名譽請求權

著作人格權受侵害時，被害人除得請求損害賠償外，並得請求表示著作人姓名或名稱、更正內容等回復名譽的適當處分，也可以請求「在特定媒體的特定版面或時段，登載聲明道歉啟事」等其他方式以回復著作人的名譽。另著作人亦得請求由侵害其著作人格權之人負擔費用，將判決書內容全部或一部分登載新聞紙、雜誌，也是回復名譽請求權的實踐方法。

❹ 銷燬請求權

著作人請求禁止侵害時，對於侵害行為做成之物或主要供侵害所用之物，得請求銷燬或為其他必要的處置。例如，出版社將某作家的語文著作，以歪曲、竄改的方法改變其著作內容，使其有淫穢不雅之情事，並重行印製擬予發行，則著作人得以該發行之改作，已侵害其著作人格權，或雖未發行但有侵害其著作人格權之可能，請求將該改作後的原件或其重製物予以銷燬，以避免再繼續損害其名譽。

(二) 刑事救濟

在刑事救濟途徑上，著作人得以自訴方式提起訴訟，追訴侵害著作人格權之行為人刑事責任，如經法院審理其犯罪事實確定者，可處2年以下有期徒刑、拘役，或科或併科新臺幣50萬元以下罰金。

著作人格權的保護內容與請求主體

著作人格權的保護內容	以列舉方式保護公開發表權、姓名表示權及同一性保持權等三種著作人格權。
	專屬於著作人享有，不得轉讓或繼承，但在著作人死亡後，其著作人格權之保護，仍視同生存或存續，任何人不得侵害。
請求主體	當著作人死亡後，除非其遺囑另有指定外，否則依其親屬依配偶、子女、父母、孫子女、兄弟姊妹及祖父母的順位，得對於侵害其權利者，請求排除之；對於侵害之虞者，得請求防止之；也可以請求表示著作人姓名或名稱、更正內容或為其他回復的適當處分等民事救濟。
	無法請求財產上及非財產上之損害賠償，或依刑事救濟途徑以追究其刑責。如果有對於已死的著作人有公然侮辱或誹謗的情事，其親屬（不限上列的順位）則可依刑法侮辱誹謗死者罪規定提告。

著作人格權受侵害之救濟方法

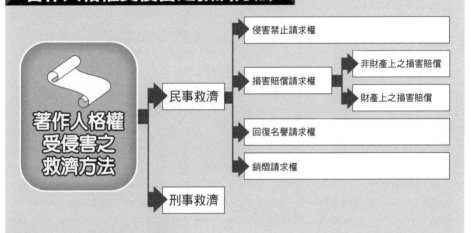

著作人格權受侵害之救濟方法

民事救濟
- 侵害禁止請求權
- 損害賠償請求權
  - 非財產上之損害賠償
  - 財產上之損害賠償
- 回復名譽請求權
- 銷燬請求權

刑事救濟

損害賠償請求權

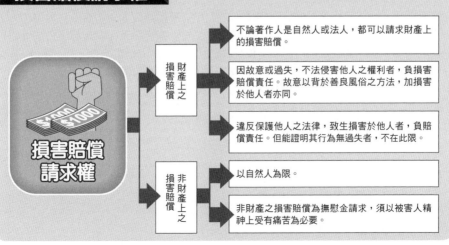

損害賠償請求權

財產上之損害賠償
- 不論著作人是自然人或法人，都可以請求財產上的損害賠償。
- 因故意或過失，不法侵害他人之權利者，負損害賠償責任。故意以背於善良風俗之方法，加損害於他人者亦同。
- 違反保護他人之法律，致生損害於他人者，負賠償責任。但能證明其行為無過失者，不在此限。

非財產上之損害賠償
- 以自然人為限。
- 非財產之損害賠償為撫慰金請求，須以被害人精神上受有痛苦為必要。

UNIT 3-19
著作財產權或製版權受侵害時的救濟方法

圖解智慧財產權

著作財產權、製版權人或其專屬被授權人對於侵害著作財產權或製版權之救濟，可以循民事途徑請求救濟；而著作財產權或其專屬被授權人，也可以再另依刑事途徑請求救濟：

(一) 民事救濟

著作人在民事救濟上，可歸納為下列四項請求權：

❶ 侵害禁止請求權

著作權人對於已侵害其著作財產權或製版權者，得請求排除之；同時，對於有侵害著作財產權或製版權的可能者，也可以請求防止其發生。而且此種請求權並不以侵害人有故意或過失為前提，只要發生侵害著作財產權或製版權的事實或有發生的可能者，即得請求排除或防止以為救濟。

❷ 損害賠償請求權

因故意或過失不法侵害他人之著作財產權或製版權者，負損害賠償責任。如果是數人共同不法侵害時，則須負連帶賠償責任。而被害人得依下列規定擇一請求損害賠償：

①依民法第 216 條所規定法定損害賠償範圍請求。但被害人不能證明其損害時，得以其行使權利依通常情形可得預期之利益，減除被侵害後行使同一權利所得利益之差額，為其所受損害。

②請求侵害人因侵害行為所得的利益。如果侵害人不能證明其成本或必要費用時，則以其侵害行為所得的全部收入，作為其所得的利益。

③如果是被害人不易證明其實際損害的金額，得請求法院依照侵害的情節輕重，酌定新臺幣 1 萬元以上 100 萬元以下賠償金額。侵害人的損害行為屬於故意且情節重大時，法院可將賠償金額增加到新臺幣 500 萬元。

❸ 刊載判決書請求權

著作財產權或製版權受侵害時，被害人除得請求損害賠償外，並得請求由侵害人負擔費用，將法院判決書內容全部或一部分登載新聞紙、雜誌，以彰顯重視著作財產權，並有告誡其他人勿蹈侵害人的覆轍。

❹ 銷燬請求權

著作權人請求禁止侵害或損害賠償時，對於侵害行為做成之物或主要供侵害所用之物，得請求銷燬或為其他必要的處置，以避免再繼續流通或供其使用，侵害著作財產權或製版權人之權益。

(二) 刑事救濟

在刑事救濟途徑上，著作權人得以自訴或請檢察官提起公訴，追訴侵害著作財產權之行為人刑事責任，科處 3 年以下不等之有期徒刑、拘役，或科或併科罰金。另於科處罰金時，應審酌犯人的資力及犯罪所得的利益，如果所得利益超過罰金最多額時，得於所得利益的範圍內酌量加重罰金數額。

但意圖銷售或出租而擅自以重製之方法侵害他人之著作財產權者，處 6 月以上 5 年以下有期徒刑，得併科新臺幣 20 萬元以上 200 萬元以下罰金。

著作財產權受侵害之救濟方法

著作財產權受侵害之救濟方法

- 民事救濟
  - 侵害禁止請求權
  - 損害賠償請求權
    - 法定損害賠償範圍請求
    - 請求侵害人因侵害行為所得的利益
    - 不易證明其實際損害的金額，酌定新臺幣 1 萬元以上 100 萬元以下賠償金額。侵害人的損害行為屬於故意且情節重大時，法院可將賠償金額增加到新臺幣 500 萬元。
  - 刊載判決書請求權
    - 可以請求「在特定媒體的特定版面或時段，登載聲明道歉啟事」等其他方式以回復著作人的名譽。
    - 著作人亦得請求由侵害其著作人格權之人負擔費用，將判決書內容全部或一部分登載新聞紙、雜誌，也是回復名譽請求權的實踐方法。
  - 銷燬請求權
- 刑事救濟

著作財產權或製版權受侵害時的刑事訴責

採告訴乃論為主 亦有公訴罪

我國著作權法對於侵害著作權行為之刑事訴責，採告訴乃論為主，但「意圖銷售或出租而擅自以重製之方法侵害他人之著作財產權者」、「明知係侵害著作財產權之重製物而散布或意圖散布而公開陳列或持有者」及「擅自以公開傳輸之方法侵害他人之著作財產權」等三種犯行則為公訴罪，著作權除得以自訴方式提起刑事訴訟外，亦得向檢察署舉發犯罪事實，由檢察官發動偵查，蒐集犯罪證據後提起公訴。

UNIT **3-20**
著作權禁止平行輸入

(一) 平行輸入

在著作權跨國貿易時，除由著作財產權人或其授權的代理商在外國製造後再輸入國內外，也可能是貿易商在沒有經過著作財產權人或其代理商的授權，從國外買到著作原件或合法的著作重製物後，自行輸入國內販售；由於貿易商的輸入行為與著作財產權人或其授權的代理商的輸入行為，二者會產生平行效果，所以被稱為「平行輸入」，又由於平行輸入之物品必係真品，故亦稱為真正商品（真品）平行輸入。

(二) 只有著作權法禁止真品平行輸入

在我國智慧財產權法制領域中，只有著作權法禁止真品「平行輸入」，專利法與商標法，則允許真品「平行輸入」。著作權法除賦予著作權人散布權外，並另賦予著作權人禁止他人未經同意輸入其著作物原件及重製物，即原則上禁止真品平行輸入，而為因應世界各國不同的交易習慣或基於實際需要，再明列排除之事由，不對所列之例外輸入行為加以限制。

🙂 小博士解說

「平行輸入」所進口的貨品，通常也稱為「水貨」，因夾雜合法（在生產國）與非法（對進口國），在美國稱之為灰色市場（Gray market or import）。形成平行輸入的原因，大致上可能因匯率使二國市場價格差距，或二國市場生產及銷售的成本差異，或是企業在全球化的趨勢下，為求其總體利潤或市場占有率之增加，對不同區域採用差別訂價策略，其價差高於商品轉換市場的成本時，則必會產生有人從中賺取差價的套利行為。到底應不應禁止真品「平行輸入」，在著作權法言，是指要不要賦予著作權人一項「輸入權」，這是立法政策上見仁見智的問題，並不是是非或道德的問題。

贊成真品「平行輸入」的人認為，既然不是盜版品，基於貨暢其流的精神，就應該允許任何人自由輸入，以抑制廠商高價與壟斷的可能性，讓消費者可以用較合理的價格買到想要的貨品；反對開放真品「平行輸入」的人則認為，市場環境不同，各地營運成本與消費習慣不同，應該允許著作財產權人對於其創作商品有市場區隔的權利。尤其當著作財產權人或其代理商投注許多財力與人力，透過廣告與努力，打開消費市場後，貿易商的「水貨」卻「搭便車」（free riding）取得不公平的銷售利益。

國際著作權公約對於是否禁止真品「平行輸入」任由各國立法決定，世界上大多數國家的著作權法也多禁止真品「平行輸入」，歐盟禁止歐盟以外國家的真品「平行輸入」進入歐盟，對歐盟內部國家間的進出口則不禁止；美國禁止真品「平行輸入」，但不包括自美國輸出後再輸入美國境內的行為。

何謂真品平行輸入

著作權跨國貿易

由著作財產權人或其授權的代理商在外國製造後再輸入國內外。

貿易商在沒有經過著作財產權人或其代理商的授權,從國外買到著作原件或合法的著作重製物後,自行輸入國內販售。

貿易商的輸入行為與著作財產權人或其授權的代理商的輸入行為,二者會產生平行效果,所以被稱為「平行輸入」,又由於平行輸入之物品必須是真品,也稱為真正商品(非仿冒品)平行輸入。

我國真品平行輸入之規定

平行輸入之規定

著作權法禁止真品「平行輸入」

商標法允許真品「平行輸入」

專利法允許真品「平行輸入」

真品「平行輸入」的爭議

真品可否「平行輸入」?

❶ 贊成:既然不是盜版品,基於貨暢其流的精神,就應該允許任何人自由輸入,以抑制廠商高價與壟斷的可能性,讓消費者可以用較合理的價格買到想要的貨品。

❷ 反對:市場環境不同,各地營運成本與消費習慣不同,應該允許著作財產權人對於其創作商品有市場區隔的權利。

第 **4** 章
專利法（一）

●●●●●●●●●●●●●●●●●●●●● 章節體系架構 ▼

UNIT **4-1** 什麼是專利

全世界每天都有無數的創新與發現，別小看一個不起眼、天馬行空的構想，一旦成真，就有可能改變全人類既有的生活型態。專利世界中，依市場接受度的實用性、全新或改良技術的新穎性以及高度創作的進步性等程度，將專利區分為下列三種類型：

(一) 發明專利

「科技始終來自於人性，發明自始來自於需求」，舉凡製作方法或成品的創新，只要不違反公共秩序、善良風俗或法律明文規定，原則上我們都給予保護；在自然法則的基礎下，根據自身想法運用知識組合，思索出解決之道（方法），或衍生出一個可展現需求功能的成品，甚至從未實施過的新構想，全是專利權保護的對象。

發現不等同於發明，單純的資訊揭示或美術創作，也都不符合發明之定義。以多啦A夢的竹蜻蜓為例，竹蜻蜓這項產品，是；改良竹蜻蜓的生產流程或結構，也是；那，竹蜻蜓的想法呢？答案是否定的，依我國專利申請標準，必須滿足實用、新穎、進步等三要件，單純想法並不符合資格；但，具體化且有實現可能的構想，是有機會可能申請到專利保護的。

(二) 新型專利

新型專利實質要件，同樣須具備實用、新穎及進步性，與發明專利間重疊性之高，二者應如何區別，頗讓一般民眾感到困擾。新型專利主要著重在物品的形狀，或內部構造的改變，構想與方法的創新，並不在此保護範疇之內；簡言之，「物品」才具備申請資格，它是介於發明與設計專利間，以功能性改良為主的專利品。

雖然新型專利對進步性程度的要求並不高，別忘了，賣得出去的產品才是好的發明品，未達市場利用價值者，仍無法申請到專利權的保護。我國2004年仿效德國規定，將新型專利審查程序，由實體審查改為形式審查，不須耗費大量時間進行專利檢索，故創新程度較低或想爭取時效性時，建議可考慮改採申請新型專利。

(三) 設計專利

設計專利僅需具備實用性及新穎性，已無技術門檻或操作功能的要求。保護對象在於物品本身（離開物品，設計不能成立），其相關形狀、花紋、色彩，或是結合創作，強調是透過視覺訴求的專利；換句話說，藉由造型提升產品質感，吸引消費者目光，以求增加市場競爭力。

若申請日前並無相同、近似者公開在先，且非熟悉該項物品設計人士所顯而易知者，則可取得設計專利。業界常應用此專利手法，如平板電腦的外觀形狀或智慧型手機觸控式介面等，可依相關規定申請設計專利；唯獨美感的主觀認定，已自我國專利法中排除。

小博士解說

發現（Discovery）vs. 發明（Invention）

本來就存在，只是不曉得，無意間看到或費盡心力找到，稱為發現；本來沒有的，為解決困擾，經多次研究與實驗，稱為發明。舉例來說，找到現有資料尚未記載的礦石，屬發現行為；經人為創作及加工等程序，自礦石中分離得另一物質，則屬發明行為。

專利類型

發明專利	自然法則基礎下，發明者根據自身想法，在有限的時空背景裡，運用知識組合、思索出解決之道（方法），或衍生出一個可展現需求功能的成品	❶ 製作方法或成品的創新 ❷ 從未構想或實施過的新理念，亦可視為新發明 ❸ 不違反公共秩序、善良風俗或法律明文規定 ❹ 單純的資訊揭示或美術創作，不符合發明之定義 ❺ 發現不等同於發明 ❻ 自然法則本身非屬發明專利，違反自然法則者亦非屬之。
新型專利	著重在物品的形狀，或內部構造的改變，它是介於發明與設計專利間，以功能性改良為主的專利品	❶「物品」才具備申請資格 ❷ 形狀、構造或裝置之創作：小發明 ❸ 構想與方法的創新，並不在此保護範疇之內
設計專利	物品本身其相關形狀、花紋、色彩，或其結合之創作，強調是透過視覺訴求的專利	❶ 有體物（離開物品，設計不能成立） ❷ 電腦圖像（Computer-generated icons, Icons） ❸ 圖形化使用者介面（Graphical User Interface, GUI）

多啦 A 夢的竹蜻蜓

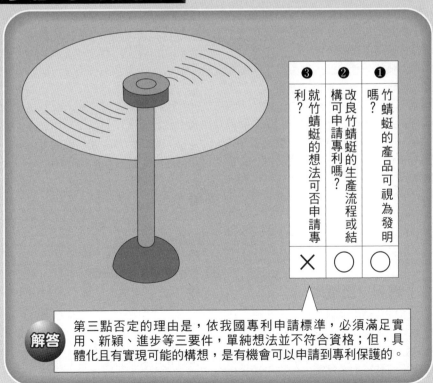

	❸ 就竹蜻蜓的想法可否申請專利？	❷ 改良竹蜻蜓的生產流程或結構可申請專利嗎？	❶ 竹蜻蜓的產品可視為發明嗎？
	✕	◯	◯

解答 第三點否定的理由是，依我國專利申請標準，必須滿足實用、新穎、進步等三要件，單純想法並不符合資格；但，具體化且有實現可能的構想，是有機會可以申請到專利保護的。

UNIT **4-2**
專利申請權與專利申請權人

以發明對社會有貢獻為出發點，透過保護專利權人之手段，誘使發明人公開技術，提升產業層次，並給予相對的報酬，此報酬即為賦予發明人專利權。申請專利，必須具有專利申請權，始得為之；何謂專利申請權？何謂專利申請權人？並非漫無限制，名詞定義及具備資格，源自於專利法相關規定中。

(一) 專利申請權

一旦發明或創作完成後，即享有專利申請權及姓名表示權，一般合稱為「發明人之權利」。姓名表示權屬人格權，無須申請即可享有：不可拋棄、不可侵害及不可轉移三大特性；所謂專利申請權，指的是申請人檢附相關證明文件，有權提出申請。反之，專利專責機關對於申請案是否核准？是否授予專利權？則看智慧財產局的決定。

專利權並非專利權人與生俱來的基本權，是經過申請及審查核准後，才授予的權限；換句話說，專利申請權是申請專利的先決條件，是一種專利法上的程序權，也是一種期待權的表徵。舉例來說，飛哥與小佛研發隱形噴射機，當飛機完成一剎那，他倆皆同時享有申請專利的權利，「這權利」屬無體財產，可自行保有、轉讓，也可繼承，除不得為質權之標的外，與財產法上的權利使用大同小異。

(二) 專利申請權人

申請專利乃由專利申請權人提出。專利申請權應歸屬何人所有，依取得方式分述如下：❶原始取得：實際進行研究發明，經其努力貢獻後，無須申請直接擁有（補充說明：因發明屬事實行為，就算限制行為能力或無行為能力之人，也可成為發明個體，但僅限於自然人身分）；❷繼受取得：專利亦屬財產權範疇，得作為處分之標的，故可透過讓與或繼承等法律行為，間接取得專利申請權；❸專利法另行規定：因僱傭關係或承攬委任等法定行為，則依法判定是受僱人持有或受聘人擁有該專利申請權；❹契約另有約定：基於契約自由原則，當事人得自行約定專利申請權之歸屬，如學校或研究機構等。

小博士解說

錯誤發明人的記載，除了可能造成專利申請權及專利權歸屬不明外，最嚴重可是會導致專利無效或不能實施。我國專利法規定，如專利權人為非合法專利申請權人，專利專責機關可撤銷其專利權，並限期追繳證書，無法追回者，公告註銷；舉例來說，雇主舉發員工為非專利申請權人，因員工利用職務之便所完成，專利申請權應歸屬雇主之研發成果才對。由此可知，除瞭解專利法條外，能否辨別專利名詞，亦甚為重要。

❶ 發明人：就「發明專利」與「新型專利」，與技術有直接關係且做出實質貢獻之人。

❷ 創作人：單指「設計專利」，因與技術無直接關係，故以創作人稱之。

❸ 專利申請權人：擁有專利申請權之人，依申請權歸屬可分為原始取得及讓與取得。

❹ 申請人：指以自己名義向專利專責機關提出專利申請之人。

❺ 專利權人：指專利權之所有人。

發明人權利

專利申請權取得方式

各國專利申請權人稱謂一覽表

適用型態	我國	其他國家
發明專利	發明人	❶「inventor」：巴黎公約（§4-3）、美國專利法（§116）、歐洲專利公約（§60）、英國專利法（§7）、德國專利法（§6）及韓國專利法（§36） ❷「發明者」：日本特許法（§36） ❸「發明人」：大陸地區專利法（§6）
新型專利	新型 創作人	❶「inventor」：韓國新型專利法（§5） ❷「考案者」：日本實用新案法（§5） ❸「發明人」：大陸地區專利法（§6） ❹ 歐盟並無新型專利制度
設計專利	設計人	❶「creator」：海牙協定中與國際工業設計註冊有關之日內瓦公約（§5）及韓國設計法（§1-2） ❷「designer」：歐盟設計指令98/71/EC（§6）及澳洲設計法（§13） ❸「意匠の創作をした者」：日本意匠法（§6） ❹「設計人」：大陸地區專利法（§6）

UNIT **4-3** 充分揭露要件

公開制度乃為專利一大特徵，藉由充分揭露方式，讓產業界可以及早取得最新資訊，避免企業重複研究、投資，對科技提升或產業經濟均有重大助益，完全呼應我國制定專利法之主要目的。為確定發明人發明內容已充分揭露給公眾，換取國家賦予專利權之對價的首重文件，即為專利說明書（Specification）；該說明書是申請專利過程中，最重要的法律或技術文件，主要在確認專利權人，有履行其交付移轉之發明技術給社會大眾；除此之外，尚有防止申請人將他人的發明據為己有，或實際上並未發明成功之技術，想先占地劃線等。說明書內容應揭露至何種程度，才算充分揭露？才可達到國家能給予其專利權之標準？簡述如下：

(一) 按文索驥

書面說明應記載之事項，除「申請專利範圍」外，並應載明「發明說明」、「摘要及圖式」等。以發明專利說明書為例，應敘明之事項包括：發明名稱、所屬之技術領域、先前技術、發明內容、實施方式及圖式簡單說明……；單就發明內容項目而言，詳細記載欲解決之問題、解決問題之技術手段，及以該技術手段解決問題而產生之功效，且問題、技術手段及功效間應有相對應之關係，使該發明所屬技術領域中，具有通常知識者能瞭解申請專利之發明。

說清楚講明白，才符合充分揭露之要件；換句話說，若該發明所屬技術領域中，具有通常知識者，在詳加參酌發明說明、申請專利範圍及圖式等文件後，仍無法瞭解如何執行該技術手段，或需大量的嘗試錯誤及複雜實驗後，始能發現實施該發明，這般水準的說明記載，不得被認定符合充分揭露而可據以實施之要件；簡言之，專業領域中之一般從業人員，無法依申請人所描述之文字，按文索驥，實際做出發明物者，就會被認定缺乏其「可實施性」要件，專利申請駁回。

(二) 描述特徵

為提升說明書之品質，以利專利制度運作能更加細膩完整，針對充分揭露要件，審查基準有三項記載原則：

❶ **明確**：有鑑於專利說明書涉及之專業技術領域甚廣，文件中相同事物常有不同技術用語描述，而相同技術用語，亦常出現在不同的技術領域；再者，大量專業技術用語及新詞不斷衍生，導致使用者不易查詢到相對應之英譯用語或最新資訊，較不利於專利前案檢索或產官學研之研發及利用；建議使用智慧財產局所彙建之「本國專利技術名詞中英對照詞庫」。

❷ **充分**：申請書內容，依「瞭解」申請專利、「判斷」申請專利及「實施」申請專利三階段，每一階段的內容均應清楚易懂，可界定真正含義，不得模糊不清或模稜兩可，完整闡述其記載。

❸ **據以實施**：所屬技術領域中，挑選具有常識或經驗者，照本宣科即可操作或運用該項專利之技術。

小博士解說

發明專利應具備申請文件係包含申請書、申請專利範圍、說明書、摘要及必要之圖式，所謂必要之圖式係因發明人之申請標的可能為方法，因此並無實物圖式可供參照，因此稱之為必要之圖式。

充分揭露

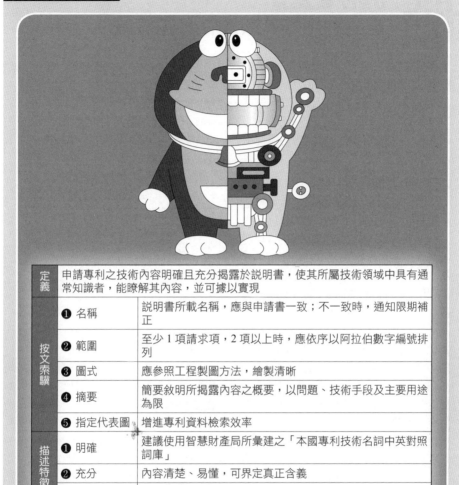

定義	申請專利之技術內容明確且充分揭露於說明書,使其所屬技術領域中具有通常知識者,能瞭解其內容,並可據以實現	
按文索驥	❶ 名稱	說明書所載名稱,應與申請書一致;不一致時,通知限期補正
	❷ 範圍	至少 1 項請求項,2 項以上時,應依序以阿拉伯數字編號排列
	❸ 圖式	應參照工程製圖方法,繪製清晰
	❹ 摘要	簡要敘明所揭露內容之概要,以問題、技術手段及主要用途為限
	❺ 指定代表圖	增進專利資料檢索效率
描述特徵	❶ 明確	建議使用智慧財產局所彙建之「本國專利技術名詞中英對照詞庫」
	❷ 充分	內容清楚、易懂,可界定真正含義
	❸ 據以實施	照本宣科即可操作或運用

申請文件

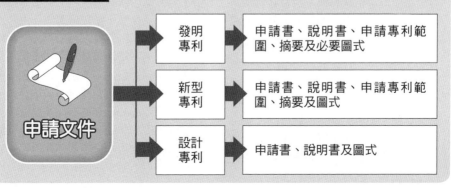

申請文件	發明專利	申請書、說明書、申請專利範圍、摘要及必要圖式
	新型專利	申請書、說明書、申請專利範圍、摘要及圖式
	設計專利	申請書、說明書及圖式

UNIT **4-4**
產業利用性、新穎性及進步性

專利制度是一種國家與發明人交換的機制，故專利權必須符合相當之要件，才具備彼此間交換的公平性；專利三要件之探討，主要是為了界定發明物，是否擁有，或擁有何種專利標的之範疇。

(一) 產業利用性

發明創新並非空想，應具體在產業上能夠被製造或使用，有利產業發展之實效，國家方賦予專利保護，假使該項發明或創作，在產業上毫無利用價值，縱然具有崇高的學術評價，亦無法通過產業利用性之審查。回顧我國專利制度發展初期，為求提升產業技術，只要是國內所沒有的，不論是自己發明或引進國外已知技術，就給予專利權；由此觀之，產業利用性是最原始的專利要件，亦在我國專利審查中，產業利用性之適用優先於新穎性。倘若細分產業利用性與充分揭露中可實施性之差別，前者著重對產業技術之提升，後者界定事實上是否可行，非淪為空談。

一般認為專利法所指之產業，包含任何領域中利用自然法則，具有技術性的活動，如工業、農業、林業、漁業、牧業、礦業、水產業，甚至運輸業、通訊業、商業等；舉例來說，想以整形、美容等手術方法申請專利，因實施對象為有生命的人或動物，無法供產業上之利用，則不具備產業利用性之要件。

(二) 新穎性

創設專利權之目的，既然是為了促進產業發展，發明人就必須對現存技術有所助益才行。欲申請專利，需考量是否從未見於刊物上、被公開實施者，或被公眾所知悉的情形，與申請日前之現存既有技術有所不同，始得申請專利權；換句話來說，如果社會大眾從其他的來源，早就已得知發明人申請專利的內容，則無需賦予專利權，增加社會成本的必要。

除非，專利申請人主張優惠期制度，或許還有取得專利權之機會。何謂優惠期制度？答：申請人自願或非自願行為下，欲申請之專利已被公開，此時，一年內都還擁有可申請專利權之權利。簡單來說，只要不是公開在專利公報上，已「公開」的情況，並不會受到新穎性規範所約束。

(三) 進步性

認定先前的技術為基礎，新穎性是判斷技術是否已被公開，進步性則是判斷兩者技術間之差異。那麼，何謂進步性呢？進步性本質在於，探討相較先前技術下，欲申請專利之技術屬「非輕易可想到」或「具備足夠的創作巧思」而來，並非字面上所示，較先前技術更好或更進步。

具體來說，倘若我們研發的新技術，僅是運用已習知的元件加以排列組合，或在現有技術下增減、改換其裝置構造，進而產生新的發明物，就整體技術功效屬顯而易知，則該技術不具進步性之要件。以筷子為例，筷子加長、變短，或改用不鏽鋼等材料，均屬筷子業者所能想到的技術，無法取得專利；倘若筷子結合伸縮、旋轉功能，雖然筷子與彈簧都是屬於已知的元件及概念，但先前確實沒人想到，可將這兩物件相結合，因此可申請伸縮筷子之專利。

產業利用性

工廠　　　製作　　　販售

投入　　　生產過程　　　產出

新穎性

眾所皆知 ✗

期刊

期刊 ✗　　實驗 ✗

進步性

前人的基礎

知識補充站

	產業利用性	新穎性	進步性
定義	產業上能夠被製造或使用，有利產業發展之實效	判斷技術是否已被公開；已遭公開者，不符專利要件	判斷先前技術與申請技術間之差異
要件	❶ 產業上必須能被製造或使用 ❷ 非空想，可實施性 ❸ 產業利用性優先於新穎性	❶ 申請前未見於刊物者 ❷ 申請前未公開實施者 ❸ 申請前未為公眾所知悉者	❶ 非輕易可想到或具備足夠的創作巧思 ❷ 所屬技術領域中具有通常知識者，依先前技術「不能」輕易完成者
備註	❶ 限制：非產業，如實施對象為有生命之人或動物 ❷ 差異：產業利用性著重對產業技術之提升；充分揭露中可實施性：界定事實上是否可行	優惠期間 發明專利、新型專利與設計專利皆為12個月 公開態樣 ❶ 出於申請人本意所致之公開 ❷ 非出於申請人本意所致之公開 除外條款 因申請專利而在我國或外國依法於公報上所為之公開係出於申請人本意者	

UNIT **4-5** 發明專利之申請

欲想申請發明專利，由專利申請權人備具申請書、說明書、申請專利範圍、摘要及必要之圖式，向專利專責機關申請即可。看似簡單的文字，其內涵應注意之事項還真不少：

(一) 何人可申請？

申請專利乃由專利申請權人提出申請，包括自然人與法人，除另有規定或契約另行約定外，原則上是指發明人、創作人（原始取得），或受讓人、繼承人（繼受取得）；對此項目需特別留意的是，專利申請案如由不具申請權之人提出，將可構成撤銷專利權之事由，因此，申請專利前，應再三考量其擁有資格之人，以免到頭來一場空。

再者，除申請人於中華民國境內，無住所或營業所者，才採行強制代理制；否則，依據專利代理任意制，申請人得自行辦理或委任代理人辦理。對此項目需特別留意的是，專利事務涉及專業知識，申請人若因不熟悉相關文件，或法律程序等問題，十分麻煩，建議委由專業人士代為處理；欲委任代辦專利申請案，原則上應以專利師為限。

(二) 申請程序

除具備申請權人之資格外，尚須符合專利申請程序。基於先程序後實體之原則，智慧財產局會先進行書面資料的程序審查階段：

❶ 依專利法一發明一申請原則，申請專利權時，應就每一發明，各別申請，但利用或使用上不能分離者，亦得合併申請之。

❷ 需備齊相關證明文件，如申請書、說明書、必要圖式及宣誓書等；若為雇用人、受讓人或繼受人，則應另行檢附僱傭、受讓或繼承的證明文件。

❸ 書面要求以中文本為主，但以外文本提出申請者，可先行受理。就我國專利法而言，向來允許專利申請人於申請專利時，先行提出外文說明書，並於智慧財產局指定期限內，補呈中文說明書即可；其目的無非是為提供專利申請人之合理機制，在「外文本以完整揭示同一發明」前提下，得根據外文本之提交日，認定其取得之申請日。

(三) 申請日認定

申請日的認定關係到專利保護期間的計算，實為重要。當申請人備齊所有文件，向智慧財產局提出專利之申請，實際收到申請文件時，發生一定法律效果之日期，稱之為申請日；如果必要之文件有所欠缺，則以文件補齊日為申請日。

文件為外文本者，日期該如何認定？應於智慧財產局指定期間內補正中文本，將判定外文本提出之日為申請日；若已遲滯指定期間外，主管機關隨即針對此案件，以「外文說明書未記載發明名稱」為由，做延後申請日之處分，可能會因申請日延後，導致喪失優先權之嚴重後果。有一附加條款，在處分前補正者，以補正之日為申請日，外文本視為未提出。

舉例來說，飛哥與小佛於 2022 年 1 月 1 日提出英文版之申請書，智慧財產局限定 6 個月內補正中文本，3 月 1 日前補上中文本的話，其申請日認定為 1 月 1 日；假設在 7 月 15 日才補齊中文資料，趁著，智慧財產局因作業流程尚未做出駁回申請時，改採 7 月 15 日為申請日；再假設說，一直都沒補上中文本，或智慧財產局已做出處分決定，此時，這申請案不予受理就宣告結束了。

發明專利之申請

申請人 具專利申請權且具名提出申請之人

> 繼受取得：受讓人、繼承人

> 原始取得：發明人、創作人

申請程序 先程序後實體為原則

> ❶ 一申請一發明

> ❷ 備齊相關證明文件

> ❸ 雇用人、受讓人或繼受人，另需檢附證明文件

申請日認定 向智慧財產局提出之日；欠缺必要文件時，改以文件補齊日

書面文件 申請書、說明書、申請專利範圍、圖式、摘要、指定代表圖、委任證明文件、主張優惠期證明文件、國際優先權證明文件、生物材料寄存證明文件、舉發理由及證據、專利權異動之證明文件等

申請

受理

- 符合程序者，應予受理

- 書面要求以中文本為主，但以外文本提出申請者，可先行受理

- 臨櫃送件、郵寄送件或電子送件等方式送件，皆先行收件，進行編列申請案號、文件掃描、文書資料建檔等作業，再進行審查

撤回

- 原則上，在專利申請案審定或處分前，隨時可撤回其申請案

UNIT **4-6**
發明專利之說明書

專利申請人向智慧財產局申請發明專利，須備具申請書、說明書、申請專利範圍、摘要及必要之圖式；申請過程中，明定書面審查為先，實體檢驗在後。由此推知，專利申請成功與否，往往第一個取決的關鍵，掌握在說明書撰寫之良窳間；換言之，說明書的品質即說明了一切。

說明書是一份申請專利時所必備之文件；它象徵在整個申請程序中，發生實質法律效果的重要文件；它更是一份包含豐富的技術細節、研究數據和圖式說明等之技術參考文獻。也就是說，專利說明書是說明內容及權利範圍之所在，揭露事項有無充分及明確，對於申請後之專利審查結果，甚至於未來的專利使用、權利維護等，具有絕對性的影響。

一份好的發明專利說明書，應具備的條件有：

(一) 陳述簡潔明瞭

說明書應載明下列事項：❶發明名稱；❷發明摘要；❸發明說明；❹申請專利範圍；上述四部分之撰述，內容需充分揭露、用語應一致。

說明書的內容，主要透過文字及圖說方式，將技術細節完整揭露說明，必須重視到每一個小細節，直到相同領域的專家或研發人員們，只要參閱或瀏覽書中完整且詳實的敘述，即可掌握該項技術之關鍵，激發新的創意，開創突破性的研發成果；這也是我們專利制度下主要所求之目的。

(二) 範圍清楚明確

在專利範圍中，技術層面的提升，有可能是單一性創新，或者是複合式結構的發現，不論是何種層次的技術，智慧財產局都准予個別拆開，個別申請，視每一要件為單一請求項。換句話說，申請專利時應界定各請求項之範圍，務求每一請求項之報告，都可以清楚解讀其創作，便於審查人員進行先前技術檢索時，逐一比對的工作。

(三) 尊重專業素質

發明人通常僅具備申請專利的基本常識，往往為節省經費，說明書採取自行撰寫方式，雖然也可以順利申請到專利權的保護，但往往在日後出現侵權等相關問題時，卻無所適從，甚至有時必須花費更大的金錢與時間，才能解決糾紛。

舉例來說，發現有人仿冒，向法院提出訴訟後，卻因專利說明書之撰寫，不符合專利法之要件，遭有心人士舉發，藉機規避官司；甚至於，申請專利保護範圍太過狹窄，導致競爭對手很容易就迴避掉關鍵要素，或惡意鑽漏洞，根本找不到被侵權之事蹟。故，說明書品質好壞，往往與專利權人的權益緊密相連。

小博士解說

摘要之說明

摘要之目的在於提供公眾快速且適當的專利技術概要；為確保摘要之資訊檢索功能，因此，摘要文中所描述之內容，主要是以資訊性或指示性的成分居多，所以，不列入影響專利要件之判定。換言之，申請書中的名稱、說明及申請專利範圍三部分，內容未充分揭露時，會被專利專責機關以「不符合」專利之要件駁回。

一份好的說明書

一份好的說明書

意義
1. 申請專利時，發生法律效果的重要文件
2. 包含技術細節、研究數據和圖式說明等技術參考文獻
3. 說明內容及權利範圍之所在
4. 影響專利使用及權利維護

條件
1. 陳述簡潔明瞭：掌握該項關鍵技術
2. 範圍清楚明確：界定各請求項範圍
3. 尊重專業素質

發明專利說明書

❶ 發明名稱
申請標的（如物或方法）且不得包含非技術用語

❺ 圖式簡單說明
有圖者以簡明文字依序說明；無圖者，填「無」

❷ 技術領域
應記載申請專利之發明所屬或直接應用的具體技術領域

❻ 實施方式
該技術領域中具有通常知識者，可據以實施

❸ 先前技術
客觀指出欲解決先前技術之問題與缺失，得檢送相關資料

❼ 符號說明
有圖者依圖號或符號列出主要符號並加以說明；無圖者，填「無」

❹ 發明內容
欲解決之問題、解決問題之技術手段及對照先前技術之功效

❽ 生物材料寄存事項及序列表
有生物材料寄存者，說明書應載明

UNIT **4-7**
申請生物材料或利用生物材料之發明專利

將技術內容公開於說明書中，使發明所屬技術領域之人，能據以瞭解並實施，有益促進產業升級，實為專利制定之目的。然而隨時代潮流進步，生物科技發展日新月益，其相關專業技術亦需專利權之保護，如蛋白質工程技術、細胞及酵素固定化、醱酵技術等。有感於此，專利法規於 1994 年修正時，開放微生物新品種之專利，微生物一詞亦已於 2003 年修正法中，正式修改為生物材料。

生物材料所涵蓋之範圍，爭議不斷，目前有許多國家所承認的，包括微生物（細菌、酵母菌）、細胞（人類細胞株）、基因（核酸、質體）、其他經生物資源保存及研究中心個別以書面同意受理之材料……等，廣義而言，皆可稱為菌種。申請生物材料或利用生物材料之發明專利，應注意事項如下：

(一) 寄存規定

因生物材料通常不易依書面內容呈現，他人若無法取得生物材料，很難依據說明書實施其發明，故生物材料本身為申請專利時，是不可或缺的部分，且非該技術領域中輕易可取得者，按規定需先辦理寄存的相關程序。

(二) 寄存機構

凡申請生物材料專利，或利用生物材料來研發的專利，申請人應於申請前，將生物材料寄存於指定機構，並於申請日後 4 個月內，檢送寄存證明文件至智慧財產局，文件中需載明機構名稱、日期及號碼，逾期未送達者，視為未寄存。例如財團法人食品工業發展研究所，就是經濟部所指定的國內寄存機構。

(三) 注意事項

我國不是布達佩斯條約會員，不承認國際寄存機構的寄存效力，要求須寄存於「國內」；但，卻也提供外國申請人，有更寬裕的時間來辦理國內寄存，甚至開放申請人在與我國有相互承認寄存效力之外國指定其國內之寄存機構，不受應在國內寄存之限制；換言之，國內的寄存機構國際化以後，未來外國申請人是有可能直接以外國寄存機構之寄存證明文件，來本國進行專利申請的。

舉例來說，阿笠博士於實驗中發現○○酵母菌有其特殊之功效，欲申請發明專利之保護，其步驟如下：❶將○○酵母菌（生物材料）申請寄存於食品工業發展研究所；❷準備專利申請書等文件向智慧財產局提出專利申請；❸食品所受理寄存後，應開具「寄存證明書」給阿笠博士，隨即進行存活試驗；❹收到證明書後，應於專利申請日起 4 個月內，將寄存證明書檢送智慧財產局即可；❺待存活報告出爐後，接著寄送到智慧財產局，即可進入下一審查階段。

小博士解說

布達佩斯條約

為免除同一申請案，在各國申請專利時都均寄存之麻煩事，國際間主要國家簽署了布達佩斯條約（Budapest Treaty on the International Recognition of the Deposit of Microorganisms for the Purposes of Patent Procedure）。該條約中的會員國，只需在其中一個認可的國際寄存機構（International Depositary Authority, IDA）完成寄存，即可獲得各會員國的承認。

生物科技 vs. 生物材料

生物科技	生物材料
利用生物體來生產或改製，改良生物特性以降低成本及創新物種的科學技術。如蛋白質工程技術、細胞及酵素固定化、醱酵技術等	廣義而言，稱為菌種 ❶ 微生物（細菌、酵母菌） ❷ 細胞（人類細胞株） ❸ 基因（核酸、質體） ❹ 其他經生物資源保存及研究中心個別以書面同意受理之材料

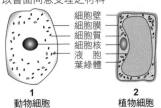

細胞壁
細胞膜
細胞質
細胞核
液　胞
葉綠體

1
動物細胞　　　**2**
植物細胞

生物材料寄存

寄存規定	❶ 生物材料本身為申請專利不可或缺的部分 ❷ 非該技術領域中易取得時，按規定需先辦理寄存相關程序 ❸ 若該生物材料屬易於獲得者，不需寄存
寄存機構	❶ 國內：專利專責機關公告指定之機構（如食品工業發展研究所） ❷ 國外：依布達佩斯條約取得國際寄存機構資格者
寄存期間	❶ 寄存於指定機構並於申請日後 4 個月內，檢送寄存證明文件 ❷ 主張優先權者，為最早之優先權日後 16 個月內
寄存證明	❶ 寄存證明與存活證明合一之制度 ❷ 寄存機構將於完成存活試驗後，即開始核發寄存證明文件 ❸ 不另出具獨立之存活證明
資訊記載	❶ 生物材料寄存資訊，不以載明於「申請書」為必要 ❷ 生物材料已寄存者，應於「說明書」之生物材料寄存欄位中載明
寄存爭議	因寄存機構之技術問題，未能於法定期間內完成存活試驗，導致未能發給寄存證明文件者，屬不可歸責當事人之事由

知識補充站　★生物材料步驟

❶ 寄存食品所

❷ 向智慧財產局提出專利申請

❺ 待存活報告出爐後，接著寄送到智慧財產局，即可進入下一審查階段

生物材料步驟

❸ 食品所開具「寄存證明書」，隨即進行存活試驗

❹ 申請者收到證明書後，於專利申請日起四個月內，將寄存證明書檢送智慧財產局

UNIT **4-8** 相同發明之優先權

相同發明的優先權，如何判定？依我國專利法規定，多數專利申請案競合時，就同一發明，賦予專利於最先申請者，即屬我國採行之先申請主義；然亦有例外，即後申請者主張優先權日早於申請日時，不在此限。倘若，優先權日與申請日同一時，應通知申請人自行協議決定。其相關說明如下：

(一) 相同發明之判斷

❶兩發明的申請案，其記載形式及實質內容完全一致者，視為相同發明；❷兩者間之差異僅在於文字之記載形式，或部分相對應的技術特徵有所不同，仍應判斷為相同發明。換句話說，兩發明是否相同，不單單只憑「申請專利範圍」的認定，還需參酌說明書中所揭露之事項、先前技術及圖式說明等，一併納入考量。

(二) 判定原則

❶ 先申請原則

專利制度在於鼓勵發明人盡早申請，以公開揭露的方式，讓社會大眾得知並利用該項技術，所以當有相同申請案時，應就最先申請者，准予專利；簡單來說，為避免相同的專利重複給予不同的申請人，決定以申請日期之前後順序來判定給誰。為避免被人捷足先登，鼓吹申請人一旦完成研發時，應盡速前往智慧財產局申請專利，此制度有以速度取勝之意味，鼓勵並保護搶先提出申請者之權益。

由上可知，申請日之確定實為重要。一般人普遍認為，申請人首次向智慧財產局提出申請的那一天日期，稱之為申請日，此為錯誤的觀念；我國專利法明文規定，申請人檢具申請書、說明書、必要圖式（圖說）向智慧財產局提出申請之日為申請日。二者間主要的差異在於「齊備」，不單單只是就文件要齊全，連同書面內容也要完備才行。

❷ 優先權日

優先權日不是申請日。在屬地主義的專利制度下，為擁有各國之專利保護，常常必須周遊列國式地申請；為保護發明人免於各國間申請制度上之差異，或因時間差導致喪失新穎性的風險，巴黎公約會員國間，彼此有相互認可優先權制度，也就是說，各國均同意，將他國第一次申請案的申請日，列為優先權日。

當申請日碰上優先權日時，應如何取決？單就專利本質而言，公開其技術以換取國家的保護，理所當然應由最早申請者取得其專利權；換言之，後申請者所主張之優先權日，早於先申請者之申請日時，後申請者准予發明專利。

(三) 協商機制

無巧不成書。假設，同一發明、同日申請、優先權日亦相同時，總不能分秒必爭，以申請登記的時間來推算吧！此時智慧財產局應通知雙方申請人協議決定，並於指定期間內，將協議結果回報智慧財產局，屆時未回報或商議破局者，均不准予發明之專利；此種半強迫式的協商機制，其主要目的在於，強制雙方在某期限內盡可能達成共識，以免浪費社會資源。

假設其二，相同情境再加上申請人也為同一人時，又應如何處理？此困境更易解決。智慧財產局只需依規定通知申請人，要以哪一申請案為優先，限期做出決擇，屆期未決定，等同於通通拒絕；舉例來說，發明、新型專利同時申請時，擇一留下。

相同發明判斷

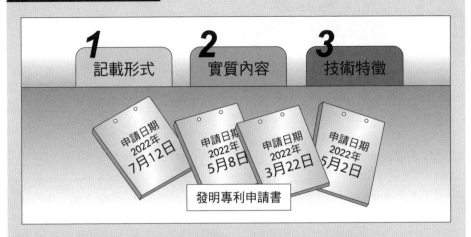

1 記載形式　**2** 實質內容　**3** 技術特徵

申請日期 2022年 7月12日

申請日期 2022年 5月8日

申請日期 2022年 3月22日

申請日期 2022年 5月2日

發明專利申請書

判定原則：先申請者（申請日或優先權日）

申請日期 2022年 5月2日

申請日期 2022年 9月8日

申請日期 2022年 6月12日

申請日期 2022年 3月25日

申請的時間最早

協商機制

智慧財產局

申請人　申請人

協議決定

知識補充站

主張國際優先權者，應聲明	主張國內優先權者，應聲明
❶ 第一次申請之申請日 ❷ 受理該申請之國家或 WTO 會員 ❸ 第一次申請之申請案號數 ❹ 申請時未聲明第一次申請之申請日，及受理該申請之國家或 WTO 會員者，視為未主張優先權	❶ 應於申請專利同時聲明先申請案之申請日及申請案號數 ❷ 未聲明者，視為未主張 ❸ 若主張複數優先權者，各先申請案均應載明

UNIT **4-9**
實體審查之申請

　　專利權之實體內容，可因審查與否，分為「註冊主義」與「審查主義」；前者僅就書面文件是否完備、資料內容是否屬專利保護範圍，做形式上之審核，故又稱形式審查主義；後者則更進一步要求，對專利各要件一一評估且鑑定，必要時甚至進行實驗、現場勘驗，更加繁複的審核程序。

　　發明專利、設計專利採實體審查，新型專利採形式審查；實體審查又分為：發明專利依申請進行，設計專利則依職權進行。以下，簡介發明專利的審查程序：

(一) 請求審查制

　　隨經濟與科技迅速發展，專利申請案量大幅且快速增加，遠超過智慧財產局與專利審查人員所能負荷之量；然而，眾申請案中，有些專利不夠成熟，單就為搶得先機而進行申請，甚至某部分申請者，只為當作商業競爭手法，採行防禦性的申請，針對那些可有可無的專利申請案件，投入大量人力物力，實為沒有意義。為此，我國引入請求審查制（又名延遲審查制），凡申請人提出申請案後，自申請日起算 3 年內，任何人想早點知道審查結果，都可以向智慧財產局提出申請。換句話說，在期限內無人提出者，為不浪費社會資源，採取不請求即不審查精神，申請案視同撤回；已被公開的發明申請案，即屬於先前技術，得作為引證資料。

(二) 審查人員

　　專利法明文規定，應指定從事專利審查工作之專利審查官為之；依「專利審查官資格條例」規定，從事審查工作的專利審查官，得依其專利審查經驗、專業性及訓練合格標準等，分為專利高級審查官、專利審查官及專利助理審查官。簡言之，實體審查有其專業性，應具備一定的學經歷，以求慎重。

(三) 審查期限

　　發明專利申請日後 3 年內，任何人均得申請實體審查。期限 3 年，是否有通融或例外？答案是有的。申請分割案或改請案時，可能因援用原申請日之結果，期限恰巧已超過 3 年，為避免該等案件，因逾期而喪失申請實體審查的機會，特別通融分割或改請案，得依申請日或改請日起，延後 30 日申請。舉例來說，飛哥與小佛 2022 年 1 月 1 日向智慧財產局提出申請隱形飛機之發明專利案，若到 2025 年 1 月 1 日之前，無任何人（包括飛哥與小佛）提出實體審查申請，則此申請案視為撤回，自行放棄；再假設，飛哥與小佛若於 2024 年 12 月 15 日提出分割申請案，因申請案改請等同指該發明仍屬申請階段，故自 12 月 15 日為申請日，往後順延 30 天，到 2025 年 1 月 15 日前。

(四) 審查限制

　　審查中不可撤回。申請案一經實體審查啟動後，原則上只能靜待審定之結果，主要是避免第三人重複申請。因申請審查事實須刊登於專利公告上，如反覆無常，易動搖民眾對專利公告的公信力；二來，經濟考量，進行中的審查程序已投入相當人力與物力，就算中止，也無法節省所耗費之資源。除非發明專利申請人欲撤回申請案，在發給第一次審查意見通知前申請，也無不可，既撤回，審查也無繼續的必要。

審查程序

註冊主義

書面審查 = 智慧財產局 專利證書

審查主義

書面審查 + 要件評估 + 實驗、勘驗

申請日期 2022年 3月25日

請求審查制（又名延遲審查制）

適用範圍	發明專利屬審查主義，依申請進行實體審查
申請時間	自申請日起算三年內，任何人欲早日獲知審查結果，均可提出申請
審查人員	從事專利審查工作之專利審查官
審查期限	三年內；申請分割案或改請案，得依申請日或改請日起，延後三十日
審查限制	**審查中不可撤回** ❶ 避免第三人重複申請 ❷ 經濟考量，中止審查無法節省所耗費之資源 ❸ 例外：專利申請人撤回申請案

知識補充站

　　若相同發明有兩個以上申請案，因我國係採先申請原則，僅最先申請者得獲取專利權。如圖，即便 B 早於 A 提出實體審查，然其仍舊無法取得專利權。而實務上，當專利專責機關發現相同發明專利申請案時，即會予以駁回，因此即便上述案例 A 最後未申請實體審查，B 仍無法就該發明取得發明專利。

A申　　B申　　　B審　　A審

UNIT **4-10** 早期公開之適用

專利制度之美意在於，藉由賦予專利權而將其技術公開，得使產業界盡早獲知該專業技術資訊，進一步從事開發研究，以達促進產業科技提升之目的。然而，發明專利之申請案的審查期限較長，如果要等到實體審查審定核准，才公開其申請內容，可能造成第三人對相同技術，早已進行重複研究、投資或申請，無法充分發揮專利制度之功效。

早期公開制度的設計，即可解決此一困境；那麼，如何掌握適當公開時機？又該注意哪些事項？即是此一制度下，另可探討之話題。

(一) 發明公開

發明專利申請文件，經審查認為無不合規定程序，且無應不予公開之情事者，自申請日後經過 18 個月，應將該申請案公開之；也就是說，申請案提出 18 個月後，不論專利申請人是否申請實體審查，或實體審查是否審定核准，智慧財產局都將公布申請案的所有內容，讓社會大眾透過公開方式得知最新資訊。切記，公開只是將技術內容徹底揭露，並非公告，是無法取得專利權的。

舉例來說，智慧財產局受理發明專利申請文件後，初步先就程序上檢視規費繳納、文件是否齊備、是否使用中文、在我國有無居所者或委任代理人等等，文件形式上的審核，倘若申請案資料完全符合規定，且無不予公開的情事，如半途撤回、涉及國防機密、妨害公共秩序或善良風俗等，自申請日起算，經過 18 個月後，就應將該發明之申請案的內容，以公告方式全部公開化，此過程即稱「早期公開制度」。

(二) 特別說明

❶ **僅適合發明專利**：新型、設計專利，因創作技術層次與發明專利不同，或產品生命週期較短等因素，適用早期公開制度之機會與實質意義不大。

❷ **為何訂定 18 個月**：必須將可能主張優先權（12 個月）的因素考量在內，再加上前置作業期間，如程序審查、分類整理及印刷刊物等，參考世界各國立法先例，訂定 18 個月為期限。

❸ **半途撤回規定**：自申請日起 15 個月內撤回者，應已無申請亦無公開之必要。換句話說，早期公開之行政作業時間約需 3 個月，超過 15 個月才申請撤回者，因專利專責機關之準備公開作業，大致已完成，來不及抽回，仍然予以公開。

❹ **優先權起算點**：申請日起算時，已將優先權期間考量在內，故公開期間自「優先權日」起算，如主張二項以上優先權時，則以最早之優先權日起算。

❺ **提早或延後**：專利申請人想更快速擁有其專利，想在法定公開期限前申請提早公開，這是可行的；相反來說，是否可申請延後公開期限，因為有違公開制度之美意，故答案是否定。

😊 小博士解說

不予公開事項

❶ 自申請日後 15 個月內撤回者。

❷ 涉及國防機密或其他國家安全之機密者。

❸ 妨害公共秩序或善良風俗者。

❹ 第 2 項、第 3 項可限期向智慧財產局申復，屆期未申復者，不予公開。

早期公開制度

定義	申請案經審查，無不合規定且保密情事，經一定期間後公開其技術內容
目的	❶ 產業界得以盡早獲知該項技術資訊 ❷ 避免企業重複研發 ❸ 得進一步從事開發研究，提升促進產業科技
適用	僅適合發明專利
期間	自申請日起，十八個月
方式	❶ 發明公開公報上，將技術內容徹底揭露 ❷ 中文本內容公開，有申請修正案件者，一併公開修正本 ❸ 非專利公告（取得專利權）
不予公開事項	❶ 自申請日後十五個月內撤回者 ❷ 涉及國防機密或其他國家安全之機密者 ❸ 妨害公共秩序或善良風俗者

　　主張複數優先權者，得撤回全部優先權主張，或撤回部分優先權主張。撤回優先權主張，致使申請案最早優先權日變更，或無優先權日時，則應自變更後的最早優先權日或申請日，起算十八個月後公開。舉例來說，早期公開準備程序開始前，撤回優先權主張者，該申請案之早期公開期間的算法，應延至變更後之最早優先權日或申請日，起算十八個月。

UNIT **4-11**
限期補充或修正發明專利申請

欲速則不達。發明專利之申請，自檢具完備的書面資料，進入審查程序，直至審查結果出爐，一次即能順利取得專利權者，少之又少；倘若因資料不齊全，智慧財產局立即予以駁回，讓欲申請者需重新再跑一次申請流程，似乎也太不近人情。衡量得失之下，為使申請專利之發明，能更明確且充分揭露，智慧財產局於審查時間內，得允許申請人在一定條件下，限期補充或修正申請案之相關文件資料。

(一) 修改時機

書面資料發生錯誤、缺漏，或表達上未臻完善時，如果不給予補充、修改的機會，將使申請專利的技術無法清楚展現，嚴重影響到權利範圍之認定，有可能導致整個申請案件遭到駁回。基於便民服務的考量，當審查人員發現申請資料有必要修改時，智慧財產局先行採取發給「審查意見通知函」，通知申請人限期改之；反推，申請人也可自行發現，文件若有不符合相關規定時，也可主動申請補充或修正的程序。

(二) 修改原則

為平衡申請人及社會公眾之利益，及顧慮未來取得權利的安定，所以不會准許無條件式地任意修改；換句話說，當申請人接獲通知時，所提出之補充或修正內容，不能任意變動已審查過的申請專利範圍，如此一來，才不會浪費原已投入的審查人力，以求達到迅速審查之效果，另一方面，也能保持各申請案間之公平性。

舉例來說，修改時的大原則，以中文本提出申請者，補充或修正之內容不得超出申請時，說明書、申請專利範圍或圖式所揭露之範圍；以外文本提出申請案者，其外文本不得修正，而補正之中文本，除誤譯之訂正，亦不得超出申請時外文本所揭露的範圍。

(三) 補救程序

我國係採核駁複審制度，廢除以往之再審查制度，發明專利申請人若對不予專利之情事有不服者，應於審定書送達 2 個月內向專利專責機關申請核駁複審。而核駁複審應以書面審議為主，惟專利專責機關認為有必要時，得以言詞方式審議之。該制度主要目的係提升專利申請案之救濟效能，搭配前置審查程序，以達快速取得專利之結果。而為強化審議程序，我國係設有「複審及爭議審議會」，專責審議專利案件，並明定相關配套授權依據。

最後通諜時間。為避免延宕審查程序，審查人員認為有必要時，得進行最後的通知，但僅限於下列事項：❶申請範圍修正事項，如請求項之刪除、申請專利範圍之減縮、誤記之訂正、不明瞭記載之釋明；❷原申請案或分割後之申請案，兩者通知內容皆相同者。

(四) 協助機制

發明專利之申請，原則上以書面方式進行審查，申請人如已製妥模型或樣品，不須於申請時一併提送，只需在申請書內載明。倘若針對具體之個案，審查人員認為有其必要，希望藉由雙方面談方式，以利釐清文件上的疑點，或為案件審查進行必要的實驗、輔以模型或樣品說明等；審查人員可依職權，通知申請人補送或配合其要求；反之亦然，申請人想向審查人員親自當面解說或操作時，也可主動向智慧財產局辦理面詢申請。

補充或修正申請

說明書

申請
專利範圍

圖式

定義	為使申請專利之發明內容能更明確且充分揭露，審查時得允許在一定條件下，限期補充或修正申請案之相關文件資料	
時機	❶ 審查中	申請人得隨時主動提出；智慧財產局依職權通知
	❷ 發給審查意見通知或最後通知	僅就通知期限內
範圍	修改大原則：不能任意變動已審查過的申請專利範圍	
補救程序	申復次數及期限皆因案而異	

★發明專利申請案，修正應檢送文件

❶ 修正申請書一式二份
❷ 修正部分劃線之說明書或申請專利範圍修正頁一式一份
❸ 修正後無劃線之說明書、申請專利範圍或圖式替換頁

（初審審查意見通知送達前一式三份，初審審查意見通知送達後一式二份）

UNIT **4-12**
審定書之製作

圖解智慧財產權

　　欲申請發明之專利，首先應具備申請書，向智慧財產局提出申請，一經申請後，該項專利申請案，隨即進入審查程序中，歷經初審、再審查、更正、舉發、專利權期間延長、專利權期間延長舉發……等各階段，直至最後結果出爐，不論是准或不准專利，依專利法明文規定，一律都要做成書面形式的行政處分，並將文件資料送達申請人或其代理人手中。

(一) 拒絕有理

　　人民有權請求行政機關，在確保民眾利益下應有之作為；行政機關則須依法行政，針對民眾申請事宜，給予適當的行政處分。一般來說，為增加民眾對行政決策過程的公信力，行政機關所做之任何決議，理應都該給予適當的說明，透過給理由的做法，讓社會大眾得知，行政程序並非只是空洞的儀式，審查人員並非都是橡皮圖章，所有的結果都是在慎重考量下所做的決定。

　　同理可證，發明專利申請案，一經審查結果後，理應都該製成審定書，送達到申請人手中；倘若智慧財產局之決議，是不准予專利保護，則審定書的內容，應具體說明其理由，讓申請者心甘情願接受這結果，減少不必要之爭訟，進而符合公正原則之要求。反之，審查結果若是准予專利，因考量到未影響或限制人民任何的權益，此時，審定書之內容載不載明其理由，似乎也無傷大雅，不必強求。

(二) 以示負責

　　名花有主，宣示主權；專利申請程序啟動後，依規定，智慧財產局必須指派審查人員受理此案，健全分案管理制度，積極且有效率地執行申請案之後續處理流程。因專利審查具高度專業性，為表示慎重起見，無論任一階段之審查結果，該審查人員都應具體描述處理過程於書面中，最好能詳載每一細節的原因和理由，將所有相關最終決議之影響因素，全部滴水不露式地載明於文件內容中，最後簽上署名，完成整份審定書之製作；簡言之，即透過宣示姓名方式，以表對其審定結果負起全責。

(三) 電子化服務

　　智慧財產局自 2011 年起，於 e 網通網站（https://tiponet.tipo.gov.tw）推出「專利審查公開資訊查詢功能」，提供民眾上網查詢相關資訊的服務；同年12 月，更進一步開放，發明專利再審查案件之再審查歷程資料的查詢服務。換句話說，民眾現可以透過該網路系統查詢到「審查意見通知函」、「專利再審查核准審定書」或「專利再審查核駁審定書」等審定書的歷史相關資料。

小博士解說

❶ 審定書

　　發明及設計專利採實體審查，申請案經過一連串審查程序後，准或不准予專利，皆應載明其原因或理由於書面上，該最終做成之文件，稱為審定書。

❷ 處分書

　　新型專利僅進行形式審查，申請案一經提出申請後，認為無不予專利之情事，就應發給最終決定之書面文件，稱之為處分書。

審定書　電子化服務

審核通過

署名，以示負責

專利人員

智慧財產局

審定書 vs. 處分書

審定書 vs. 處分書

採實體審查，稱之審定書

採形式審查，稱之處分書

二者都是行政處分，效力相同

知識補充站　★審查流程 & 文件類別

❶ 申請案經逐項審查後，如判斷有不准專利事由，應附具理由發給「審查意見通知」，以利申請人據以申復；克服該等不准專利事由，申復時得一併進行修正。

❷ 申請人於申復或修正時，雖克服所有已通知之不准專利事由，惟因修正產生新的不准專利事由時，得發給「最後通知」，限制申請專利範圍之修正事項，達到迅速審結之效果，並可使審查意見通知具有明確性、合理性與可預期性。

❸ 經審查後，如無不准專利事由，應做成核准「審定」；如申請人申復或修正後，未克服審查意見通知所指出之全部不准專利事由，亦即仍有先前已通知之任一項不准專利事由者，得做成核駁審定。

UNIT **4-13**
審定公告

申請案經智慧財產局審查過後，認為沒有不給專利之理由，原則上就應該核准申請案，並將申請書、說明書、必要圖式及審定書等，所有書面文件資料，即時予以特定方式公開，謂之審定公告。接續探究，審定原則為何？公告機制為何？內容及方式又為何？

(一) 審定原則

一來，為避免政府過度干預或延誤業者商機，二來，並非所有發明創作出來的物品，都可獲得專利之保護，故，世界各國都有排除專利保護之相關規定，我國也不例外。專利法明文規定，審定之原則採行負面表列，列表中之事項，應通知申請人限期申復，逾期未申復者，即審定不准予專利；換言之，只要不違反不予專利之事項，其餘一律都行。不予專利之審定事項有：❶不符合發明標的及產業利用性、新穎性、進步性、擬制喪失新穎性等專利要件；❷發明之內容，不應給予專利者；❸違反先申請原則之規定；❹違反單一性原則，即所謂一發明一申請之規定；❺發明專利說明書撰寫格式違反規定。

(二) 公告機制

公告的關鍵，主要是想藉由資訊透明化，達到下列目的：❶避免侵權：專利權為無體財產權，是一種獨立於有形物之所有權，需要以公開周知的方式，讓社會大眾得以瞭解，以避免不知情的第三者，無意間侵犯他人的權利；❷技術研發：透過研究成果的公開，讓有心人士能取得核心技術，再次投入相關領域中，以利從事更高階之研發工作，成就良性循環之效；❸公眾審查：單憑審查法規、審查基準及前案檢索資料，即判

定專利是否核准，確實稍嫌寬鬆，易產生爭端；經多方考量下，欲藉由公告方式，提供大眾監督管道，你我共同把關下之舉發制度，不失為另一補救之好辦法。

(三) 公告內容

除應予以保密者外，經公告的專利案件，任何人得申請閱覽、抄錄、攝影或影印其審定書、說明書、申請專利範圍、摘要、圖式及全部檔案資料。申請書、說明書、必要圖式及審定書之文件說明：❶申請書：向專利專責機關請求授予專利權之書面意思表示；❷說明書：申請文件中，內容最多且最繁瑣的一部分，其作用在於提供發明及其所屬技術領域必要之資訊；❸圖式：以圖形搭配元件符號，將技術內容及技術特徵的部分，簡單地解說清楚；❹審定書：審查程序中的相關資料，一一判讀且釐清後，將最終決議形成的過程，以書面方式具體呈現。

小博士解說

有人將已公開之專利資料加以整理，有無違法之疑慮？

假設，以非營利目的為前提，將專利公報重製並上網提供下載，依專利法第47條之立法意旨，自無違法之虞；舉例來說，某專利商標事務所，或民間法人組織，期望自行建立專利資料庫，為客戶或會員提供服務。

但，利用他人著作是事實，除非是著作權法之合理使用，否則未經授權逕行使用他人說明書等著作，是否有營利為目的，並不能作為免責之依據；為此建議，最好還是先行知會著作權人才是。

審定公告

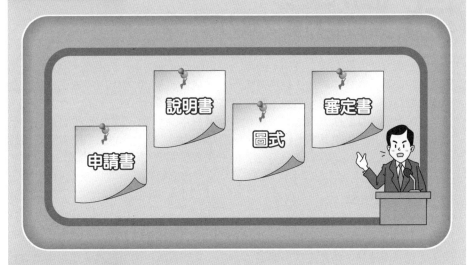

申請書　說明書　圖式　審定書

審定原則

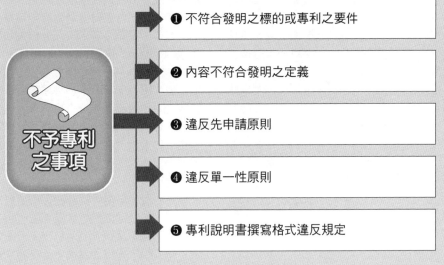

不予專利之事項

❶ 不符合發明之標的或專利之要件

❷ 內容不符合發明之定義

❸ 違反先申請原則

❹ 違反單一性原則

❺ 專利說明書撰寫格式違反規定

知識補充站 ★有人將已公開之專利資料加以整理，有無違法之疑慮？

❶ 非營利目的為前提，將專利公報重製並上網提供下載，依專利法第 47 條之立法意旨，自無違法之虞；但，利用他人著作是事實，除非是著作權法之合理使用，否則未經授權逕行使用他人說明書等著作，是否有營利為目的，並不能作為免責之依據。

❷ 建議，最好還是先行知會著作權人才是。

UNIT 4-14
發明專利權之效力

專利，國家為促進產業之技術，鼓勵發明人將其新技術公開於世，以換取賦予獨占利益作為報酬；換句話說，國家既以保護發明、發展產業為目的，專利權效力之始末，必慎重其事，做一政策性通盤考量。

(一) 效力起始點

專利權的授予，必定會經過審查、核准審查、通知繳費、公告發證書等階段。究竟以何時點，作為生效日期呢？專利法明文規定，申請專利之發明，自公告之日起，給予發明專利權之保護，並發給正式證書乙件。再追，究竟何時准予公告？亦有明文規定，經核准審定者，申請人應於審定書送達後3個月內，繳納證書費及第一年專利年費後，始予公告；屆期未繳費者，不予公告。

以公告日作為專利權生效日，考量原因在於，專利權屬發明之財產，未必有其形體存在，亦屬為無體財產權，若未公開宣示，社會大眾亦無從得知其權利範圍；再者，發明與有形物體不同，權利性質上，易於被他人加以模仿或侵害，故國家必須制定一套嚴謹的登記規則，白紙黑字般地，明確載明專利上的所有細節，以防止有模糊空間的弊端發生。

(二) 存續期間

專利權就性質上為排他性權利；換句話說，僅賦予專利權人特定期間內，享有專利權。專利期間的長短，主要因素取決於產品上市前所需耗費的時間、投入市場後所需回本的期間，以及該技術保護或開放之年限等，自利與公益間的衡量，我國專利法參酌世界各國相關規定後，最終決議，發明專利權期限，自申請日起算20年屆滿。舉例來說，假設竹蜻蜓申請日為2022年1月1日，但待申請通過，取得專利證書時，已是2025年12月30日；截止日如何計算？論發明專利存續期間為20年，故，竹蜻蜓專利有效日至2041年12月31日止。

(三) 使用者付費

欲享有專利權之保護，需盡繳納專利費之義務；簡言之，繳納證書費及第一年年費，是取得專利權之前提要件。審定書送達3個月後，申請人還是沒有繳納相關費用，智慧財產局對該申請案，不予公告，不予公告即等同於無專利權生效日，就是「沒專利權」的意思。

領證後，每年必須在年費繳納日到期前，繳交專利年費，專利權才能繼續維持效力；如果沒繳年費，專利權將自動失效；專利權一旦消失，就無法再自行恢復，包含專利權人本身或任何人，都無法再以相同的技術內容，提出相同專利之申請。

專利研發的辛勞，絕非三言兩語能一語帶之，最後卻因延誤繳費期限，喪失其專利權之保護，實為於心何忍。法理不外乎人情，幾經思慮後，給予特別通融期間；也就是說，假設在繳費期限屆滿，且申請人非因故意，仍得在半年內補繳，但第一年專利年費的規費需加倍收取。

專利權

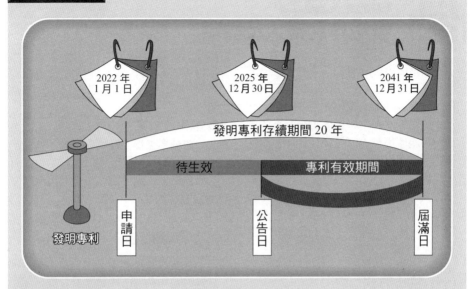

專利權生效三步驟

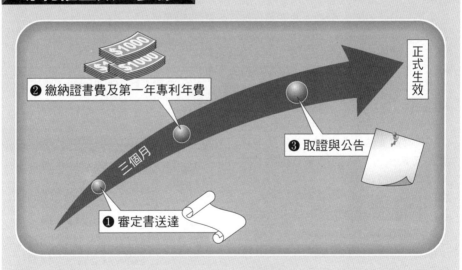

知識
補充站 **★非因故意而未依時繳納**

❶ 國際立法例上，例如專利法條約、歐洲專利公約、專利合作條約、大陸地區專利法，皆有相關申請回復之規定。

❷ 一時疏於繳納，即不准其申請回復，恐有違本法鼓勵研發、創新之用意。

❸ 實務上，常遇到申請人以生病為由，主張非因故意之事由，原則上也予以通融；因為與準時繳費者相比，已繳納較高數額之款項，已有處罰之意味。

UNIT 4-15
發明專利權人及發明

專利權保護標的有物品專利權及方法專利權兩種；權利行使內容也可分為兩種，一是專利權人積極使用該權利，在國家賦予期間內，得藉此實現其經濟利益的專屬使用權；二是消極排除侵害的權利，即在專利法保護範疇內，第三者未經專利權人同意，自行實施的話，得依法規排除或禁止；簡言之，分為積極實施與消極排除兩種。接續，我們嘗試用「排他權」的觀念，來介紹專利的保護。

(一) 禁止方式

排他權的意涵，在專利權人取得專屬權後，得禁止並專有排除他人實施的權利；換句話說，明文規定未經同意行使「製造」、「為販賣之要約」、「販賣」、「使用」、「進口」等行為，不論其單獨或並列存在，皆會構成專利權之侵害。

❶ 製造

①物品專利權：指以機器或手工生產，具有經濟價值之專利物品；②方法專利權：指使用方法來自於申請專利範圍所揭露之技術特徵。

❷ 為販賣之要約

明確表示要約販賣的行為，包括口頭、書面等各種方式；舉例來說，貨物上標定售價並陳列、於網路上廣告，或以電話表示等，都是提出想做生意的方式。物品專利權與方法專利權相同。

❸ 販賣

付出代價轉讓專利品的行為，包括買賣、互易等；不論經銷商或零售商，均得為專利侵害訴訟的當事人。物品專利權與方法專利權相同。

❹ 使用

①物品專利權：指實現專利技術效果的行為，包括對物品單獨使用；②方法專利權：指實現發明之每一步驟的行為。

❺ 進口

①物品專利權：在國內製造、販賣、使用為目的，從國外進口專利物；②方法專利權：從國外進口以專利方法所直接製成的物品。

(二) 解讀範圍

發明專利權範圍，以申請時所附之說明書及圖式為準，解釋時得參酌其他相關書面資料，但不得參考摘要部分。主要考量因素在於，專利權為無體財產權，保護客體不像有形財產般具體可見，因此，必須以法律的方式明確界定範圍；如果保護範圍模稜兩可，任由權利人自行主張，待有糾紛時，再循救濟管道，將費時耗力且影響經濟秩序。

🤓 小博士解說

專利權人依專利法所賦予之權利，自己製造、販賣或同意他人製造、販賣其專利物品後，已從中獲取利益，若再對該專利物品主張行使專利權，將影響物品間之流通與利用。為解決此種私權與公益平衡之問題，乃發展出「權利耗盡原則」（principle of exhaustion）。

權利耗盡，又稱第一次銷售原則（first sale doctrine），專利權人之專利物品第一次流入市場後，已不能再主張其專利保護，如此一來，即可著重權利人和公眾間之利益調和，讓專利權人獲得私益滿足的同時，也能夠讓公眾更自由地來使用該專利物品。

專利權之保護

積極 — 專屬使用權

排除或禁止

消極

排他權

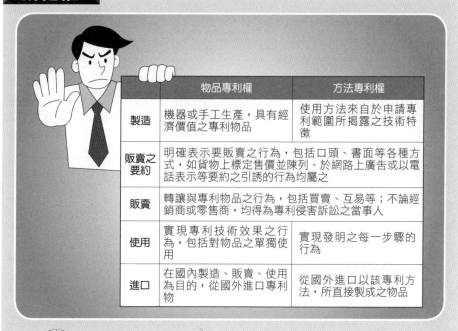

	物品專利權	方法專利權
製造	機器或手工生產，具有經濟價值之專利物品	使用方法來自於申請專利範圍所揭露之技術特徵
販賣之要約	明確表示要販賣之行為，包括口頭、書面等各種方式，如貨物上標定售價並陳列、於網路上廣告或以電話表示等要約之引誘的行為均屬之	
販賣	轉讓與專利物品之行為，包括買賣、互易等；不論經銷商或零售商，均得為專利侵害訴訟之當事人	
使用	實現專利技術效果之行為，包括對物品之單獨使用	實現發明之每一步驟的行為
進口	在國內製造、販賣、使用為目的，從國外進口專利物	從國外進口以該專利方法，所直接製成之物品

★權利耗盡

又稱第一次銷售原則，專利權人之專利物品第一次流入市場後，已不能再主張其專利保護，如此一來，即可著重權利人和公眾間之利益調和，讓專利權人獲得私益滿足的同時，也能夠讓公眾更自由地來使用該專利物品。

UNIT **4-16**
專利權適用之例外

專利權人在享有獨占權與排他性權利後，難保有時不免會轉變策略思維，濫用其專屬權利，企圖阻礙競爭對手進入該領域，背離專利制度的美意。

為平衡各種權益的考量，針對專利權效力做了些許的限制；換句話說，就是第三者可未經專利權人同意下，實施該專利，也不會構成侵權的行為。合理使用事項如下：

(一) 公益行為

從事研究或實驗，通常要在原有技術基礎上進行，若事事項項都須取得專利權人的同意，反而會妨礙研發、不利技術的創新；為此考量，容許因研究或實驗為目的，而實施該發明專利。沒有任何營利行為，不損及專利權人的利益，才會為法律所通融；同理可推，非出於商業目的之未公開行為者，尚不致影響專利權人的商業利益，也可比照辦理。

反觀類推，不論學術上研究，或工業技術上的實驗，若將研究或實驗結果予以商業化，如製造、使用、讓與或轉讓等行為，仍會構成專利權之侵害。

(二) 先使用權

先申請主義下，專利權歸屬於先申請者；然而，取得專利權所有者，不見得一定是先發明或先實施之人。假設狀況一，不積極申請專利，卻急於投入資源準備生產，當下若有人透過申請取得專利，將面臨必須禁止或廢止一切生產設備之窘境；狀況二，陰錯陽差下，取得非申請人之專利權，此種瑕疵專利，將被原專利權人申請舉發撤銷之命運，也是面臨無法實施專利，卻又早已投入資源的情境。面對上述兩種情況，一味

要求當事人放棄，實在有失公允，對社會資源也是種浪費。

因故，限縮專利權人的權利，賦予先使用者在原事業範圍內，得以繼續利用該發明，稱之為先使用權；換句話說，申請前已在國內使用，或已完成必須準備者，在支付合理的權利金後，可保留使用該專利的權限。但，申請前 12 個月內，於專利申請人處得知其製造方法，並經專利申請人聲明保留專利權者，不在此限。

(三) 國際運輸

國際社會往來日益頻繁，為維持國際交通運行順暢，對於進入我國境內所有交通工具，如車輛、船舶、航空器等，與其運作上所需的裝置，都可主張合理使用該技術發明。舉例來說，華航飛機自桃園機場起飛，中途停靠新加坡轉機，目的地在溫哥華；此次航程從台灣直到加拿大結束，就算有侵害他人專利的事情，任何國家都不得以違反專利為理由，對飛機或其裝置進行扣押的動作。

(四) 貨暢其流

專利權人自己或同意他人所製造販賣的物品，第一次流入市面時，專利權人已行使過專利權，從中獲取過專有利益，此時，若再針對該專利物品主張其專利權，勢必會影響專利物品之流通與利用；換句話說，凡受專利保護的物品，或經專利方法所生產之物，只能主張一次專利權限，隨後，不論國內外之轉售行為，或其輾轉流通的過程，該物品的專利權，均已消耗殆盡。

合理使用

研發行為（非營利）　　　營利行為

先使用權

先使用權

❶ 賦予先使用者在原事業範圍內繼續利用

❷ 申請前已在國內使用

❸ 已完成必須之準備者

❹ 支付合理權利金

貨暢其流

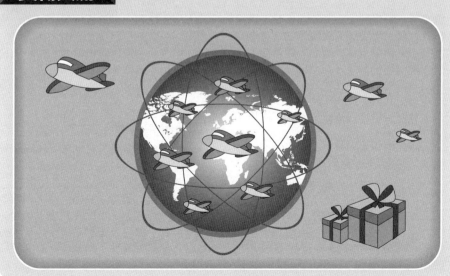

UNIT 4-17
專利權之授予

專利權實施，依權利歸屬可區分，專利權人自行持有實施，或將專利權讓與第三人方式；依權利範圍也可區分，全部授權移轉，或僅部分轉移；不論採行何種方式與策略，皆為達成專利商品化的目標。

(一) 讓與方式

專利權會因買賣、贈與或互易等方式，權利會全部或部分移轉予他人，即原權利人喪失，由受讓人取得專利權人的地位。舉例來說，當雙方當事人達成共識時，已發生權利買賣或賣斷的效力，為避免日後爭議，宜應訂定書面契約，並至智慧財產局辦理移轉登記及換發專利證書；如果沒有登記，就不能對第三人主張，有該專利權移轉的事情存在。

(二) 授權方式

授權乃是最普通也最常見的一種利用方式。專利權人在特定情況下，准許被授權人支付相對價金後，得以在授權範圍內，合法利用或實施該專利權；授權的優點在於，專利權人本身不用負擔太多成本，運用被授權人的經濟資源或經營手法，將專利產品商品化，此一過程彼此互惠，專利權人依舊能維持應有的利潤，何樂而不為，因此，除自製生產外，授權也是個很好的選擇。需特別留意，登記對抗主義，也就是不論專屬或非專屬，甚至運用到再授權方式，都需向智慧財產局辦理登記，否則不得對抗第三人。

專屬授權，專利權人在一定時間與地域內，將實施專利的權利只賦予一人（公司），一旦採行此種方式，專利權人就不得再授權第三人，也不得自行實施該專利權。舉例來說，阿笠博士可依地區劃分，將台灣區的專屬權簽給 A 公司，美國區的專屬權簽給 B 公司；若以時間為區隔，對 A 公司的專屬權簽約 3 年，待期滿時，再考慮是否延續

或換家。

另一授權型態，專利權人可隨時在同一時間或地區內，對同一專利授權第三人及自行實施，稱之為非專屬授權；台灣的產業界，非專屬授權是最為常見的方式，如國內資訊業者與國外專利權人所簽訂之授權合約，幾乎都是屬於非專屬授權。另一問題，可否以再授權方式，讓其他人實施該專利？一般而言，非原來授權契約的當事人，不受契約的拘束；不過，原則上授權契約都會明文禁止轉授權，或是要求須先經過專利權人書面同意才行。

此外，亦有另一種授權型態，稱獨家授權，獨家授權似專屬授權與非專屬授權之中間規定，其如專屬授權般同樣僅能授權予一人，但卻如非專屬授權般，專利權人仍得以自行實施該專利，我國現行實務上不提供可登記為「獨家授權」的選項，例外申請人要求時，可於勾選非專屬授權後加註「獨家授權」。

(三) 設定質權

為使債權得以擔保，將專利權當作標的予以設定，將來債權人就該專利權有優先受償權利；簡言之，專利權人為債務人，為債務而做的抵押動作。同一專利權可設定幾個質權？原則上無限制，專利權人可為擔保數個債權，同時設定數個質權，只要依序登記即可；同理所推，債務消滅時，也可申辦塗銷質權登記。

(四) 信託方式

專利權信託是指，專利權人移轉專利權於受託人，由受託人管理該專利權；專利權信託必須向智慧財產局辦理登記，才能對抗第三人，稱之為專利權信託登記。方式如下，原專利權人或受託人，備具申請書及專利證書、規費，並檢附相關證明文件，向智慧財產局申辦即可。

讓與

買賣　　贈與　　互易

授權

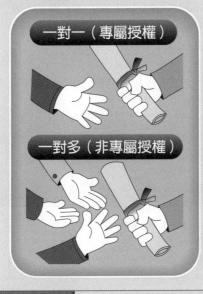

一對一（專屬授權）

一對多（非專屬授權）

質權

抵押

貸款

信託

委託者　　受託者

專利權

智慧財產局

登記好了

UNIT **4-18**
專利權當然消滅之原因

圖解智慧財產權

當然，理應如此；當然消滅，理應如此地消失不見。所謂「專利權當然消滅之原因」是指，一旦有特定之事項發生時，即產生專利權自動消失的效果，不需待任何人主張，亦不需等智慧財產局的通知；譬如原專利權人死亡，後繼無人且無人繳費下，依民法規定，該專利財產歸屬國庫，專利權當然消滅。

(一) 放棄或拋棄

專利權的消滅，取決動機可分為二，一是專利權期限屆滿，專利權者就算想繼續保有，也不得不被迫放棄；另一，則是專利權者主動拋棄。為何專利會被拋棄？其中原因眾多，譬如專利權人認為該專利沒有價值，不需也不想再額外付費，進行專利權之維護；又或者是，該專利技術推陳出新，專利權存續期間尚未屆滿，卻已遭淘汰成為非主流，甚至淪為周邊技術，當然不需再投入資源繼續持有；甚至，個人發明者所申請的專利，雖然很有價值性，但因申請專利所需費用不斐，實在無力負擔。不論其究，專利人欲拋棄該專利權時，應以書面為之，自其書面表示到達專利專責機關之日消滅。

(二) 使用者付費

使用者付費是一個相對公平正義的觀念。繳年費是專利權人之義務，付款持有專利，毋庸置疑；反之，萬一專利不再繳交年費，將視同放棄專利權，該項專利技術瞬間轉變成公共財，社會大眾皆可使用。為維持專利權之有效性，第二年以後的專利年費，應於屆期前繳納；何謂屆期前？舉例來說，取得專利權之公告日為 2023 年 1 月 1 日，第二年專利權為自 2024 年 1 月 1 日起算，

也就是在 2023 年 12 月 31 日以前繳納才行。

倘若因貴人事忙，或有不可歸責於己之事由，逾期未繳，導致心血化為烏有，實為不忍；基於此種非因故意，延誤法定繳費期間，導致發明專利權當然消滅者，得於屆期日後 1 年內，以三倍之專利年費，申請回復專利權。假設，飛哥與小佛本應在 2024 年 1 月 1 日前，繳納下年度之專利年費，卻因要事在身忘記繳費，等到想起之時，已過 6 個月補繳期限（2024 年 6 月 30 日前），專利權因逾期未繳，已於 2024 年 1 月 1 日當然消滅；此時，飛哥與小佛主張非故意，並趕快在 2024 年 12 月 31 日前，向智慧財產局提出申請，同時繳交三倍的專利年費，即可透過公告回復專利權。

😀 小博士解說

繳納專利費用的方式有七種：

❶ 現金。

❷ 票據：限即期票據。

❸ 郵政劃撥。

❹ 約定帳號自動扣繳。

❺ 線上繳納年費：e 網通（https://tiponet.tipo.gov.tw）。

❻ 虛擬帳號繳納年費：通知書上的虛擬繳費帳號。

❼ 行動支付繳納年費：台灣 Pay 行動支付 APP。

專利權當然消滅

逾期未繳補救措施

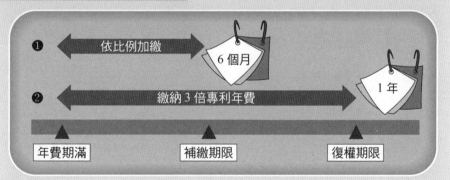

知識補充站

❶ 專利權之消滅，指專利權因法定事由成就，不待任何人主張或專利專責機關處分，即發生權利消滅之效果。專利權消滅效力是向後發生，不影響消滅前之專利權效力。

❷ 專利權之撤銷，指專利權經舉發成立而被撤銷。專利權經撤銷確定者，該專利權之效力，視為自始不存在。

❸ 專利權之回復，指專利權人非因故意，未依期限繳納專利年費，致專利權當然消滅時，得依法申請回復專利權。

第5章 專利法（二）

●●●●●●●●●●●●●●●●●●●●●● 章節體系架構 ▼

UNIT **5-1**
得舉發發明專利權之原因

為避免不當專利擾民之窘境，除主管機關嚴密把守外，還增設專利權「得」舉發之制度。由此可知，舉發制度是一種對已存在之專利權，或暫准的專利權，請求撤銷權利的機制。

何謂「得」舉發？企業想銷售新產品，始自創意發想直至產品上市，需眾人緊盯每個環節，才能確保產品無慮；然而，審查專利眾多要件中，有時可能會因專利審查人員所學知識，或僅就審查當下所能蒐集到的有限資料，加以衡量後便決定，就此推估，就算已通過實體審查而准予的專利，也並非通通毫無爭議。據此，為將紛爭降至最低，倘若未來社會大眾有發現違反專利之要件時，可自行選擇是否要依行政程序來舉發，撤銷此「瑕疵專利」。簡言之，專利舉發就是開放公眾透過申請動作，將已核准的專利權消滅，或將錯發的專利權撤銷，試圖將影響層面降至最低，讓專利核准更能臻於正確無誤。

我國專利撤銷事由，採正面表列方式；也就是說，有列出來的才算數。專利法所列各項得舉發事由中，分成三大類：

(一) 實體審查要件

不符發明、新型及設計定義者、法定不予專利之標的、不具備專利實質要件（產業利用性、新穎性及進步性等）、不符說明書、圖式之記載內容或充分揭露要件、違反先申請主義、補充或修正內容逾越原申請案所揭露之範圍……等，皆屬不予專利之必要，任何人得檢附證據，向智慧財產局提起舉發申請。

(二) 平等互惠原則

基於水幫魚、魚幫水之道理，國外申請人之所屬國，倘若對我國國民專利申請案，不予受理者，其該外國人的專利申請案，就算我國專利專責機關在不經意的情況下，已取得專利權者，也可透過舉發的方式來撤銷。

(三) 非合法專利權人

未具申請權卻提出申請案者，我國專利法規定，智慧財產局可撤銷其專利權，並限期追繳證書，無法追回者，應公告註銷。針對非適格申請權人這個項目，因涉及到專利權歸屬，僅限利害關係人（如發明者、繼承人或受讓人），才能依法申請。

專利權與專利申請權之歸屬問題係存於多種類型的私法關係中，如：僱傭、承攬、繼承關係等，而對於專利申請權或專利權歸屬之爭議，實務上，專利專責機關並不如法院可實質調查事證，於判斷真正權利歸屬上實有難處，明定該類事件應循民事途徑解決爭議，並增訂相關配套規定。

舉例來說，柯南、毛利小五郎及阿笠博士，三人共同擁有「竹蜻蜓飛行器」的專利權，假設日後專利權歸屬有發生任何爭議，除柯南、毛利小五郎及阿笠博士外，因繼承關係而擁有此專利權的家人，或因買賣行為所產生的新專利權所有人，甚至是真正的發明人 —— 多啦A夢，這群人都是專利權歸屬之利害關係人，依法，才有權提起舉發。

舉發專利權

公審制度

瑕疵專利

★法定舉發事由

❶要件

①不符發明定義。

②發明不具產業利用性、不具新穎性、不具進步性。

③發明不具擬制新穎性。

④法定不予專利之項目。

❷申請

①未由專利申請權共有人全體提出申請。

②專利權人所屬國家對我國申請專利不予受理。

③說明書記載未明確且充分揭露技術內容。

④違反先申請原則、禁止重複授予專利權之原則。

⑤發明及新型專利，未依期擇一。

❸審查

①修正，超出申請時文件所揭露的範圍（文件：說明書、申請專利範圍及圖式內容）。

②補正的中文本超出申請時外文本的範圍。

③更正，超出申請時文件所揭露的範圍（文件：說明書、申請專利範圍及圖式內容）。

④分割後申請案超出原申請案的範圍。

UNIT **5-2** 舉發申請之撤回及舉發之限制

當專利發生侵權糾紛時，雙方當事人處理專利議題，常用之技倆或方法，即是舉發制度，想藉由舉發申請程序，請求撤銷專利權，規避司法審判；又或者是，單純為節省權利金支出，利用撤銷專利為手段，以達降低成本之效。故，本質是私有財產權的專利，因實務上某些原因，導致常常會面臨到被舉發撤銷之命運；但是，當目的已達成，撤銷程序未尚走完時，往往有極高的可能性，被中途喊停。舉發制度的好壞，完全取決於使用者的心態，為避免太過於浮濫利用，接下來，我們針對撤回與限制相關規定，做簡要介紹。

(一) 何謂撤回？

舉發人「得」於審定前，依自由意志自行決定是否隨時撤回舉發案之申請；由於舉發案已進入專利權人答辯程序時，為尊重並保障專利權人權益，撤回時應先經過專利權人同意才是。同時，為避免撤回處理程序有所延宕，智慧財產局會主動將撤回事實通知專利權人，通知送達後 10 日內，未表示反對者，視為同意撤回。

(二) 舉發之限制

符合下述規定，不可「再」提舉發之申請：

❶ 一事不再理

舉發案經審查後不予成立，任何人不得就同一事實及同一證據，再行舉發，即一事不再之效力。有主要目的，在於避免舉發人、利害關係人或其他第三人，不斷利用舉發制度，企圖妨害專利權人行使其權利，此舉將令人所垢病之專利舉發案件，獲得適度解決之道。

何謂「同一證據」？指附上的證據實質內容相同。舉例來說，前舉發案附上的是早期專利公報（暫稱舊證據），後舉發案附上的是核准公告公報（暫稱新證據）；雖然形式上不一樣，但兩者所揭露的實質內容相同，就認定是屬同一證據。

❷ 無理由者

智慧財產法院於審理案件時，得先命專利專責機關（即智慧財產局），就當事人在行政訴訟言詞辯論終結前，所提出之新證據，據以認定及表明該證據是否有用，倘若經審理判定為 —— 無理由者，則不可再提舉發之申請。換言之，倘若當事人有意延滯整體訴訟進程，在舉發或訴願過程中，均未提出新證據，就在官司快終結之前才補提，則該證據需先經智慧財產局判斷，無法構成確切之理由，或無從證明之裁判者，依規定可拒絕再提舉發之申請；主要目的在防止有心人士操弄法規、暫緩審判的流程，企圖拖延訴訟程序。

😊 小博士解說

實體法以規定主體之權利義務關係，或職權和職責關係等為主要內容的法律，如民法、刑法、行政法等；程序法則是以保證主體之權利義務，或職權和職責關係得以實現，所需程序或手續為主要內容的法律，如民事訴訟法、刑事訴訟法、行政訴訟法等。

總觀專利法整部法條中，不難發現，它既擁有實體又兼顧程序，屬於兩者併存的一部法律；舉例來說，針對程序性的缺失，我們所使用之專有名詞為撤回；駁回是指針對實體方面的不足。由此可知，舉發申請之撤回及舉發之限制，所談論之主軸圍繞著 —— 申請程序中所發生之現象。

舉發申請撤回

要撤回

智慧財產局人員

撤回注意事項	❶ 舉發人得於審定前撤回舉發申請。
	❷ 若已進行答辯，應先經專利權人同意。
	❸ 通知送達十日後，專利權人未反對，視為同意撤回。
	❹ 任何人不得以同一事實及同一證據，再提舉發。
	❺ 新證據經審理認為無理由者，不可再提舉發。

★撤回舉發相關規定

■ 舉發案經專利權人答辯後，舉發人才主張撤回者，為保障專利權人程序利益，應經專利權人同意；但因未損及專利權人之利益，為利於程序之進行，原則上無須通知專利權人表示意見，但應於審定書中敘明前述事實。

■ 舉發人減縮舉發聲明
　❶ 專利權人尚未就原舉發聲明提出答辯，為避免當事人不必要之攻防，須通知專利權人減縮舉發聲明之事實。
　❷ 舉發人減縮舉發聲明至未請求撤銷任何請求項，視為撤回舉發申請，應經專利權人同意。

■ 撤回舉發後，同一舉發人得否再提舉發，由於任何人均可提起舉發，仍可由第三人再行提起，因此未限制原撤回舉發之人不得再提出舉發。

■ 明定專利權人於收受撤回通知後，一定期間內不為反對之表示時，視為同意撤回。

★一事不再理適用

　任何人曾就同一專利權提起舉發，經審定舉發不成立者，就同一事實同一證據有一事不再理之效果，不得再為舉發。
❶ 同一專利權係指同一請求項之專利權而言。
❷ 同一證據指證據實質內容相同，而不論其形式是否相同。
❸ 同一事實指待證事實之實質內容相同，如主張違反新穎性、進步性等。
　舉例來說：前舉發案以證據 A 主張該專利不具新穎性，經審定舉發不成立後，於是在行政訴訟階段，另提出新證據 B，經智慧財產及商業法院審理，判決該新證據 B 仍不足以撤銷該專利權。
　此後，凡針對該專利權之後舉發案，想要以證據 B、C 分別主張不具新穎性時，證據 B 就會以一事不再理之適用，不可以再當成舉發該專利案之證據了。

UNIT **5-3**
發明專利權撤銷之確定

圖解智慧財產權

專利權乃是發明人花費一定努力程度，嘔心瀝血所創造出來的成果，必須經智慧財產局漫長審查，費盡心力才可獲得；有時，往往因為一個閃失，好不容易申請得來的專利權，卻面臨被撤銷的命運，譬如專利要件認定上有所差異、專利範圍申請有所誤判，甚至小至申請書內容填寫有所錯誤等。為充分保障專利權人之權利，面臨專利權遭撤銷時，可主張的權利有：

(一) 部分請求項

專利申請人得就部分請求項提出申請；舉發人得就部分請求項提起舉發；審查專利時，得就部分請求項進行審查；撤銷專利時，得就該舉發成立確定的請求項撤銷。以竹蜻蜓為例，它的螺旋槳、引擎、操控面板，甚至頭頂黏著劑等，每一項新發明都可個別提出專利申請；被舉發時，可將每一專利視為單獨的舉發案件，或將竹蜻蜓總體結構視為申請舉發個案；審查過程及審定結果，依舉發內容而決定。換句話說，未被分別撤銷或分別被宣告無效之專利，仍認定擁有專利權的保護。

(二) 權利救濟

行政救濟就是指人民針對行政機關，所做的行政處分，進行抗辯或反對之表示。換句話說，智慧財產局就專利案件所做成的行政處分，如舉發案一旦成立，隨即面臨撤銷專利的命運，為捍衛自身權利，得依法提起三步驟；想當然爾，未依法提起行政救濟者，就認定是自動放棄權益，撤銷確定；若已提出申請，仍維持原處分者，該撤銷行為仍屬確定。

訴訟：對於舉發案審議決定所認定之專利權有爭執者，我國係採以兩造當事人為原告及被告之訴訟結構，爭議案當事人或參加人對專利專責機關審議決定之專利權爭執者，不再循訴願程序，而應以他方當事人為被告，逕向智慧財產及商業法院提起專利爭議訴訟。

同時，因專利爭議訴訟事件具高度技術專業及法律專業，無律師或專利師資格者難以勝任，為配合 2023 年 2 月 15 日修正之智慧財產案件審理法，使專利爭議訴訟事件得以有效且快速進行，該類事件採律師或專利師強制代理；爭議訴訟或複確訴訟之上訴審事件，採強制律師代理。但若當事人、參加人或其法定代理人具有律師、專利師資格或依法得為專利代理人，其即無委任之必要。

(三) 審定結果

一連串繁瑣且謹慎之審查，待結果確定後，若舉發不成立，則表示智慧財產局再次肯定該項專利存在的價值。反之，舉發成立，依專利權行使年限，分為：❶撤銷專利，其效力視為自始不存在；❷原核准延長之專利權期間，視為自始不存在；❸原核准延長其超過之期間，視為未延長。

同時，智慧財產局應限期追繳回專利證書，為防止有心專利權人利用此證書，趁機謀利矇騙他人；只不過，當專利權已被撤銷，要求專利權人繳回其專利證書，實際上頗為困難，故變通之道，無法追回者，改以公告註銷方式。

面臨撤銷時，可主張

部分請求項

部分請求項

➡ ❶ 專利申請人得就部分請求項提出申請

➡ ❷ 舉發人得就部分請求項提起舉發

➡ ❸ 審查專利時，得就該部分請求項進行審查

➡ ❹ 撤銷專利時，就該舉發成立確定之請求項撤銷其專利權

行政訴訟

不服爭議案審議之決定，應以他方當事人為被告，逕向智慧財產及商業法院提起專利爭議訴訟。

效力判定

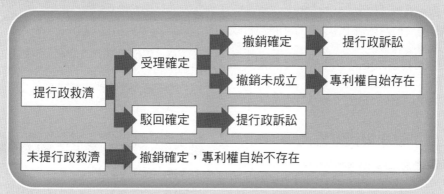

提行政救濟 ➡ 受理確定 → 撤銷確定 → 提行政訴訟

撤銷未成立 → 專利權自始存在

駁回確定 → 提行政訴訟

未提行政救濟 ➡ 撤銷確定，專利權自始不存在

知識補充站 ★專利舉發制度之修正方向

　　以往制度救濟程序冗長，經歷舉發程序、訴願程序、智慧財產及商業法院一審及最高行政法院二審等四個審級，相較美、日等國專利無效程序僅需經歷三個審級，因此，我國透過修法增列相關規定：❶ 專利舉發案件簡併訴願程序；❷ 後續訴訟程序改採兩造對審制，以解決現行專利舉發及其救濟制度所產生的問題並希冀能與國際接軌。

UNIT **5-4**
強制授權之原因

圖解智慧財產權

專利權是指發明者將該發明，向智慧財產局申請，經審查核准後所取得的權利；既是「權利」，是否授權他人實施，本應屬專利權人的自由，不應加以限制。然而，專利制度的本質以公益為目的，促進產業發展與科技進步為目標；故專利法明文規定下，為因應國家緊急危難或其他重大事故，智慧財產局得依政府公權力或依申請授權方式，強制專利權人允許他人實施其專利權，以達社會公益與個人私益間的平衡，即謂強制授權。

(一) 依政府公權力

國家遭遇緊急危難之際，最需要的是什麼？無疑是全民團結一致，同舟共濟、共赴國難之憂患意識。憲法規定，總統為避免國家或人民遭遇緊急危難，或應付財政經濟上重大變故，得經行政院會議決議發布緊急命令；當下，基於國家利益為優先，得不經專利權人同意，強制將該項專利授予第三人實施，如遭遇戰爭、天然災害等。

(二) 依申請授權方式

❶ 增進公益之非營利實施

基於公共利益目的，且非以營利使用者，如公共衛生、國民健康等，當有必要實施該專利時，可透過此管道申請。公益的界定，不單單只考慮到「量」的問題，除了對不特定多數人本身之利益外，透過民主程序決定的少數人利益，也可歸類於公益，舉例來說，為增進視障者的健康為由，就可向智慧財產局申請該專利的強制授權。

❷ 再發明專利得申請強制授權

在既有技術上進行研發，本是產業升級必經的過程，倘若實施「再發明」專利時，原專利權人不論緣由、不管任何條件，均予以拒絕授權，難免似乎有濫用權利之虞，企圖阻礙產業發展之嫌。因此，凡再發明之專利具有重要技術改良者，可依規定向智慧財產局申請，將原專利之技術予以強制授權。

需特別留意的是，申請人曾以合理的商業條件，在相當期間內，仍不能協議授權者為限；再者，依規定申請強制授權者，專利權人得提出合理條件，請求申請人就其專利權強制授權之，稱之為強制交互授權，也就是彼此間都有機會能擁有對方的專利權。

❸ 強制授權作為救濟反競爭

專利權人有限制競爭或不公平競爭之情事，經法院判決或公平交易委員會處分確定者，可不經專利權人的同意而實施該專利；主要原因在於，當專利權影響市場公平競爭機制，甚至成為產業發展之阻力時，已違背當初設立專利制度之美意。舉例來說，為促進半導體產業或科技的發展，政府可利用強制授權方式，強制廠商授權半導體之專利技術。

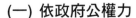

小博士解說

「再」發明之專利以「原」發明專利為基礎，其技術必定較先前更具顯著之進步性，也就是說，新技術更高階、新發明再進化的意思；向智慧財產局申請強制授權後，再發明勢必對原發明專利構成侵害，占據原發明專利之產品市場。此時，建議可由互惠授權或交互授權方式，從原發明之專利權人取得授權的同時，也將專利權授予原發明人去實施，新舊專利間可兩全其美，共創互利雙贏的局面。

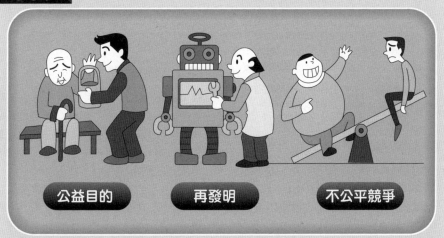

知識補充站 ★再發明專利得申請強制授權

■依據與貿易有關之智慧財產權協定（TRIPS）第31條第(l)款規定，申請在後之專利權得請求強制授權在前之專利權者，須符合三要件：❶在後之專利於實施時將不可避免侵害在其之前申請之專利權；❷在後之專利較在其前申請之專利具相當經濟意義之重要技術改良；❸在前之專利人不同意授權予在後之專利權人。

■與貿易有關之智慧財產權協定（TRIPS）第31條第(k)款規定，以強制授權作為救濟反競爭之情況，僅須經司法或行政程序認定具反競爭性即為已足，並無須該程序確定之規定；且依我國法制，若須待法院判決確定或公平交易委員會（以下簡稱公平會）處分確定，可能須耗費相當時日，屆時恐已無需以強制授權救濟之必要。但對於經司法或行政程序認定具反競爭性之行為，依據第2項本文之規定，仍須經認定有強制授權之必要時，始得准其強制授權之申請。

UNIT 5-5
醫藥品的強制授權

醫藥科技已十分發達的今日，對於大部分的傳染病，如瘧疾、痢疾、結核病、麻疹……等，皆能有效地進行藥物治療；然而，在你所不知道的世界中，這些早就應該絕跡的病，卻仍折磨著中低度開發國家的人民，因經濟上買不起或欠缺製藥能力，仍飽受煎熬著健康的威脅與疾病的痛苦。

生命權，普世價值，不可因人種而有所差異。持疑的是，專利制度給予專利藥品所帶來的排他性壟斷，使得藥價居高不下，卻是毫無疑問的事實；站在人道援助的立場，我國以世界公民的積極態度，明文規定，智慧財產局得依申請審核程序，強制授予申請人實施其專利權，以實質供應國家所需之醫藥用品，挽救寶貴之人命。

(一) 協議優先

製藥產業的特點是時間長、經費多、高風險，全仰賴專利制度確保投資能夠回收，才有業者願意投入營運和研製新藥，為健康達循序漸進之良效；避免顧此失彼，在遵循制度的大原則下，規定申請人必須先自行與專利權人協商「意定授權」，倘若在相當期限內，以合理的條件仍不能謀合者，才可向智慧財產局提出專案申請。特別留意，假設所需醫藥品已在進口國內核准強制授權者，將不在此限。

(二) 證明文件

進口國為世界貿易組織會員，需準備的文件有：❶已通知與貿易有關之智慧財產權理事會，該國所需醫藥品的名稱及數量；❷已通知與貿易有關之智慧財產權理事會，該國無製藥能力或製藥能力不足，且有作為進口國之意願。但是，為聯合國所發布低度開發國家，申請人毋庸檢附證明文件；❸所需醫藥品在該國無專利權，或有專利權但已核准強制授權，或即將核准強制授權的文件證明。

進口國為「非」世界貿易組織會員，所準備的文件較為簡易，只需以書面方式向中華民國外交機關，提出所需醫藥品名稱及數量，且同意防止所需醫藥品轉出口，不得轉做其他商業之用途即可。

(三) 相關規定

❶ **數量**：應先行向與貿易有關之智慧財產權理事會，或中華民國外交機關通報所需的數量；再者，醫藥品應全部輸往進口國，不得轉往第三國家，且授權製造的數量不得超過通報數量。

❷ **標示**：強制授權製造的醫藥品，其外包裝應依專利專責機關指定之；再者，包裝、顏色或形狀，應與專利權人或其被授權人所製造之醫藥品，明顯讓人足以辨別區分。

❸ **補償**：強制授權的被授權人應支付適當之補償金；補償金的數額，由專利專責機關參考專利醫藥品於進口國的經濟價值，與聯合國所發布的人力發展指標核定。

❹ **公告**：被授權人於該醫藥品出口前，應於網站公開該醫藥品的數量、名稱、目的地及可資區別之特徵；且出口之醫藥品，可不受查驗登記作業的準則流程所限制。如藥物委託製造及檢驗作業準則、藥品優良臨床試驗準則、藥品生體可用率及生體相等性試驗準則等。

醫藥品的強制授權

相關規定

數量	❶ 向貿易有關智慧財產權理事會或中華民國外交機關通報 ❷ 全部輸往進口國，不得轉往第三國家 ❸ 授權製造數量不得超過通報數量
標示	❶ 外包裝應依專利專責機關指定 ❷ 包裝、顏色或形狀，明顯讓人足以辨別
補償	❶ 被授權人應支付適當補償金 ❷ 補償金數額，參考專利醫藥品進口經濟價值
公告	❶ 網站公開醫藥品數量、名稱、目的地及區別特徵 ❷ 出口不受查驗登記作業準則流程所限制

UNIT 5-6
強制授權之廢止

強制授權就是一種準徵收，是對人民財產權的徵用，當強制授權原因已不存在時，應該馬上停止徵用人民財產，以符合法律上的「比例原則」；也就是說，原先基於公共利益，或防止私人濫權所制定之規則，一旦前揭因素已不復存在，或強制被授權人違反最初的目的，自無繼續之必要時，應容許專利權人申請廢止，或由智慧財產局依職權通知廢止。

(一) 情事變遷

強制授權是專利權人排他權之限縮，不宜永無終止；倘若當初申請授權的原因已消逝不見，或緊急狀況已遭解除，理應專利專責機關依其通知，或供當事人申請終止特許之權利，捍衛專屬於他的專利權。以克流感為例，當疫情突然爆發，全民陷入莫名恐慌之中，人心惶惶人人自危，隨時有爆發大規模傳染的可能性；我國政府迫在眉睫，衛生署（當時機關）一方面與羅氏藥廠談論意定授權，另一方面著手申請強制授權，希冀雙管齊下能因應緊急狀況。隨之，對疫情日漸瞭若指掌，病情逐步得到控制，情事已逢變遷，羅氏藥廠亦能充分滿足我國所需，緊急情況已不復存在，便無強制授權之必要，理應廢止。

(二) 一諾千金

欲申請特許實施發明專利權者，本應備具詳細之實施計畫書，於書面申請時以冠冕堂皇之理由或原因，試圖說服專利專責機關及專利權人准予同意；順理成章，取得特許實施專利權後，應依當初承諾逐步實施該專利權。換句話說，

當被授權人未依授權之內容適當實施時，因未遵守相關約定，智慧財產局得依申請廢止強制授權，理所當然且通情達理。

(三) 補償義務

捨得捨得，有捨才有得。研發專利、申請專利，到後續的維持專利，每每都是筆可觀的支出；待投入大量資源，確立擁有專利權後，便是專利權人收成之時。倘若因強制授權，賦予公益目的或愛國情操等因素，要求專利權人在期限屆滿前，不得不被迫減少銷售收入，或減損預期之利益，對於並無主觀過錯之專利權人來說，實為冤屈；為此，特許實施專利權人應負起給付補償金之義務，通過經濟補償金的給付，讓專利權人也能獲得實質上的慰藉。換句話說，被授權人未依規定支付適當補償金時，應廢止強制之授權。然而，合理的補償金，如何計算？於當事人雙方對金額彼此爭論不決時，應由專利專責機關核定之。

小博士解說

為調整專利技術造成之獨占，或公共利益之維護等，強制授權在反托拉斯架構下，為一種矯正之措施，亦即強制授權在立意上，是歸屬導正專利權之濫用，規範專利權人之義務的制度。目前 TRIPS 相關之強制授權規定，大致可略分為下列幾大原則：❶個案考量原則；❷先請求原則；❸不具專屬性與不可轉讓性；❹國內實施原則；❺司法審查；❻反競爭救濟。

強制授權廢止

緊急狀況解除　　　取消授權　　　未支付補償金

TRIPS 相關規定

TRIPS
相關規定

個案考量原則

先請求原則

不具專屬性與不可轉讓性

國內實施原則

司法審查

反競爭救濟

　　專利專責機關是依據中央目的事業主管機關之通知而為強制授權，又考量強制授權為公權力對專利權實施之限制，故如需用專利權之中央目的事業主管機關，因情事變更認已無強制授權之必要時，專利專責機關應依通知廢止該強制授權之處分，以解除強制授權對該專利權實施之限制。

■強制授權之法律性質，乃藉由強制授權之處分，強制雙方締結授權契約，因此，在做成強制授權之處分後，即擬制雙方成立授權合約之狀態。

■強制授權後有無廢止該授權的必要，自應交由專利權人本於維護自身權益而加以主張。

UNIT 5-7
侵害發明專利權之救濟方法與計算

權利救濟，當自己的合法權利受到他人侵害時，法律上所賦予的補償方式；專利權既歸屬於權利，想當然爾，遭受侵害時，專利權人得請求相關的損害賠償。依專利法明定的民事救濟方式有數種，可自行選擇或搭配合併使用。

(一) 禁止侵害

發明專利權人對於已發生的侵害行為，得請求排除；有侵害之虞者，為防範於未然，也可以請求制止；同時，針對侵害專利權的物品、原料或器具等，可請求直接銷毀、聲請假扣押，或做其他必要的處置。應注意事項有三：

❶ 發明人之姓名表示權受到侵害時，得請求表示發明人姓名，或其他回復名譽之必要處分；例如在報章雜誌上，刊登聲明或道歉啟示。

❷ 法諺有云：「法律不保護讓自己權利睡覺的人」。倘若專利權人發現侵權行為，卻未積極主張自己的權利，如侵害行為已超過 10 年，或發現該行為及賠償義務人起 2 年內，導致請求權時效消滅，侵權人得以「罹於時效」作為抗辯。

❸ 專屬被授權人在被授權範圍內，可比照專利權人般，請求行使禁止侵害之行為；但契約有另行約定者，從其約定。

(二) 損害賠償

民法有關損害賠償的規定，以回復原狀為主，金錢賠償為輔；然而，考量專利權的特殊性，實往往無法回復其原狀，故改採金錢賠償為原則。發明專利權人對於因故意或過失侵害其專利權者，請求財產上的損害賠償，得就下列各款擇一計算：❶ 依民法第 216 條規定。但不能提供證據方法以證明其損害時，發明專利權人得就其實施專利權通常所可獲得之利益，減除受害後實施同一專利權所得之利益，以其差額為所受損害；❷ 依侵害人因侵害行為所得之利益；❸ 以相當於授權實施該發明專利所得收取之合理權利金數額來作為計算損害的基礎。

如果是故意的侵害行為，法院得因被害人之請求，依侵害情節，酌定損害額以上的賠償；但是，不得超過已證明損害額之三倍。

🙂 小博士解說

❶ 差額說：不能提供證據方法以證明其損害時，發明專利權人得就其實施專利權後，一般而言可獲得之利益，減除受害後實施同一專利權所獲得，以兩者間之差額認定為所受之損害。舉例來說，原本實施該專利，照理可獲得之利益新臺幣 500 萬元，現因專利權遭受侵害，導致獲利金額僅剩新臺幣 300 萬元，故請求賠償額度為新臺幣 200 萬元；❷ 總額說：侵害人不能就其成本，或必要費用舉證時，以銷售該項物品全部收入，扣除必要成本或費用，即推定為所得之利益。舉例來說，侵害人製造仿冒品銷售，販賣總額為新臺幣 500 萬元，扣除必要的生產及行銷成本為新臺幣 300 萬元，剩餘收入新臺幣 200 萬元，即為請求賠償的額度；❸ 授權說：相當於授權實施該發明專利所得，所收取之權利金數額，為所受之損害；換言之，專利權人因他人的侵權行為，導致喪失權利金的收入，可認定為財產上的損失，認列為損害賠償的金額，轉向侵害人索賠；❹ 專利權人之業務信譽，因侵害而致減損時，得另請求賠償之；侵害行為如屬故意，法院得依侵害情節輕重，酌定損害額以上之賠償，不得超過損害額之三倍。

侵害救濟

損害賠償

為強化對專利權人之保護，2014 年 1 月 3 日專利法增訂第 97-1 條至第 97-4 條「邊境保護措施」規定，俗稱「申請查扣」條文；查扣重點如下：

❶ 查扣程序

申請人須向海關以書面釋明侵害的事實，並提供擔保金；海關受理查扣後，應通知雙方當事人，在不損及查扣物機密資料保護下，雙方得檢視其查扣物。

❷ 廢止查扣

申請查扣後，申請人如未於 12 日內提起侵權訴訟、訴訟經駁回確定未侵權、申請人主動撤回查扣或被查扣人提供反擔保時，海關應廢止查扣，該廢止查扣原因，如屬可歸責於申請人的事由時，申請人應負擔因查扣所產生的倉租、裝卸等費用。

❸ 損害賠償

申請人申請查扣，如未來經法院確定判決沒有侵權時，對於被查扣人因查扣所產生之損害負賠償責任，另外，對於擔保金或反擔保金，如雙方和解或他方同意時，得向海關申請返還。

UNIT **5-8**
專利方法製造之推定

舉證之所在，勝敗之所在。訴訟過程中，負有舉證責任的一方，常因證據不足，而遭受敗訴的命運；原則上，民事案件歸屬於私領域之權利救濟，原告欲透過司法程序討回公道，理應由原告負起舉證之責。舉例來說，物品專利侵權之舉證，專利權人（原告）需負證明：❶擁有該專利；❷侵權人（被告）有故意或過失之侵害；❸專利權人因此受到損害；❹侵害行為與損害間有相當因果關係，此為侵權賠償發生之要件。

然而，侵害專利之型態，不單單只有物品的專利；方法專利的舉證，如何認定？實為複雜，下列說明之：

(一) 推定證明

專利侵權適用民事訴訟法；一般流程，專利方式遭受侵害時，需由專利權人主張有利於己之事實，譬如要先證明自己擁有該專利方法，其次再證明侵權人也是利用相同的製造方法，才得以控訴對方。訴訟程序大方向沒錯，但考量方法專利用於生產過程中，倘若要求專利權人負起舉證之責，也就是要求專利權人要想辦法進入現場蒐證調查，實在是強人所難，尤其是化學品或醫藥品的製程，更是業者視為高度機密，非常難取得相關佐證資料。

為更有效保護方法專利，製造方法專利所製成之物，在該製造方法申請專利前，為國內外未見者，他人製造相同之物，推定為以該專利方法所製造；簡言之，我國推定要件即「國內外未見」、「與他人製造相同之物」。舉例來說，當被告的東西，國內外從沒見過，且與專利權人的方法專利，所製成的產品相同時，就推定被告的物品為該方法專利所製造的；此時，被告就應負起舉證之

責，證明物品的製造流程並非利用該方法專利，未侵犯原告者的方法專利權。

(二) 反證推翻

為避免有心人士藉由訴訟，窺知他人方法專利，明文訂定舉證責任之轉換，實可理解；反之，為顧及另一方當事人（如被告）之合法權益，亦訂有「前項推定得提出反證推翻」之規定。也就是說，既然「推定」為該方法專利所製造，同理可證，只要侵權者（被告）有辦法能證實，其製造該相同物之方法，與專利權人之方法專利不相同者，視為反證。簡言之，被告證明製程與方法專利不同，未有侵權的事情發生，侵權行為自應不予成立。

(三) 保密原則

針對被告舉證所揭示製造及營業秘密合法權益，因考量專利訴訟上之特殊性，往往有特別的規定，如方法專利，因已申請專利權註冊，並登載於專利公報上，廣為公眾所知的訊息，訴訟過程中，實無保密之必要；反觀，鑑於被告因證據責任轉換，導致需在訴訟上負舉證責任時，被告所闡述之製程及營業秘密，基於保護合法權益，都應予充分保障。

🙂 小博士解說

舉證責任制度，是指當事人對主張，有蒐集或提供證據之義務。以民事訴訟法為例，主張權利存在之人，應就權利發生之法律要件，或存在之事實為舉證；否認權利存在之人，應就權利妨害法律要件、權利消滅法律要件，或權利受制法律要件，負舉證之責。

推定證明

為保護方法專利，凡國內外未見、與他人製造相同之物，即推定以該專利方法所製造；此時，被告應負舉證之責，證明未侵權。

反證推翻

設施栽培

露地栽培

被告證實方法不同，侵權行為自應不成立

■舉證責任制度

主張權利存在之人，應就權利發生之法律要件，存在之事實為舉證；否認權利存在之人，應就權利妨害法律要件、權利消滅法律要件，或權利受制法律要件，負舉證之責。

■物品專利侵權之舉證

❶專利權人（原告）需負證明，擁有該專利。

❷侵權人（被告）有故意或過失之侵害。

❸專利權人因故受到損害。

❹侵害行為與損害間，有因果關係。

UNIT **5-9** 發明專利之訴訟

舉凡先進法治國家，莫不致力完備智慧財產權保護措施，與相關案件之訴訟制度。有別於一般民刑事案件，為加速解決訴訟紛爭，累積審理智財案件，以求法官專業化與國際見解同步；我國自2008 年 7 月 1 日，成立智慧財產法院（現改組智慧財產及商業法院），同時明文規定，司法院得指定具公信力機構協助鑑定，精準無誤地解決專利案件。

(一) 適格當事人

當侵害已發生或有疑慮時，攸關個人權益，得提起民事訴訟之救濟方式。本國人具備當事人資格，毋庸置疑；如果是外國人呢，是否會有當事人適格的疑慮？自我國加入世界貿易組織後，會員國間互有國民待遇原則，因此，我國有義務提供會員國的國民，在我國有提出訴訟的權利。

非世界貿易組織會員之國家，未依互惠原則提供我國專利申請者，原則上我國得拒絕其受理申請專利，所以不會產生後續的問題；然而，假設實務上已取得專利權者，是否擁有訴訟的權益？只給權利不給救濟方式，恐怕成為專利保護制度上最大的缺失，為符合專利法基本精神，未經認許外國法人或團體，得擁有訴訟法上之適格當事人；簡言之，已有專利權者在具體訴訟上，理當具有資格。

(二) 優先審查

專利舉發案涉及侵權訴訟案件之審理時，智慧財產局得優先審查；主要考量因素在於，舉發案審查結果，往往關聯到能否繼續持有專利權，會不會面臨被撤銷的命運？假使，法院未參酌審查結果即進行裁決，最終卻與智慧財產局認定不一致，將會造成更複雜的法律關

係，也會質疑政府的公信力，為保障專利權人合法權益，有必要讓「進行中」的審定結果早日明確；因此，涉及侵權訴訟的舉發案件，得檢附相關證明文件，申請優先審查。

(三) 判決書送達

當法院作出判決時，應將判決書正本一份送至智慧財產局，並將判決書附入相關案卷中，以供未來查詢之用；一來，可瞭解法院解讀法條的實務做法，二來，司法為最後一道防線，按裁判的一致性與可預期性，類似個案予法院判決結果應大同小異，冀以贏得人民最終之信任。

小博士解說

鑑定機構應遵守之原則：
❶ **迴避原則**：鑑定結果影響當事人權益至鉅，為免利益衝突或引發當事人對於鑑定結果之質疑，有利害關係時，宜予迴避。
❷ **鑑定人員**：嫻熟該專業領域且曾接受專利侵害鑑定訓練之專業人員擔任；又因鑑定報告為一法律文件，故宜由法務人員協助完成鑑定工作。
❸ **流程時效**：鑑定結果攸關產業市場競爭力，為維持一定時效性，鑑定機構宜訂定標準作業流程及完成時限，以配合法院辦案需求。
❹ **保密措施**：鑑定機構僅扮演協助法院瞭解事實、調查證據之角色，對於當事人及其所提供之資料、過程與結果，均應保密。
❺ **鑑定報告**：報告內容應清楚、明確，避免模稜兩可或艱澀難解之結論與說明；對於因資料不足而無從判斷者，如禁反言原則之適用，應予闡明，以達到鑑定之真正目的。

訴訟

	智慧財產及商業法院　　　　　　　　　　專業鑑定機構

適格當事人	❶ 本國人 ❷ WTO 會員國 ❸ 互惠原則給予專利權者 ❹ 已取得專利權外國人
優先審查	❶ 舉發案涉及侵權訴訟案時，智慧財產局得優先審查 ❷ 預防法院裁決與智慧財產局審定不一致
判決書送達	除雙方當事人，亦應將判決書正本一份送至智慧財產局

鑑定機構應遵守原則

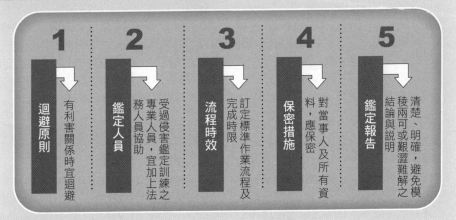

1 迴避原則 — 有利害關係時宜迴避

2 鑑定人員 — 受過侵害鑑定訓練之專業人員，宜加上法務人員協助

3 流程時效 — 訂定標準作業流程及完成時限

4 保密措施 — 對當事人及所有資料，應保密

5 鑑定報告 — 清楚、明確，避免模稜兩可或艱澀難解之結論與說明

★舉發案與專利侵權訴訟之關係

❶ 為使訴訟案件能有效進行、避免延宕，舉發案涉及侵權訴訟案件之審理者，得優先審查。

❷ 民事訴訟中，法院為判斷當事人關於智慧財產權有應撤銷原因之主張或抗辯，必要時，得以裁定命專利專責機關參加訴訟。

❸ 已提起舉發且有審定結果，當事人可依審定書內容表示意見；若該舉發案已達可審理之狀態，但尚未審定發文，則僅就審查進度向法院說明，並得允諾在沒有後續補充理由或答辯之前提下，盡速審結。

UNIT **5-10**
新型專利如何申請

圖解智慧財產權

新型專利申請案之審查，採行「形式」審查制度，根據說明資料即判斷是否滿足專利要件；也就是說，以說明書、申請專利範圍、摘要及圖式判斷是否符合形式要件，不進行須耗費大量時間的前案檢索及要件實體審查。換言之，申請案書面資料之良窳，左右整個專利案之審查結果。為避免南柯一夢，需特別留意的細節有：

(一) 申請日認定

當申請人備齊所有文件，向智慧財產局提出專利申請，實際收到或送達時，發生一定法律效果之日期，稱為申請日；以掛號郵寄方式提出者，交付郵遞當日之郵戳所載日期為準。如果必要之文件有所欠缺，則以文件補齊日為申請日；由此可知，申請日之認定直接關聯到專利期間，不可不慎。

(二) 版本與時限

明文規定以中文本為主。申請人無法在申請時，提出說明書、申請專利範圍及圖式的中文本，得以先由外文本提出申請，智慧財產局亦得受理，且在「外文本以完整揭示同一發明」原則下，應根據外文本的提交日，認定為申請日；反之，未於智慧財產局指定期限內，補呈中文說明者，其申請案不予受理。附帶一提，外語文種類以阿拉伯文、英文、法文、德文、日文、韓文、葡萄牙文、俄文或西班牙文為限；語文種類不符規定時，將通知限期補正，並以補正日為外文本提出日。

期間規定，有無例外？答案是有的，未於指定期間內，但在處分前補正者，以補正之日為申請日。舉例來說，飛哥與小佛於 2022 年 1 月 1 日提出英文版申請案，智慧財產局限定 1 個月內補正中文版，結果 2 月 1 日期限到了，還是沒補上；如果這時，可趕在處分前補正的話，不論哪一天補齊中文資料，一律都當作重新遞交申請案來處理，之前外文版本的申請案，就當作沒這回事。簡言之，何時有完整之書面資料，就認定當日為申請日。

(三) 載明先前技術

新型專利審查制度採行「形式」方式，故申請新型專利時，應於說明書上詳細記載，並解說所有已經知道的技術內容，最好還能檢附該先前技術之相關資料。如此一來，可讓相關技術領域者，因文字說明或圖式等內容，詳加瞭解並可據以實施；二來，智慧財產局的審查人員，更能正確判斷其發明創作的背景與過程，縮短申請案審查時程，作為評估判斷專利要件的參考。

😊 小博士解說

電子申請

有關專利之申請及其他程序，得以電子方式為之；其實施辦法，由主管機關定之。經濟部智慧局，已於 2008 年 5 月 8 日訂定發布專利電子申請實施辦法（現：專利電子申請及電子送達實施辦法），同年 8 月 26 日開放利用網際網路方式，將專利申請文件傳送至智慧財產局之資訊系統，進而完成專利申請之程序。2017 年 6 月專利法新申請案，電子申請比率為 51.59%，已達過半目標，智慧財產局電子化進程將顯著進展；以電子方式加速審查效率，將來也有利於日後資料庫之整合與運用，一舉數得。

新型專利如何申請

提出申請 → 書面審核 → 核駁 / 核定

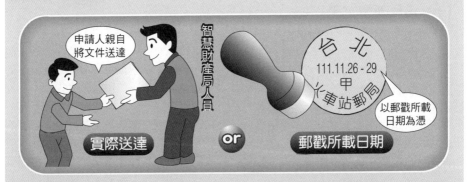

申請日

申請人親自將文件送達 · 智慧財產局人員

實際送達 or 郵戳所載日期

台北
111.11.26－29
甲
火車站郵局

以郵戳所載日期為憑

版本

中文 · 外文

送交日＝申請日

期限內補正：送交日＝申請日

期限內未補正：不予受理

處分前補正：補正日＝申請日

★圖式相關規定

知識補充站

　　新型專利是物品的形狀、構造或組合，為達到明確且充分揭露目的，申請文件中「至少」應具備一個圖式才行；簡言之，圖式為必要文件。

　　圖式得為座標圖、流程圖、工程圖、照片等；圖式應以表達新型技術內容的圖形及符號為主，說明文字應記載於圖式簡單說明，圖式本身僅得註記圖號及符號，但為明確瞭解圖式，得加入單一簡要語詞，如水、蒸氣、開、關等，除必要註記外，不得記載其他說明文字。

UNIT **5-11**
新型專利之核准與權限

　　為獎勵企業投入技術研發，提升國家產業整體經濟力，也為增進發明人創新之誘因，政府單位實不宜過度干預，故，明文規定不予專利情事者，極為少數；如有妨害公共秩序或善良風俗者，不予新型專利。除此之外，另有：

(一) 違反新型定義

　　「新型」是指利用自然法則之技術思想，對物品之形狀、構造或組合之創作；換句話說，申請新型專利權者，針對工具、實用品及其附屬品之形狀、構造或其組合，只要通過形式的審查程序，符合相關條文規定，就可自申請日起算，取得 10 年的專利保護。反之，非屬物品形狀、構造或組合者，不符合新型定義，不得申請。

(二) 違反書面要求

　　專利申請程序僅書面審查；文件資料的品質即說明了一切；由此得知，專利申請案決勝關鍵，掌握在說明書、申請專利範圍或圖式所揭露之範圍等。譬如：說明書、申請專利範圍或圖式，只要未揭露必要事項，或其揭露明顯不清楚者，不准；又如，修正文件後，明顯超出申請時之說明書、申請專利範圍，或圖式所揭露範圍者，也不准。總而言之，說明書、申請專利範圍、摘要及圖式之揭露方式，均應符合專利法施行細則的規定才行。

　　以新型專利案說明書來說，文件中應載明：❶新型名稱；❷新型摘要；❸新型說明；❹申請專利範圍。其說明事項應包括：❶新型所屬之技術領域；❷先前技術：就申請人所知道的先前技術加以記載，並得檢送該先前技術之相關資料；❸新型內容：想要解決的問題、解決問題的方式，及對照先前技術功效；❹實施方式：就一個以上新型之實施方式加以記載，必要時得以實施例說明，有圖式者，應參照圖式加以說明；❺圖式簡單說明：簡明文字依圖式之圖號，順序說明圖式及其主要元件符號。

(三) 違反單一原則

　　申請單一性，是指一申請案僅限一個發明創作；兩個以上之發明，應以兩件申請案為之，不能併為一案申請；簡言之，一件歸一件，不能合併處理。基於技術及審查上的考量，為易於主管機關於案件上的分類與檢索，或社會大眾於查閱時的便利性，明定一申請案應僅就每一發明提出；再者，為防止申請人單付一筆費用，即獲得多重保護，未善盡使用者付費之概念，不符合公平正義原則。大多數國家都有類似規定，我國亦不例外。

🔲 小博士解說

　　新型專利申請案，經形式審查認有下列各款情事之一，應為不予專利之處分（§112）：❶新型非屬物品形狀、構造或組合者；❷有妨害公共秩序或善良風俗者，不予新型專利（§105）；❸違反說明書、申請專利範圍、摘要及圖式之揭露方式者（準用§26 IV）；❹違反申請發明專利，應就每一發明提出申請；二個以上發明，屬於一個廣義發明概念者，得於一申請案中提出申請準用（準用§33）；❺說明書、申請專利範圍或圖式未揭露必要事項，或其揭露明顯不清楚者；❻修正，明顯超出申請時說明書、申請專利範圍或圖式所揭露之範圍者。

新型專利之核准

負面表列

❶ 不符合「新型定義」

❷ 不符合「書面規定」

❸ 不符合「單一原則」

★依智慧局公告新型專利形式審查基準，判斷
新型專利申請案的形式審查要件如下：

■是否屬物品形狀、構造或組合者
❶ 物品請求項應存在一個以上屬形狀、構造或組合之技術特徵。
❷ 判斷要件有二：
　①請求項前言部分應記載一物品。
　②主體部分所載之技術特徵必須有一結構特徵。
❸ 物品獨立項僅描述組成化學物質、組成物、材料、方法等之技術特徵，不論說
明書是否敘述形狀、構造或組合之技術特徵，一律不符合物品之形狀、構造或
組合的規定。

■是否有妨害公共秩序或善良風俗者
❶ 說明書、申請專利範圍或圖式中所記載新型的商業利用（commercial
exploitation）會妨害公共秩序或善良風俗者，如郵件炸彈。
❷ 因被濫用有妨害之虞，仍給予專利，如各種牌具。

■說明書、申請專利範圍、摘要及圖式之揭露方式是否合於規定
❶ 符合專利法及細則中，關於說明書、申請專利範圍、摘要及圖式之撰寫格式規
定即可。
❷ 實體內容，如有無相關前案資料、是否具有新穎性及進步性，則不在形式審查
之列。
❸ 應明確且充分揭露，使該技術領域中具有通常知識者，能瞭解其內容，並可據
以實現。
❹ 專利範圍應界定明確，各請求項以簡潔方式記載。

■是否具有單一性
❶ 須判斷獨立項與獨立項之間，技術特徵上是否明顯相互關聯。
❷ 與發明審查單一性不同：實質審查需進行先前技術檢索。

**■說明書、申請專利範圍或圖式是否已揭露必要事項，或其揭露有無明顯不清楚
之情事**
❶ 判斷說明書、申請專利範圍或圖式之揭露事項是否有明顯瑕疵。
❷ 所載明之新型技術特徵，不須判斷是否充分明確，也不須判斷能否實現。

UNIT 5-12
新型專利技術報告

新型專利技術報告，它不是「審定書」，也不是「處分書」，定位上，它只是用來確認已取得新型專利權要件的輔助制度；簡單來說，它就是一份報告書。因為不是行政處分，所以不具拘束力，但也因為是智慧財產局所編制的鑑定意見，所以它具有一定的公信力。

(一) 申請人

何人具有申請資格？答：任何人。新型專利採形式審查，專利審查人員依申請書內容，隨即判斷是否給予專利權；有時，因審查人員所學有限，或僅就審查當下所能蒐集到的資料不完整，審查人員基於職責，仍應加以評估衡量，難以避免因審查疏忽或錯誤，而產生瑕疵專利；再者，針對已註冊公告的權利，是否確切滿足實體要件，無人可知，導致專利權往往處於不確定狀態中，專利權人有無濫用權限之疑？第三人有無侵害專利權之慮？因此，凡任何想知道的人都可去智慧財產局申請。

(二) 申請流程

提出申請後，智慧財產局應指定審查人員為之，具名負責該報告書內容，並將技術報告的事實，刊載於專利公報上；假如因為商業上有急迫性的需要，應檢附相關證明文件，智慧財產局需於6個月內，完成該技術報告書。然而，雖明定有提前完成時效之規定，關於申請時限卻並無相關限制，依專利法明文規定，新型專利技術報告之申請，於新型專利當然消滅後，仍得為之。

倘若審查人員在製作報告書過程中，發現該新型專利並不符合專利要件，不影響專利權有效性。因為，新型專利技術報告設計目的，主要作為權利行使，

或技術利用參考，不具備任何處分性質；依此反推，任何人覺得新型專利有不該核准事由時，應依循相關規定，向智慧財產局提出舉發申請，撤銷該專利。

(三) 報告內容

為製作新型專利技術報告，必須先瞭解該專利的技術內容，首先要從閱讀新型專利說明書、圖式開始（說明書、圖式以公告本為準），審查人員經檢索後，就每一個請求項予以比對，詳實撰寫「先前技術資料範圍」及「比對結果」，如有須特別註明事項時，會在「備註」欄中加以記載，以利完成新型專利技術報告。

(四) 損害賠償

遭撤銷時，是否需負賠償責任？答：要。也就是說，新型專利權遭撤銷時，就其撤銷前，因行使專利權所導致他人損害者，應負損害賠償之責。但是，已盡相當注意者，不在此限。

另外，需特別留意之處，新型專利權人行使新型專利權時，如未提示新型專利技術報告，不得對已實施該新型專利權者進行警告。理由如下：由於新型專利採形式審查，對於其權利內容存有相當程度的不安定性及不確定性，為防止濫權而影響第三人對技術的利用及開發，因此，不難理解，行使權利時需要有客觀的判斷資料；簡言之，新型專利權人進行侵權警告時，「應」提示新型技術報告才行。

新型專利技術報告，就算已比對先前技術文獻，往往也無法發現，足以否定其新穎性等專利要件，再者，更無法排除申請之專利，是否為業界所習知技術的可能性；考量新型專利權人對其新型來源，必定較智慧財產局更為熟悉，因此，除了應負注意義務外，還需承擔舉證之責任。

■注意義務

為防止權利人不當行使權利或濫用權利，致他人遭受不測之損害，明定新型專利權人行使權利後，若該新型專利權遭到撤銷，除新型專利權人證明其行使權利是基於新型專利技術報告之內容，且已盡相當之注意者外，應對他人所受損害負賠償責任。

■舉證責任

避免新型專利權人誤以為，❶欠缺新型專利技術報告等客觀權利有效性判斷資料；❷可以僅經形式審查之新型專利直接主張權利；❸只須取得新型專利技術報告，即得任意行使新型專利權，而不須盡相當注意義務。不僅對第三人之技術研發與利用形成障礙，亦嚴重影響交易安全，為使舉證責任之分配更加明確，新型專利權人應負舉證責任。

UNIT 5-13
設計專利是什麼

設計（Designs），指對物品之全部或部分之形狀、花紋、色彩或其結合，透過視覺訴求的創作，包括電腦圖像及圖形化使用者介面。就字面上解讀，設計需具備的要素有：❶物品；❷外觀的形狀、花紋、色彩或相互結合；❸視覺訴求。換句話說，在具體有形的物品外觀上，以花紋或色彩等創作，讓該項物件在視覺中產生新的感受或體驗，藉以提升質感或高價值感，增進商品市場競爭力。

(一) 有體物

設計專利保護標的，須具備物品性及視覺性二大要素；換言之，具有一固定型態，能刺激人們的視覺感官，也能被一般消費者獨立交易的物品，才具備申請設計專利的資格。舉例來說，電、聲、光、熱等自然力，因無具體形狀，無法就物品外觀加以設計；再舉一例，大樓外觀或景觀設計，是否也可申請設計專利？符合專利申請要件，如圖式明確且充分揭露該建築物的各角度設計特徵，是可以取得設計專利權之保護。

(二) 電腦圖像（Computer-Generated Icons, Icons）

可攜式電子 3C 產品及雲端服務的興起，顯示在螢幕上之「靜」、「動」態圖像，因具備可應用於工業產品上，其設計概念與商業價值，漸漸被世界各國所認可；以美國為例，已將電腦圖像納入設計專利之保護範圍，我國亦隨即跟進。然而，圖像脫離形成它的電腦就不能單獨存在，圖像所應用之環境是電腦硬體，因此可將它視為是應用在螢幕上的裝飾性設計；簡言之，電腦圖像是螢幕內具有視覺效果之二度空間影像，未附著於電腦者，圖像不予保護。

(三) 圖形化使用者介面（Graphical User Interface, GUI）

使用者介面著重在人與物之間的互動，透過圖形化的電腦介面，讓使用者以點選的方式來操作電腦；簡言之，採用大量的圖形應用，取代單調呆板的純文字介面。舉例來說，我們想使用 Windows XP 作業系統時，直接點擊滑鼠右鍵於想開啟的應用程式圖案上即可，不需學習繁複且難以背誦的指令，就可以直接對電腦下達命令。

小博士解說

❶ 電腦圖像（Icons）及圖形化使用者介面（GUI），屬暫時顯現於電腦螢幕且具有視覺效果之二度空間圖像（two-dimensional image），通常可通用於各類電子資訊產品，藉由該產品之顯示裝置而顯現，如透過螢幕（screen）、顯示器（monitor）、顯示面板（display panel）或其他顯示裝置等，即可符合設計必須應用於物品之規定。

❷ 使用 GUI 及 Icons 之電子產品愈來愈多，而 GUI 與 Icons 的設計也由靜態或平面的形式，漸漸發展成動態、動畫或是立體的三度空間（three-dimensional），如美國微軟、Apple、韓國 Samsung、日本 Sony 等國際性公司，為搶得先機，已申請且獲准許多動畫或動態電腦圖像之設計專利。預估不久的將來，智慧型手機與平板電腦的專利戰場，會從實體的產品設計，延伸到虛擬世界的設計專利。

設計專利是什麼

■ 視覺訴求（eye-appeal）

設計是透過視覺訴求的具體創作，也就是藉由眼睛對外界適當刺激，進而能夠辨識或確認的，至於視覺以外的其他感官作用，如聽覺、觸覺等，就不屬於本法保護範疇內；簡言之，設計專利不保護聲音、氣味或觸覺等非外觀的創作。

■ 部分設計納入保護範疇

❶ 前提，倘若設計包含多數新穎特徵，而他人只模仿其中一部分特徵時，就不會落入設計專利所保護之權利範圍；如此一來，此缺失將無法周延保護設計。

❷ 為鼓勵傳統產業對於既有資源之創新設計，另一方面為因應國內產業界在成熟期產品開發設計之需求，強化設計專利權之保護，2011 年修法參考日本意匠法第 2 條、韓國設計法第 2 條、歐盟設計法第 3 條等之部分設計（partial design）之立法例，將部分設計納入設計專利保護之範圍。

UNIT **5-14**
設計專利及其衍生專利

圖解智慧財產權

同一人有二個以上近似之設計，得申請設計專利及其衍生設計專利。設計專利，主要侷限在「附著」或「形成」物體的外觀上，用視覺即可明辨形狀或裝飾的差異性；然而，實務上在開發新產品時，常在同一設計概念下，衍生出多個近似的產品設計。本著，欲提升創作人動機，擴大創作空間之美意，設計專利及其衍生設計專利，應給予同等的保護效果。

何謂衍生設計？相關規定為何？下列簡述之。

(一) 衍生設計

衍生設計之構成要件是，衍生設計必須近似於原設計；換句話說，衍生設計與原設計間，至少具有一個相同的設計元素，因為至少同一元素下，才能比較衍生設計與原設計是否近似。

「近似」，從何判斷？主要判斷原則在於，審查人員必須模擬普通消費者選購商品的觀點，以整體設計為對象，而非就商品之局部設計，逐一進行觀察、比對，客觀判斷與其先前技藝是否相同或近似；倘若該類物品通常需藉助儀器觀察，如鑽石、發光二極體等，亦得視為肉眼能夠辨識、確認之視覺效果。

簡言之，把自己當成一般民眾來觀察，有沒有近似於原設計，若設計的特徵一樣或差不多，則判定屬衍生設計；其判斷態樣有三：❶近似之外觀應用於相同之物品；❷相同之外觀應用於近似之物品；❸近似之外觀應用於近似之物品。

(二) 申請期限

❶ 原設計申請日後

衍生設計之申請日，不得早於原設計之申請日；主要考量點在於，先有原設計才有衍生設計，贈品理當不得取代正品，故，附著之衍生設計的申請時間，想當然爾，必須明定在原設計申請日之後。

❷ 原設計公告日前

專利一經公告後，第三人即可自由取得該資訊，倘若有心人士得知該設計特徵，或其專利範圍，加以迴避設計再行創作，將會形成保護之漏洞；為阻擋第三人迴避設計之創作，或仿效創作，有其爭議性，不僅違背專利公開制度之目的，更削弱公示性之意義。故，明文規定，申請衍生設計專利者，在原設計專利公告後，不得為之。

(三) 申請限制

同一人不得就與原設計不近似，僅與衍生設計近似之設計，申請為衍生設計專利；換句話說，衍生專利，本質上就是近似原設計專利之設計，對於原設計專利而言，是屬於權利範圍之擴張，實在不宜毫無限制，任其主張專利保護之範圍。簡言之，衍生設計僅能由原設計專利衍生，不得就衍生設計，來申請「再次」衍生或「三次」衍生之設計。

審查衍生設計時，倘若原設計經審查不予專利確定，此時，申請人應將近似原設計之衍生設計「改請」為設計；若申請人未改請，應通知申請人為之，屆期未改請者，則以不符衍生設計之定義為理由，予以核駁審定。換言之，原設計准予專利，近似之設計才能有所依據，才可申請衍生設計專利。

衍生專利

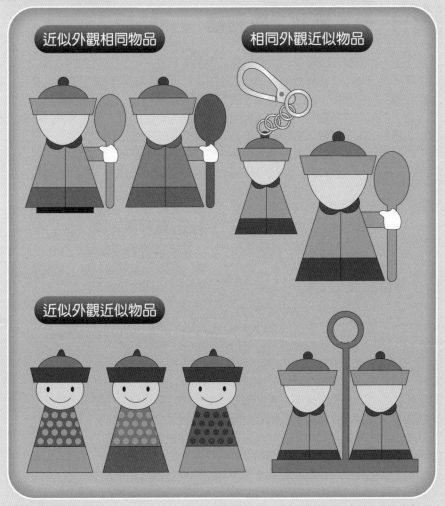

❶ 產業界在開發新產品時，通常在同一設計概念發展出多個近似產品設計，或是產品上市後由於市場反應而為改良近似之設計，為考量這些同一設計概念下近似之設計，或是日後改良近似之設計具有與原設計同等之保護價值，應給予同等之保護效果。

❷ 爰參考美國設計專利之同一設計概念與日本意匠法中關聯意匠之法律規定，明定同一人以近似之設計申請專利時，應擇一申請為原設計專利，其餘申請為衍生設計專利。

❸ 由於每一個衍生設計都可單獨主張權利，都具有同等之保護效果，且都有近似範圍，故衍生設計專利與現行聯合新式樣專利，在保護範圍、權利主張及申請期限有顯著之差異，爰將此一新之近似設計保護制度稱為「衍生設計專利」。

❹ 本條文規定為 2011 年新增，明定衍生設計專利之申請要件及其限制。

UNIT 5-15
衍生專利之專利權

實務上，產業界在開發新產品時，通常在同一設計概念下，研發出多個近似的產品設計，或就同一產品先後進行改良，產生近似原設計之衍生物；基於這些衍生物品的商業價值，有時幾乎等同於原設計專利，理所當然最好給予相等待遇，相同的保護機制。故，明文規定，同一人有二個以上近似之設計，得申請設計專利及其衍生設計專利，藉此擴大保護設計專利權人之權益；接下來介紹衍生專利之專利權，有何其特性：

(一) 單獨主張

衍生設計，回歸本質，就是延伸設計的概念，毋庸置疑地，當然與原設計相當近似；換句話說，也就是因為是近似物品，所以才可以選擇在衍生設計說明書中，該物品用途欄位，載明與原設計所應用物品近似之相關說明，或其兩者主要差異的部分；依此類推，倘若為近似外觀者，同樣也可在衍生設計說明書中，該設計說明欄位，載明與原設計外觀近似的相關說明，或兩者間主要差異的部分。

試問，衍生設計專利之申請文件，既可參酌原設計之說明書，那麼，是否可准許單獨主張其近似之範圍？答，有何不可，假設申請人不想延用原設計專利之書面說明，欲藉此擺脫與原設計間確認性之缺點，重新申請實施的範疇，理應也可自行單獨主張。

(二) 處分行為

法律上之處分行為，是以權利變動為直接或間接內容的法律行為。直接處分，是指所有權移轉、所有權拋棄、抵押權設定等；間接者，則是指買賣、互易等行為。

衍生專利之專利權，既為財產權，具有經濟或商業上之利益與價值，想當然爾，可依民法規定，使其處分行為於市場上流通交易；但實務操作上應注意，衍生設計附著於原設計之下，應與原設計專利權一併讓與、信託、繼承、授權或設定質權。

(三) 專利權存續

衍生設計專利權有其獨立之權利範圍，縱使原設計專利權，有未繳交專利年費，或因拋棄導致當然消滅時，或經撤銷確定者，衍生設計專利仍得繼續存續，不會因原設計專利權經撤銷或消滅而受到任何影響。

不可不知的是，雖然衍生專利權之存續，不會因原設計專利權有任何影響，但是，衍生專利權畢竟為原設計專利權之延伸物，為避免過於複雜的法律關係；故，專利法亦明文規定，原設計專利基於上述事宜消滅時，其衍生設計專利權有二以上仍存續者，不得「單獨」讓與、信託、繼承、授權或設定質權。

小博士解說

有下列情事之一者，應以不符衍生設計之定義為理由，不予衍生設計專利：
❶ 申請專利之衍生設計與原設計完全相同，即物品相同且外觀相同者。
❷ 申請專利之衍生設計與原設計不近似，即物品不相同亦不近似，或外觀不相同亦不近似。
❸ 在原設計尚未取得權利之申請過程中，原設計已撤回申請、已經審定不予專利或逾限未領證公告者。

衍生專利之專利權

衍生設計	
申請要件	與原設計近似
申請期限	原設計專利申請後至原設計專利公告前
權力期間	與原設計專利期限同時屆滿
可否獨立存在	原設計專利權撤銷或消滅時，仍得單獨存續
不可分性	不得單獨讓與、信託、繼承、授權或設定質權
權力範圍	得單獨主張，且及於近似範圍

不符衍生設計定義

原設計完全相同

原設計完全不同

原設計未取得專利權

■ 衍生設計效果
❶ 衍生設計專利權得單獨主張，且及於其近似之範圍。
❷ 衍生設計專利權期限始於公告日，而與其原設計專利權期限同時屆滿。
❸ 由於衍生設計專利權有其獨立之權利範圍，縱原設計專利權有未繳交專利年費或因拋棄致當然消滅者，或經撤銷確定者，衍生設計專利仍得繼續存續，不因原設計專利權經撤銷或消滅而受影響。

■ 衍生設計審查
❶ 審查時，若衍生設計與原設計有相同不予專利之理由者，得同時發出審查意見通知函。
❷ 倘若衍生設計已無與原設計相同不予專利之理由，但於原設計尚未取得權利之申請過程中，原設計申請案已撤回申請、已經審定不予專利或逾限未領證公告者，衍生設計申請案自不符合專利法所稱「有二個以上近似之設計，得申請設計專利及其衍生設計專利」之定義，衍生設計亦不得准予專利。
❸ 解決之道，申請人得將該衍生設計改請為設計；如有二個以上之衍生設計且彼此間仍為近似設計者，得擇一改請為設計，其餘改請為該設計之衍生設計。

UNIT **5-16**
基因專利

各國現行專利制度，只針對經人為加工而分離於自然狀態的基因，給予專利權之保護；即專利法所保障的基因專利，僅限存在於生命體之外的形式。「基因金礦」的探勘與利用，之所以備受矚目，主要在於背後龐大的商機；基因知識、基因科技及生殖技術的突破性發展，創造出前所未有的新基因、新染色體、新病毒、新生物等。

隨複製羊桃莉的誕生，及各種基因改造動物的實驗成功，複製人和基因改良人種的出現，似乎也只是時間早晚的問題而已，也正因此，基因專利最引人詬病之處即是違反道德；不過，從另一觀點，莫非有專利權作為激勵獎賞的手段，基因工程產物或許就無法這麼早問世。既然基因專利勢所難免，如何有效管理考驗著監管部門的智慧；接續介紹美國相關法制與規範，以供參考。

(一) 美國案例

1911 年 Parke–Davis & Co. v. H. K. Mulford Co. 案，Learned Hand 法官認為將人體器官組織中的基因抽離，是一種從本體萃取的過程，進而成為兼具商業運用與治療效用的程式，當然符合專利要件；即美國法院肯定人工提煉的腎上腺素，可以申請專利。1980 年 Diamond v. Chakrabarty 案，關於活體組織與基因、幹細胞等申請專利的爭議，聯邦最高法院做出定論，認為人類所製造活體的微生物是專利事項，細菌已明顯改變且具實用性，即自然事物必須呈現與原貌迥異的改變，才能成為申請專利的客體；此判決提供生物科技業另類思維與機會，並重申美國專利法立法目的 —— 保障陽光之下人類製造的任何事項，確立修改或加工過的基因產品，只要是經過人工努力而非大自然的產物，便可申請專利。

(二) 專利要件

基因序列原就存在於自然中，並非科學家發明而來，參酌 2001 年更新的審查基準（Utility Examination Guidelines），建議申請基因專利時，應特別注意的事項有：❶審查基準需增加基因訊息，過多資訊是否易導致不符實用性，降低取得專利的機率，此時，申請人只能從以往被拒絕的申請案中，找尋出對自己最有利的依據作為標準；❷申請人必須證明發明嶄新且非先前技術（prior art），基因原本即存在於人體，要證明符合新穎性要件，必須先排除法規對基因所有權的疑慮，換言之，對於存在於自然人體內的基因或其排序，科學家及研究機構如何證明符合專利要件，才是重點所在；❸如何填寫專利申請書及確定申請範圍，才能增加專利被核准的機率，這也是目前專利師及專利事務所的重要業務。

🙂 小博士解說

幹細胞（Stem cell）存在所有多細胞組織裡，能經由有絲分裂與分化，具有不斷複製形成多種的特化細胞；即具有再生各種組織器官的潛在功能。無論是成人幹細胞或胚胎幹細胞，其研究對於疾病的治療皆有顯著性的功效；舉例來說，胚胎幹細胞有分化成神經細胞的潛力，若未來實驗成功，中風、神經受損、脊髓損傷的癱瘓病患，都可利用培養分化來的神經細胞，進行修補受損神經的醫療行為。生化科技研發為此提供無比的想像空間，正是科學家努力在日新月異的研究中，為人類做出的貢獻。

Greenberg v. Miami Children's Hospital Research Institution, Inc. 案

有關 Canavan 病（中樞神經系統海棉狀變性），是一種罕見性基因疾病，常發生於具有艾希肯納茲猶太血統（Ashkenazi Jewish）的家庭中，造成對腦部的損害進而失去視力；當研究人員發現形成病因的基因序列後，對於治療有相當幫助，據此 Rabbi Josef Ekstein 在美國紐約設立一個針對 Canavan 病的基因研究中心，他並指出若專利授權後病人的診療檢測費用過高，則罹患病症的兒童無異被剝奪生存的機會，罕見疾病與基因異常帶給病患的痛苦與負擔，沒有經歷過的人是無法想像的，生物科技的研發創新是為了改善人類全體的生活，而不是為了獨厚財團或利益團體的財富累積，因此，決定基因專利的核駁應考量更多倫理與道德的層面。

成立資源共享的專利資料庫

優點	❶ 專利資料庫非一己之力所能設立。 ❷ 能提供給研究人員運用基因專利資訊的平台，減少向各別專利權人取得專利的時間與授權金。
缺點	增加談判協調的時間和費用
解決之道	如果可以用較便利的方式取得多種授權，皆能降低檢測或應用基因資訊的費用，有利於提供更好的服務品質和更低廉的費用給檢測人，而能真正造福廣大民眾，對國家健保政策與社會福利有益。

知識補充站

　　藉由對基因的研究找尋對人類疾病的檢查治療方式，或提高人體健康免疫力的佳徑，基因在判斷遺傳性疾病與療效上扮演重要角色，為解讀人體結構的祕密開展無限空間，造福全人類和動植物新品種的改良；簡言之，專利權的保障乃確定權利人的獨占性，專利期間經過後其他人可以加入市場，將此種專利技術發揚光大利益社會，而賦予專利權人以授權方式獲取利益，也是鼓勵研發保障發明人心血的積極手段。

UNIT **5-17**
專利侵權案件的衡量

（一）美國經驗

美國專利侵權的判斷，著重在專利範圍的對照，而非該專利案說明書或其記載較佳的商業申請例上；也就是說，需先將涉嫌侵害的物品或製程，與美國專利案之申請專利範圍一一比對，比較被控侵害的商品是否含有該專利範圍所引註的元件或其他的限制，如果有，原則上就構成侵害。因此，為避免將來遭受侵權控訴，發明人最好事先製作專利檢索或專利地圖，未來爭訟時，成為有利的證明。

（二）Fujitsu Ltd. v. Netgear, Inc. 案

2010 年 Fujitsu Ltd. v. Netgear, Inc. 一案，原告（Fujitsu、Phillips 及 LG 公司）堅信被告（Netgear 公司）在他的商品（無線路由器）有侵害到方法專利（IEEE 802.11 無線標準）；原告提出被告公司所製造的商品，運用且涉及到通訊網路傳送訊息的工業標準（即 wifi 規格的專利權），被告的行為當然構成侵權；被告則抗辯，有無涉及到侵害的功能，是由消費者在使用時自行選擇，因此，原告必須追蹤消費者的使用狀況，才能確認是否有直接侵害的事實。

一審判決被告勝訴，威斯康辛西區地方法院認為被告並未侵害上述專利，主要原因在於原告要負舉證責任，證明商品確實有遭受到侵害的事實。本案上訴時，卻出現不同的意見，合議庭的法官們認為，當一專利所保護的範圍已成為標準時，只要未經授權使用該標準，是可主張間接侵權的；然而，侵權與否仍要考量多方因素，最終支持地院某部分判決，被告並未侵害 Fujitsu 及 LG 兩家公司的專利，駁回另一名原告 Philips

公司重審，因為 Philips 的專利主張了工業標準的選擇性功能，因此，Philips 公司有義務要提出 Netgear 公司侵害選擇性功能的證據。

（三）後續發展

電子產品製造上，為使不同配置的零件都能彼此協調，往往必須使用某種共通的標準，除非花費鉅資檢查所有的資料庫，否則是否會使用到他人已申請註冊的專利，風險大都要由製造商各自承擔；正因此，在上述案件中，符合工業標準可當專利侵權之證據，讓美國矽谷相關產業皆十分地關注。目前實務界的做法，大都採取專利聯盟（patent pool）的方式，共同研發或策略聯盟，一來彼此分擔費用降低風險，二來可共享專利授權，產業經營策略已從以往的單純競爭，轉向競爭合作的方式。

小博士解說

Wi-Fi 全稱 Wireless Fidelity（無線保真），是無線乙太網相容聯盟（Wireless Ethernet Compatibility Alliance, WECA）所建立的一種產品品牌認證，也就是一般所說的，Wi-Fi 聯盟的商標；因為建立在 IEEE 802.11 標準的無線區域網路設備上，所以常有人把 Wi-Fi 當作 IEEE 802.11 標準的同義術語或別稱。簡言之，是一種擁有專利權的無線相容認證。

市面上遵循這些標準的產品，如無線接入點（Access Point）等。Wi-Fi 是屬於一種短程無線傳輸技術，無線電波的覆蓋範圍廣，傳輸速度快，廣泛應用在電子產品與網路通訊中，包括無線路由器（Wireless Router）、手提電腦、電視、隨身聽、Wii 遊樂器、音響設備與手機等等。

Fujitsu Ltd. v. Netgear Inc. 一案

原告
（Fujitsu & Philips）

被告
（Netgear）

802.11
無線標準專利

一審法院

上訴審法院

法院在判斷侵害事實，時常需依據既定的標準，如果一項被指控構成侵害的商品，是按照某種標準加以認定，那麼當判斷侵害商品有無造成侵害時，當然可比照著侵害標準來認定；因此，被告可以主張被指控的內容並未符合侵害標準的全部要件，或主張該侵害標準不切實際，其後法院發現原告無法舉證證明其指控。

本案在上訴審法院的結果卻有別於地院見解，證明被侵害除了直接以商品為證據外，還可以根據造成侵害的方法專利而來，因為商品依據某項標準設計，如果該項標準使用到他人已存在的專利內容，當然構成侵害；這樣的比較結果遠比之前單純提出商品，證明被告侵害原告專利的方式，更為寬廣。

★專利間接侵害責任

　　專利法規範輔助侵害責任（contributory infringement liability），對於某人明知其販售之商品內容部分涉及專利，且該部分專為商業性而非以侵害為主要目的的使用，輔助侵害人必須明知有直接侵害的事實存在，如消費者購買的目的或用途乃為侵害該專利，而此類證明對製造方而言實屬不易。在上訴法院的判決後，要證明這樣的侵害事實，只要運用到的是採用某種特定標準所製造的產品，而某種特定標準又是符合已申請專利的內涵；換言之，若某種標準是裝置或配備所必需且不可缺的部分時，證明使用到這個標準，會比原本一定要證明商品侵害專利更加簡易，如此一來，即對專利權人更有保障。

★專利侵害概論

　　專利侵害鑑定：解釋申請專利範圍→製作申請專利範圍比對表→決定是否構成侵害
❶ 解釋申請專利範圍：內在證據、外在證據。
❷ 製作申請專利範圍對照表：分解各請求項構成要件、分解對象物構成要件。
❸ 決定是否構成侵害：①字面侵害；②均等論之下的侵害；③適用均等論的限制：先前技藝、申請過程禁反言、均等論係分開考慮各個構成要件；④請求項之前言是否構成限制。

第 **6** 章

商標法

●●●●●●●●●●●●●●●●●●●●● 章節體系架構 ▼

UNIT **6-1** 什麼是商標

商標（Trademark）指任何具有識別性的標識，用來辨認某商品或服務，個人或企業的顯著性標誌；得用文字、圖形、記號、顏色、立體形狀、動態、全像圖、聲音等型態呈現，也可彼此間混合使用。例如：文字加上圖形、圖形加上聲音、顏色加上文字等等不同的組合。目前我國商標法所保護的商標種類，依性質可分為商標、證明標章、團體商標及團體標章。

(一) 識別性

消費者透過商標，可直接認知商品或其服務是由哪一家企業所經營或提供的，除外，還需達到「藉以與他人之商品或服務相區別」的功能，其判斷標準應以「商品或服務之相關消費者」為基準。主要目的，藉以保護消費者在挑選商品時，不至於因標誌而被誤導或欺騙，及達到維護各企業的公平競爭。簡言之，商標應以相關消費者能否區辨標識為主。舉例說明，一般日常用品的商標是否具有識別性，應以一般社會大眾為判斷標準，倘若商品別為精密醫療器材、特殊建材時，應改由專業人士觀點，如醫師或建築師的判斷為基準。

(二) 多樣化

WIPO 在新加坡舉辦的商標法條約（TLT）國際會議中，已正式通過「商標法新加坡條約」（Singapore Treaty on the Law of Trademarks, STLT），該條約新增一大特點，除傳統商標類型外，首次明確承認「非傳統」類型商標得作為註冊保護態樣。非傳統商標自不以法條所例示者，如顏色、立體形狀、動態（motion marks）、全像圖（hologram marks）、聲音商標為限，其他依嗅覺、觸覺、味覺等可感知的標識，只要符合識別性規定時，皆有可能申請註冊商標，進而受到商標法的保護。

我國參照該條約，於 2011 年修法，認定凡具有識別性之標識，皆得以成為商標法之保護客體。

😊 小博士解說

商標的意義

❶ 提升企業品質保證

商標標示表現出企業對產品的各項保證，也隱藏該企業對於產品的服務（包含售後服務）；即企業為維護該商標的信賴感，勢必對該產品品質有所把關。

❷ 引導消費者選購商品

為能確實管控商標之使用，使用規範必須訂定相關的監督管理機制。換言之，消費者按商標來選購產品，認定具有其特定品質、聲譽或其他特性，即間接增進該企業的銷售量。

❸ 企業另類資產

消費者對於某特定商標心存良好印象，將促使該品牌價值不斷地往上提升，此刻，商標的良好商譽會逐漸形成該企業的資產，該商標等同於企業之品牌。此一角度觀察，商標即公司無價之寶。

◎ TRIPS 第 15 條第 1 項規定

「任何足以區別不同企業之商品或服務之任何標識或任何標識之組合，應足以構成商標。此類標識，以特定文字，包括個人姓名、字母、數字、圖形和顏色之組合，及此類標識之任何聯合式，應得註冊為商標。當標識本身不足以區別相關之商品或服務時，會員得基於其使用而產生之顯著性而准其註冊。會員得規定，以視覺上可認知者作為註冊要件。」

何謂商標

文字商標	圖形商標	聯合式商標
APPLE		iPhone

動態商標	聲音商標

綠油精歌譜
綠油精、綠油精，爸爸愛用綠油精
哥哥姐姐妹妹都愛綠油精
氣味清香綠油精

商標種類

		HTC	STARBUCKS
商標	具有指示商品或服務來源、保證品質及作為廣告的功能	hTC quietly brilliant	STARBUCKS COFFEE
證明標章	證明商品或服務具有一定品質、精密度、產地或其他特性	防火標章 防火標章 Fire Safety Building	鮮奶標章
團體商標	團體商標與商標，性質大致相同，唯一不同的是，團體商標需由團體會員共同使用	文山包種茶 文山包種茶 WENHAN BAO-CHUNG TEA	吉園圃 吉園圃 492341077
團體標章	表彰其會員在該團體組織的身分，並非用以區別任何商品或服務的來源	扶輪社 ROTARY INTERNATIONAL	獅子會 LIONS INTERNATIONAL

★商標權或標章權之取得，國際間採用：

❶ 使用保護原則：主要以美國為代表。根據實際使用提出註冊申請，同時應提出使用的相關證明以及使用日期；1998 年之後，美國放寬其申請註冊時，只要表明有使用意圖，於註冊前舉證有使用之事實即可，其註冊登記僅為表面證據之效力。

❷ 註冊保護原則：指將欲專用的商標向主管機關申請註冊，於獲准註冊後，即取得專屬排他的權利，並受到當地法律的保護；此為大多數國家所採行的制度，我國亦同。

UNIT **6-2** 商標的使用

商標，使用於「有形的商品」，主要標示在產品本身或其外包裝、容器、標帖、說明書、標籤、價目表、廣告型錄等物件及文書上，甚至利用平面圖像、數位影音、電子媒體或其他媒介物等方式促銷，皆稱為典型的商標使用型態。除此之外，就算未與商品相結合，仍在雜誌、電視等廣告媒體上顯示商標，也是屬於一種商標的使用方式。例如：藥品業者將藥品商標標示在藥錠。

商標，使用於「無形的服務」，是指為他人提供勞務，將商標用在所提供服務營業上的相關物件或文書，利用各式各樣的商業型態來顯示或促銷其服務。舉例來說，餐廳業者為彰顯所提供的餐飲服務，將商標標示在營業招牌、餐廳員工制服、餐盤、菜單、價目表、名片等，與餐飲服務相關的物件或文書上，或在網路、電視、廣播、新聞紙類、電子看板刊登映播廣告或參加美食展等，都是在促銷餐廳業者所提供的餐飲服務。

(一) 使用人需有行銷目的

我國商標法採行註冊保護制度，賦予先申請註冊者擁有商標權，此舉將使原本未註冊的商標，轉化為申請人私有的專屬權利。假設商標權人只取得註冊，僅占有該權利卻不去使用，不但間接壓縮他人申請註冊的機會，更有違背商標法保護商標權之立法目的；因此，商標法明確規定，商標的功能與註冊目的不僅在於取得商標權，還必須透過「實際使用」，才可以使消費者將商標與商品或服務產生連結，實現商標識別來源、品質保證及廣告等功能，彰顯商標的價值。

(二) 具備積極使用行為

為明確促使商標權人於商標註冊後，能持續、合法地使用商標，因此課予商標權人應使用註冊商標的義務；譬如說，依商標法第 5 條，合法使用的五項行為態樣：❶將商標用於商品或其包裝容器；❷持有、陳列、販賣、輸出或輸入前款之商品；❸將商標用於與提供服務有關之物品；❹將商標用於與商品或服務有關之商業文書或廣告；❺前項各款情形，以數位影音、電子媒體、網路或其他媒介物方式為之者，亦同。

從相反的方式來說，商標註冊後應依法使用，倘如違反相關使用行為時，都將構成廢止註冊商標的規定；譬如說，無正當事由，申請商標權後至今仍未使用，或停止使用已滿 3 年者，都有可能依商標法第 63 條，被廢止該商標權之註冊。

(三) 相關消費者客觀認知

客觀上，應足以使相關消費者認識其為商標，才具有商標的識別功能，達到商標使用之目的。舉例來說，「宜順」商標註冊使用於書籍商品，但實際使用時僅於書籍上標示「宜順印刷商務有限公司」；此一標示，只能突顯營業主體的名稱，無法確切讓購買書籍的消費者認知「宜順」為商標，故非「真實使用」商標之依據。

💬 小博士解說

❶ 所謂商標之使用，至少必須符合以下二要件，即：①使用人主觀上必須有為行銷目的；②其使用在客觀上必須足以使相關消費者認識它是商標。當商標權人證明有使用註冊商標，其舉證的事實應符合商業交易習慣。

❷ 證明標章、團體標章及團體商標之「使用」態樣依性質準用此規定。

商標的型態

無形的服務

有形的商品

使用方式：實際積極使用 ＋ 消費者客觀認知

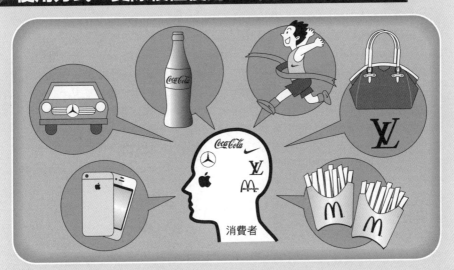

消費者

知識補充站 ★分款明定商標使用之情形

　　本條之目的在於規範具有商業性質的使用商標行為。所謂「行銷之目的」，與「與貿易有關之智慧財產權協定」（Agreement on Trade-Related Aspects of Intellectual Property Rights, TRIPS）第 16 條第 1 項所稱交易過程（in the course of trade）之概念類似。2011 年修正重點：修正前條文僅以概括方式定義商標之使用，所指使用情形是否包含商業過程中標示商標商品之陳列、販賣或輸出、輸入等行為態樣，未臻清楚，爰分款明定交易過程中各種商標使用的情形，不僅包括將商標用於商品或其包裝容器，或與提供服務有關的物品等狹義之商標使用情形，尚包括為行銷目的而持有、陳列、輸出或輸入已標示商標商品的廣義商標使用情形，或將商標用於有關商業文書或廣告之促銷商品／服務等商業行為。

UNIT **6-3** 商標之識別性

識別性，為商標指示商品或服務來源，並與其他業者的商品或服務相區別之特性；此一特性乃從消費者的角度來觀察，透過消費者本身對於商標的認知，能輕易且顯著地分別不同商品或服務的差異為判斷基礎。然而，識別性之「有無」、「強弱」，常伴隨著商標實際使用情形及時間經過而有所變化，尤其是位處今日商業行銷手法多變的年代，數位媒體科技快速發展，使得商標型態及使用方式不斷發展，影響識別性的判斷極大。簡言之，商標必須有其顯著的必要，若該商標模糊不清或與其他企業相同或類似，即喪失商標基本功能，自不得核准註冊。

其次，識別性判斷必須以商標與指定商品或服務間關係為依歸，不能脫離指定使用之商品或服務單獨判斷，此為商標取得註冊的積極要件。商標識別性有先天與後天之分，前者指商標本身所固有，無須經由使用取得的識別能力；後天識別性則指標識原不具有識別性，但經由在市場上的使用，其結果使相關消費者得以認識，它為商品或服務來源的標識，即具有商標識別性。我國商標識別性審查基準簡述如下：

(一) 先天識別

❶ 獨創性（Coined）

「獨創性標識」指運用智慧獨創所得，非沿用既有的詞彙或事物，其本身不具特定既有的涵義，該標識創作目的即在於區別商品或服務的來源；屬於全新思維的創作模式，對消費者而言，並未傳達任何商品或服務的相關資訊，僅具指示及區別來源的功能，故其識別性最強。例如「GOOGLE」使用於搜尋引擎服務。

❷ 任意性（Arbitrary）商標

「任意性標識」指由現有的詞彙或事物所構成，但與指定使用商品或服務本身，或其品質、功用、特性等，全然無關；因為這種型態的標識未傳達所指定使用商品或服務的相關資訊，不具有商品或服務說明的意義，消費者會直接將其視為指示及區別來源的標識。例如「蘋果 APPLE」使用於電腦、資料處理器商品。

❸ 暗示性（Suggestive）商標

「暗示性標識」指以隱含、譬喻方式，暗示商品或服務品質、功用或其相關成分、性質等特性，雖然較容易被消費者所記憶，但並非競爭同業須用或常用的標識型態。簡單來說，暗示性與直接描述不同，消費者需要運用一定程度的想像、思考、感受或推理，才能領會標識與商品或服務間的關聯性。例如「快譯通」使用於電子辭典商品。

(二) 後天識別

不具先天識別性的標識，未必不能取得商標註冊。凡申請人可以證明該標識於市場使用後，相關消費者已經將其視為指示及區別一定來源的標識，此時，該標識具有商標功能，即可以核准註冊。此種識別性是經由「人為」特意塑造使用而取得，非標識本身所固有，也就是除了原始的涵義外，再次產生識別來源的新意義，故又稱為第二意義（second meaning）；第二，並非次要或從屬的意思，只是表示該意義出現的時間順序，是在原來固有的意義之後。

識別性

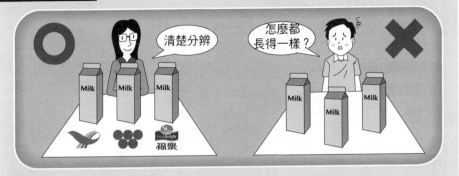

先天識別

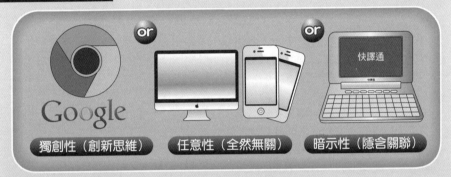

後天識別

知識補充站 ★全像圖，亦稱雷射圖或全息圖（Hologram）

全像圖商標，指以全像圖作為標識的情形，且該全像圖本身已具備指示商品或服務來源的功能。全像圖是利用在一張底片上同時儲存多張影像的技術（全像術），而呈現出立體影像，可以是數個畫面，或只是一個畫面，依觀察角度不同，並有虹彩變化的情形。全像圖常用於紙鈔、信用卡或其他具價值產品的安全防偽，也被利用於商品包裝或裝飾。

UNIT **6-4**
優先權及準國民待遇原則

圖解智慧財產權

(一) 優先權

優先權（Right of Priority），顧名思義，較他人有先得的權利；商標優先權，指商標申請人於第一次遞交申請後，得於6個月內，以相同的商標（同一之部分或全部商品或服務的範圍內），在與中華民國有相互承認優先權的國家，或世界貿易組織會員任何一個成員國內，主張以第一次提出申請的日期作為該申請案的申請日。換言之，申請人得主張6個月優先權期間內，向任何相互承認優先權國家或其他成員國提出申請；第一次申請的日期，即稱之為優先權日。

其次，主張優先權的商標，必須與第一次申請註冊的商標相同。何謂相同商標？是指第一次申請案，指定使用商品或服務同一範圍內的部分或全部商品或服務者而言，若所指定使用的商品或服務非第一次申請所涵蓋者，其超出的商品或服務，則無適用優先權之餘地。例如，第一次在國外申請註冊「Tom Cruise」商標，在我國卻以中文形式申請註冊「湯姆克魯斯」商標，兩者則屬於不相同的商標。

第三，優先權日相同的二案件，或恰巧與他案申請日相同的案件，若有相同或近似於他人同一或類似商品或服務的註冊商標（含申請在先的商標），有導致相關消費者混淆或誤認疑慮者，假如不能辨別時間先後，則應先由各申請人協議，不能達成協議時，以抽籤方式決定。

(二) 準國民待遇原則

國際間對於是否受理外國人申請與得否主張商標權利保護等，早期多採取平等互惠原則，後來國際間對於智慧財產權的保護，透過多邊協定或地區性國際條約之訂定，普遍採取國民待遇原則。簡言之，外國人在我國申請商標註冊，原則上予以受理，除非：❶外國人所屬國家與中華民國「未共同參加」保護商標之國際條約；❷外國人所屬國家與中華民國「無互相保護」商標之條約或協定；❸外國人所屬國家對中華民國國民申請商標註冊「不予受理者」。

全球國家如此之多，倘若該外國申請人「非」世界貿易組織會員國的國民，且其所屬國家與中華民國無相互承認優先權者，又應如何處置？我國參照巴黎公約（Paris Convention）第3條之準國民待遇原則，雖非同盟國國民，但於同盟國境內有住所或營業所者，亦得依此公約主張優先權。舉例來說，甲國既非世界貿易組織（WTO）會員國，也與我國無相互承認優先權，倘若A公司欲取得我國商標權之保護，可先行在世界貿易組織會員國的乙國，設有營業所並提出商標註冊申請案，此時，A公司得以依其在乙會員國內申請註冊的商標，於6個月內在我國提出商標申請註冊，並可同時主張其優先權，即可稱之為準國民待遇原則。

😀 小博士解說

優先權日特別規定

動態、全像圖等新型態標識得申請註冊，明定該等案件的國外申請日，早於修正條文施行日者，以本法修正施行日2011年7月1日為其優先權日。至於氣味商標及其他新型態的商標，其優先權日早於本法修正施行日的案件，因未在本條文適用範圍內，應不受理其優先權之主張。

優先權

優先權期間六個月

商標申請書
2023.7.1
指定使用
「化妝品」
商品

商標申請書
2023.8.1
指定使用
「清潔劑」
商品

主張優先權者

❶ 第一次申請的申請日。
❷ 受理該申請的國家或世界貿易組織會員。
❸ 第一次申請的申請案號。

2023 年 7 月 1 日於法國申請「化妝品」商標權，隔月在加拿大申請「清潔劑」的商標權；若想在我國以同一商標指定使用「化妝品、清潔劑」商品時，得依法國及加拿大的申請日期，分別主張「化妝品」及「清潔劑」的優先權日，向我國智慧財產局提出註冊商標申請案。

準國民待遇原則

國民待遇原則
（多邊協定或地區性國際條約）

「準」國民待遇原則
（身分別擴至「簽約或會員國境內」）

知識補充站 ★主張優先權申請案之要件

❶ 第一次在與中華民國有相互承認優先權的國家或世界貿易組織會員申請商標註冊。
❷ 於第一次申請日後六個月內向我國申請註冊，並同時聲明主張優先權及載明第一次申請的申請日、受理該申請的國家或世界貿易組織會員。
❸ 主張優先權的商標必須與第一次申請註冊的商標相同，指定使用之商品或服務必須屬於第一次申請案指定商品或服務同一範圍內的部分或全部商品或服務。
❹ 申請人應於申請日後三個月內，檢送經前項國家或世界貿易組織會員證明受理之申請文件。主張優先權者，其申請日以優先權日為準。主張複數優先權者，各以其商品或服務所主張之優先權日為申請日。商標所指定商品或服務之申請日，應分別以各該部分商品或服務所主張之優先權日為準。

UNIT **6-5**
同日申請之處理方式

商標法採行先申請先註冊為原則。申請商標註冊，以申請書載明申請人、商標圖樣及指定使用的商品或服務，提出申請當日為申請日；因此，註冊程序開始申請後，能否取得申請日期，對後續申請人主張權益影響甚大。假設有二人以上，於同日以相同或近似的商標，指定於同一或類似的商品或服務個別申請註冊，且有導致相關消費者產生混淆或誤認疑慮時，既然不能清楚辨別申請時間的先後順序，此時，商標專責機關（經濟部智慧財產局）指定某一期間內，通知各申請人協議；屆時不能達成協議者，智慧財產局就指定時間跟地點，通知各申請人以抽籤方式決定申請的先後順序。

(一) 協議

協議是指各申請人必須共同商量出僅能有一申請人來申請註冊；反之，若無法達成由其一的申請人申請註冊，即為協議不成。又或者是，可改行另一種折衷方案，各申請人於協議內容中事先約定，先讓其中一位申請人代表申請註冊，獲准註冊後，再同意其他申請人依商標法第 30 條第 1 項第 10 款但書規定，申請併存註冊。簡單來說，商標申請註冊後，商標申請權人得將該商標註冊申請案所生的權利移轉給他人，移轉原因包括雙方同意下的讓與、繼承及其他法定移轉等情形，此種方式就比較偏向於當事人間的自行約定。

(二) 混淆誤認

商標專責機關受理申請案件時，皆有註記案件受理時間，且有收文文號可供

辨識，因此，同日申請的情況雖曾發生過，但仍屬極為少見。實務上，相同或近似於他人同一或類似商品或服務的註冊商標或申請在先之商標，是比較容易發生有導致相關消費者產生混淆或誤認的疑慮；簡單來說，商標有使公眾誤認誤信其商品或服務之性質、品質或產地之虞的情形，不得註冊。基於此，智慧財產局整理國內外案例所提及相關因素後，公布「判斷有無混淆誤認之虞」應綜合參酌的的因素有：

❶ 商標識別性之強弱。

❷ 商標是否近似暨其近似之程度。

❸ 商品／服務是否類似暨其類似之程度。

❹ 先權利人多角化經營之情形。

❺ 實際混淆誤認之情事。

❻ 相關消費者對各商標熟悉之程度。

❼ 系爭商標之申請人是否善意。

❽ 其他混淆誤認之因素。

😀 小博士解說

大多數新近申請的商標註冊案，由於商標尚未使用，不必然呈現所有參考因素，自可僅就商標識別性之強弱、商標之近似程度及商品或服務之類似程度等因素為斟酌即可。然在商標異議、評定或廢止等爭議案件中，除得依其個案案情暨當事人是否主張為斟酌外，申請評定或廢止之人依法所檢送據爭商標之使用證據，或相關因素已然呈現於審查資料，應就其主張存在之因素暨其佐證之證據資料綜合斟酌，俾所為有無混淆誤認之虞之判斷，得更與市場交易之實際情形相契合。

同日申請處理方式

混淆誤認之虞

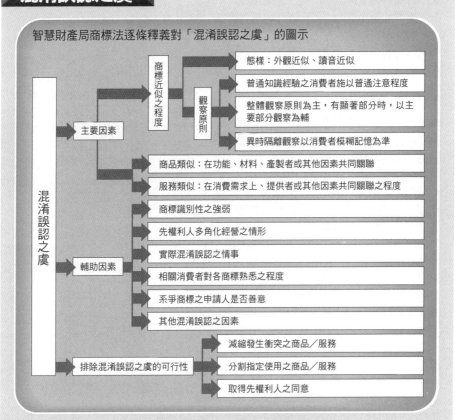

智慧財產局商標法逐條釋義對「混淆誤認之虞」的圖示

混淆誤認之虞

主要因素
- 商標近似之程度
  - 觀察原則
    - 態樣：外觀近似、讀音近似
    - 普通知識經驗之消費者施以普通注意程度
    - 整體觀察原則為主，有顯著部分時，以主要部分觀察為輔
    - 異時隔離觀察以消費者模糊記憶為準
- 商品類似：在功能、材料、產製者或其他因素共同關聯
- 服務類似：在消費需求上、提供者或其他因素共同關聯之程度

輔助因素
- 商標識別性之強弱
- 先權利人多角化經營之情形
- 實際混淆誤認之情事
- 相關消費者對各商標熟悉之程度
- 系爭商標之申請人是否善意
- 其他混淆誤認之因素

排除混淆誤認之虞的可行性
- 減縮發生衝突之商品／服務
- 分割指定使用之商品／服務
- 取得先權利人之同意

知識補充站 ★商標有下列情形者，不得註冊

　相同或近似於他人同一或類似商品或服務之註冊商標或申請在先之商標，有致相關消費者混淆誤認之虞者。但經該註冊商標或申請在先之商標所有人同意申請，且非顯屬不當者，不在此限。

UNIT **6-6**
商標審查及註冊之積極要件

商標權的取得，可分使用主義及註冊主義兩種；商標權源於註冊還是使用，理論上一直存在著不同的見解，但是，這兩種模式並非完全對立，如我國商標法的特色，綜合兩主義之優點，採行註冊制以及先申請制，亦有兼顧使用主義。其次，商標申請案的審查方式，區分為形式審查與實體審查兩種，前者主要針對申請的文件格式審查，判斷是否符合商標法規，又稱為格式審查，後者則針對撰寫內容做技術性的審核，進一步做積極要件與消極要件的斷定，符合要求即頒發註冊商標證書。

(一) 取得方式

❶ **使用主義**：商標權並非產生於商標的設計和選擇，而是源於對商標的實際使用。使用主義即商標權的成立是以使用為原則，由最先使用者取得商標權，僅美國等少數國家採用；只有當商標所有權人將商標實際使用於商品或服務上，消費者才能將商標與特定商品聯繫起來，就此而言，使用才是商標價值形成的真正基礎。使用主義強調商標在市場上的實際使用情形，因此，無商業行為便無商標，先使用者取得商標權；這種論述雖然對實際使用商標的人，理論上較為公平，但其困難之處在於，如何認定誰先使用，實屬不易。

❷ **註冊主義**：目前世界各國多數採行註冊主義，即商標權的發生、延展、消滅等，皆以是否註冊或撤銷為判斷基準。採用註冊主義下的國家，商標權必須經過註冊程序，才能取得專屬權利，其優點為商標於何時申請或何時註冊都明確有據，有案可查。然而，此一主義卻無法避免光註冊而不使用的商標出現，也就是說，僅僅是建立在註冊基礎上的商標權很容易與市場實際情形脫節，既不利於商標實際作用的發揮，又可能導致商標囤積，浪費商標資源，因此，在採取註冊主義的國家，其商標法一般都要求註冊者按照法律規定使用商標，甚至對使用方式也提出具體要求。

(二) 審查方式

❶ **形式審查**：申請商標註冊者，應備具以下文件：申請書（需載明申請人名稱及地址、商標、指定使用的商品）、清晰的商標圖樣及指定使用之商品或服務、規費，如委任商標代理人者，須另檢附委任書，向商標專責機關申請即可。一般而言，智慧財產局收到申請書後，隨即對該申請案指定相關審查人員，案件負責人就可以對上述文件開始進行檢查的動作；譬如說，商標圖樣應以清楚、明確、完整、客觀、持久及易於理解的方式呈現其所欲申請註冊的商標，若以相片紙製作圖樣，因為會隨著時間經過而褪色，即不符合「持久」的要件。此階段屬於形式審查程序。

❷ **實質審查**：確認文件符合要求後，接續應就申請註冊之商標圖樣本做實體審核，檢查是否符合註冊之積極要件及消極要件；譬如說：「紅、藍、白三色旋轉霓虹燈」為理容院的通用標章，只是一般業者用來表示或指稱商品或服務本身，缺乏識別來源的功能，不僅消費者無法藉以識別來源，且應避免由一人取得排他專屬權而影響公平競爭，因此，此一商標欠缺「識別性」的積極要件，依法不得註冊。

❸ **加速審查機制**：為滿足國內產業界需求及與國際接軌，商標法新增第19條第8項，即商標註冊申請案加速審查機制，若申請案符合加速審查機制方可縮短審查時間，避免資源浪費，提高作業效率，減少申請人等待時長，規費另定於本法第104條。

註冊程序

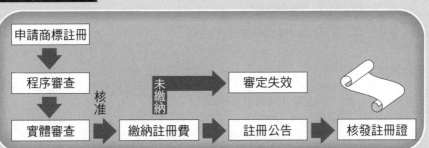

申請商標註冊

程序審查

實體審查 ──核准──▶ 繳納註冊費 ──▶ 註冊公告 ──▶ 核發註冊證

未繳納 ──▶ 審定失效

審查程序

確定文件是否備齊

形式審查

確定內容是否符合要件

實質審查

申請案件處理時限表

序號	事項類別	處理期間	序號	事項類別	處理期間
1	商標註冊申請案	八個月	9	註冊商標商品減縮案	二個月
2	商標權期間延展註冊申請案	二個月	10	商標質權設定登記申請案	一個月
3	商標授權及再授權登記申請案	一個月	11	商標質權消滅登記申請案	一個月
4	商標授權（再授權）消滅登記申請案	一個月	12	商標註冊證補發或換發申請案	一個月
5	商標權移轉登記申請案	二個月	13	各種證明書申請案	一個月
6	分割商標註冊申請案	二個月	14	廢止商標權申請案	六個月
7	分割商標權案	二個月	15	商標異議案	五個月
8	註冊事項變更案	一個月	16	商標評定案	六個月

知識補充站 ★商標聲明不專用制度

2011 年商標審查修正重點，聲明不專用制度改採「有致商標權範圍產生疑義之虞」，始須聲明；設若不具識別性部分，便無使第三人對商標權範圍產生疑義之虞，例如係通用名稱或明顯不具識別性之說明性文字等情形。何謂「聲明不專用」？商標包含說明性或不具識別性的部分，若刪除該等部分將使商標失去原來的完整性時，始得要求申請人將該部分聲明不專用，以取得註冊；如「嘉禾不動產」使用於不動產租售、買賣服務，通用名稱「不動產」為指定服務之說明，故聲明不專用後即可核准註冊。

UNIT 6-7
註冊之消極要件（一）

商標，任何具有識別性的標識，「可」依法申請「商標權」的保護。回顧商標法第 1 條，為保障消費者利益，維護市場公平競爭，促進工商企業正常發展為立法宗旨；換言之，商標法為保障社會公益及私人權益間平衡，雖廣義地放寬申請條件，但仍設有若干消極要件加以限制。下列依序講解，不得申請註冊事項的規定：

❶ 僅為發揮商品或服務之功能所必要者

功能性，是指特定的商品或服務所存在的設計或特徵，就商品本身來說，是不可或缺的，或是會影響成本或品質而言；具有功能性的商品設計或特徵能取得商標註冊，則擁有永久性的保護，易造成有礙同業的公平競爭及社會進步，為避免此種情形發生，商標圖樣中包含第 1 項第 1 款之功能性部分，未以虛線方式呈現者，不得註冊；其不能以虛線方式呈現，且未聲明不屬於商標之一部分者，亦同。舉例來說，紅色一般被當作危險或警告訊號，常用於交通警示商品；黑色有吸熱特質，常用於太陽能收集器；救護車所發出的警笛聲具有警示功能；摩托車的引擎聲；照相機快門卡喳的聲音等。

❷ 相同或近似於中華民國國旗、國徽、國璽、軍旗、軍徽、印信、勳章或外國國旗，或世界貿易組織會員依巴黎公約第 6 條之 3 第 3 款所為通知之外國國徽、國璽或國家徽章者

國旗、國徽、國璽、軍旗、軍徽，是國家及軍隊的精神象徵，印信是表彰政府機關的公信力憑證，勳章則為表揚特定國家榮譽的標識，皆具有國人尊崇之精神意義，基於公共利益考量，不宜核准註冊為商標。此外，基於尊重他國的國家尊嚴，也為維護國際間禮儀，相同或近似於國家榮譽等國徽、國璽或國家徽章，也列文明定禁止使用。

❸ 相同於國父或國家元首之肖像或姓名者

為維護國父及國家元首的尊崇地位，避免肖像及姓名遭受商業上的使用，減損尊嚴及影響國家公共利益，「相同」者，明文禁用；至於，相似或近似者，仍可作為商標申請註冊，但是，若有構成妨害公共秩序或善良風俗，或有導致社會大眾誤認或誤信的情形發生時，則改用其他不得申請註冊事項的規定來辦理。

❹ 相同或近似於中華民國政府機關或其主辦展覽會之標章，或其所發給之褒獎牌狀者

中華民國政府機關，指中央及地方政府機關，除該等政府機關本身的標章外，並包括中華民國政府機關所主辦展覽會的標章及所發的褒獎牌狀。簡言之，此類型的商標，僅限申請人為中華民國政府機關。

❺ 相同或近似於國際跨政府組織或國內外著名且具公益性機構之徽章、旗幟、其他徽記、縮寫或名稱，有致公眾誤認誤信之虞者

基於確保公共利益，避免消費者誤認或誤信與該公益機構有關，因此給予特定保護。何謂公益性？往往因社會、文化及時代變遷，對於公益性概念而有所變動，是屬不確定的法律概念；實務上，應該以活動內容是否謀求公共利益為目的、是否為有益社會大眾的福祉、受益對象是否為特定群眾等事證，最後加上一般社會通念來加以綜合判斷。舉例來說，國內外較著名的公益性機構，有紅十字國際委員會（International Committee of the Red Cross, ICRC）、世界展望會（World Vision）、綠色和平組織（Greenpeace）、無國界醫生（Médecins Sans Frontières, MSF）等。

國旗　國徽　禁告標誌　國父

國璽　勳章　功能性　現任國家元首

禁止申請事項

國家精神象徵　國父及國家元首

國家機關標章　跨國組織或公益性組織

交通部觀光局　台灣製　綠色和平組織　國際刑警組織

經濟部工業局　中華民國紅十字會

知識補充站　★識別性與功能性

　　識別性與功能性為二個需要個別判斷的事項，具有功能性的商品設計或特徵縱使因取得專利保護，於市場獨占使用，進而取得後天識別性，但因具有功能性，仍不得核准註冊為商標。至於商品設計或特徵雖不具功能性，但缺乏先天識別性，亦應證明取得後天識別性，始能取得商標註冊。個案有構成該二事項情事的疑慮時，應就該二事項一併通知申請人說明並分別判斷。

UNIT **6-8**
註冊之消極要件（二）

❻ 相同或近似於國內外用以表明品質管制或驗證之國家標誌或印記，且指定使用於同一或類似之商品或服務者

避免消費者誤認或誤信該商品是經過國家驗證而誤購，為此，立法加以限制。何謂「國內外用以表明品質管制或驗證之國家標誌或印記」？是指國內外用以表明品質管制或驗證，符合國家法規標準所核發的驗證標記或印記，與一般證明標章有別。舉例來說，國內依標準法規範的 CNS 正字標記，國外也有相似標準的標記，如符合歐盟指令的 CE 產品安全認證。

❼ **妨害公共秩序或善良風俗者**

公共秩序，指國家社會的一般利益；善良風俗，指社會的一般道德觀念。商標是否有妨害國家利益或社會道德觀念，皆按照註冊當時的社會環境及指定使用的具體內容來認定。例如，商標本身是偏激的、粗鄙的、歧視的，或給予他人不快印象的文字或圖形者，就不符合申請商標的規定。

❽ **使公眾誤認誤信其商品或服務之性質、品質或產地之虞者**

為防止消費者因商標的外觀、讀音或觀念等，與指定使用的商品或服務不相符合，以至於消費者在誤認或誤信下，產生了購買行為；判定依據，以消費者的認知做直接且客觀性的判斷。舉例來說，非新竹製的米粉，卻以「新竹米粉」來申請註冊；另外，值得注意的是，商品或服務的產地來源，就算確定為新竹，但新竹米粉一詞，只是為眾人所熟知的地方名產，也就是屬於商品的產地說明，不具商標識別性，同樣不得註冊。

❾ **相同或近似於中華民國或外國之葡萄酒或蒸餾酒地理標示，且指定使用於與葡萄酒或蒸餾酒同一或類似商品，而該外國與中華民國簽訂協定或共同參加國際條約，或相互承認葡萄酒或蒸餾酒地理標示之保護者**

地理標示，某商品來自於某地區，而該商品的特定品質、聲譽或其他特徵，十分顯著，可讓消費者清楚瞭解該區域所出產的產品與其他區域明顯不同；譬如說「金門高粱」，商品特性主要是關聯到當地的風土環境時，進而將該地區名稱或地理範圍申請為商標註冊。

針對地理標示的保護方式，可分成一般地理標示及葡萄酒或蒸餾酒地理標示兩種；前者，有導致社會大眾誤認商品的實際產地時，不准此等商標註冊或評定註冊無效；後者，「葡萄酒或蒸餾酒」尚有額外保護，就算是已明確標示實際產地，若商標申請採用翻譯用語或補充說明，如與該產地商品「同類」、「同型」、「同風格」、「相仿」或類似標示者，也通通納入禁止的規定。

❿ **相同或近似於他人同一或類似商品或服務之註冊商標或申請在先之商標，有致相關消費者混淆誤認之虞者。但經該註冊商標或申請在先之商標所有人同意申請，且非顯屬不當者，不在此限**

商標法採行先申請註冊原則，當兩商標發生衝突時，應以申請註冊先後，作為取得商標權的判斷依據。舉例來說，1960 年黑白狗商標的威士忌在台灣註冊商標開始販售，2007 年進口服飾（民生行）也以黑白貓商標申請註冊，因為兩者的商標相似度太高，為避免消費者有所混淆，後申請者（黑白貓商標）即遭智慧財產局撤銷的命運。

註冊之消極要件（二）

★混淆誤認常見案例

❶商品或服務性質：以「鮑魚牌」商標指定使用於醃漬果蔬及罐裝製品、「MONOPOLY」（專賣品）指定使用於運動遊戲器具商品；❷品質：以「合格」指定使用於藥品或食品、「國際標準」指定使用度量衡儀器；❸產地：非巴黎製的香水、服飾，以「巴黎 PARIS」申請註冊；非日本東京產製之珍珠，以「東京珍珠」申請註冊。

香檳，是酒嗎？

商標專責機關為符合 TRIPS 協定第 23 條相關規定，特別公告「香檳」為法國香檳區之地理標示之翻譯，依我國與歐盟簽訂之雙邊協議及 TRIPS 協定第 23 條規定，該「香檳」在酒類商品上受保護，不可作為酒品之名稱。

UNIT **6-9**
註冊之消極要件（三）

⓫ 相同或近似於他人著名商標或標章，有致相關公眾混淆誤認之虞，或有減損著名商標或標章之識別性或信譽之虞者。但得該商標或標章之所有人同意申請註冊者，不在此限

針對「著名」商標或標章做加強性的保護；所謂著名，是指有客觀證據足以認定，已廣為相關事業或消費者所普遍認知而言。換句話說，國內從事相關產業的人，或一般消費者普遍知道該商標，就屬知名品牌。值得一究，保護這樣的商標，已跨越到營業利益衝突不明顯的市場，對自由競爭影響很大，所以，商標減損保護僅限於知名商標。其次，除混淆誤認外，更延伸保護至商標的「識別性」或「信譽」；舉例來說，第三人以有害身心或毀損名譽的方式使用著名商標，使人對著名商標的信譽產生負面聯想，應予以禁止。

⓬ 相同或近似於他人先使用於同一或類似商品或服務之商標，而申請人因與該他人間具有契約、地緣、業務往來或其他關係，知悉他人商標存在，意圖仿襲而申請註冊者。但經其同意申請註冊者，不在此限

基於民法上的誠實信用原則，為避免剽竊他人創用的商標或標章而搶先註冊，特別明定，遭他人不法搶註其商標時，列為不得註冊的事由。是否「意圖仿襲」，先使用人應負舉證責任，證明申請人「具有契約、地緣、業務往來或其他關係，知悉先使用商標之存在」的事實；譬如二人間的來往信函、交易憑證、採購資料或其他足以證明的文件等。

⓭ 有他人之肖像或著名之姓名、藝名、筆名、字號者。但經其同意申請註冊者，不在此限。

保護自然人的人格權。「他人之肖像」不以著名為限，經過裝扮或不同畫風呈現的肖像，足以辨識出該他人時，就算；而姓名、藝名、筆名、字號者，僅限達到「著名」的程度，方得適用。但是，申請人如取得他人同意申請註冊者，得於申請時檢附同意書，就不在限制範圍內了。

⓮ 有著名之法人、商號或其他團體之名稱，有致相關公眾混淆誤認之虞者。但經其同意申請註冊者，不在此限

保障商業秩序及防止不公平競爭，並保護消費者免於受混淆誤認的可能，著名的法人、公司行號或其他團體名稱，有受到法律保護名稱權的權利。「公司、商號或其他團體之名稱」，指公司法、商業登記法或人民團體法中的公司名稱、商號名稱或其他團體名稱而言，原則上應以中文為限。簡言之，須社會大眾認識且有依法律登記者為限。

⓯ 商標侵害他人之著作權、專利權或其他權利，經判決確定者。但經其同意申請註冊者，不在此限

商標權為智慧財產權之一，是以，商標以自行創作為原則，不得抄襲他人精神智能之產物；就此推論，商標權與其他權利發生衝突時，以保護權利在先者為原則。由於是否侵害他人著作權、專利權或其他權利，往往存有事實上或法律上的爭議，必須委由法院來審理並裁判，才能確知商標有無侵害他人權利；惟需特別留意條文中，「判決確定」並非指「註冊時」，即應取得確定判決結果，才能評定是否具有申請商標權的資格。

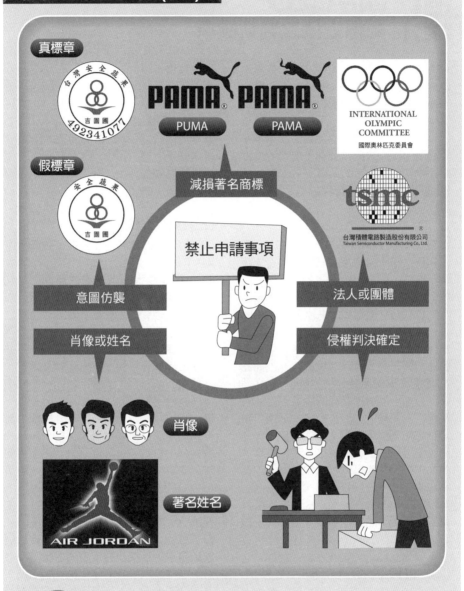

★歷史人物的商標權

　　歷史人物的肖像或已逝著名人士的姓名、藝名、筆名、字號等，因其人格權業已消滅，非為本款保護之範圍。但著名歷史人物的姓名與商品或服務的內容可能有關時，容易使相關消費者對其內容產生聯想，視其為商品或服務內容的說明者，應不具識別性，又著名歷史人物的鮮明形象，常具有社會教化功能，若使用於指定商品或服務，使人產生不敬或侮蔑等負面聯想，而對公共秩序或善良風俗有所妨害者，則不得註冊。

UNIT **6-10**
商標近似之判斷標準

圖解智慧財產權

商標近似，是指二商標給人的整體印象有諸多相似的地方。一般而言，具有普通知識經驗的消費者，在從事消費行為時，只要稍微多加注意，就能清楚分辨二種商標所象徵的商品或服務是不一樣的；相反來說，如果當下消費者仍不能區分二商標的差異，很有可能會誤認二商品或服務間有所關聯，即可推論為商標近似。

(一) 消費者觀點

判斷兩商標間是否構成近似，首先應確定的是，以誰的角度作為觀察點？回想商標最主要的功能，提供商品或服務的消費者藉以區別商品或服務來源，因此，是否構成近似，當然應以具有普通知識經驗的消費者為主。其次，何謂具普通知識經驗？消費市場龐大，因商品性質與消費型態皆不盡相同，想當然爾，在進行消費行為時的注意程度，也都會因人而異。舉例來說，一般性日常消費用品，消費者的注意程度較低，容易產生近似的印象；反之，若是專業性商品，如藥品或單價較高的汽車，消費者在購買時會施以較高的注意力，區別商標間差異的能力自然會提高，判斷近似的標準理當高於一般日常用品的消費者。

(二) 近似類別

判斷標準應以商標圖樣整體為觀察。商標給予商品或服務之消費者的印象，可以就商標整體的外觀、觀念或讀音等來觀察；特別要再強調，外觀、觀念或讀音其中之一的相近，雖有可能導致商標整體印象的近似，但並非絕對必然的。

❶ **外觀近似**：商標的構成，包括文字、圖形或記號等聯合形式，有無近似，應就整體外觀印象來判斷，是否足以使消費者發生混淆。

❷ **觀念近似**：指二商標想表達的意義或給人的印象，因為相同或相近，導致消費者發生混淆的判斷。

❸ **讀音近似**：單純文字商標，消費者以口頭或電話訂貨，或商品是以收音機或電視為廣告時，消費者在聽覺上是否會發生混淆的情形。

(三) 判斷標準

法院及行政機關主要依據下列幾個原則：

❶ **一般消費者施以普通注意原則**：判斷二商標是否近似，是以「具有普通知識經驗之消費者，於購買時施以普通之注意」。簡單來說，一般人從事消費行為時，會隨著價格高低、性質而有不同的注意程度，只要購買當下稍加留意，二種商品或服務是否會因為商標的關係而產生混淆的關聯性。

❷ **通體觀察及比較主要部分原則**：商標雖然是以整體圖樣呈現，然而，消費者對其中較為顯著的部分，容易產生關注或者事後留在特別印象中，此一顯著部分即屬主要部分。故判斷商標近似，雖以整體觀察為依歸，仍可留意其「主要部分」的觀察。

❸ **消費者記憶測驗原則（異時異地隔離觀察原則）**：一般消費者於購買商品時，往往是以模糊的記憶為判斷基準，甚少拿著商標以並列對比的方式來進行選購，也因此，細微部分的差異，在消費者心中難以發揮區別的功能；判斷商標是否近似時，隔離一段時間以及一段距離，用以測試消費者是否會受到混淆來判斷。簡言之，在提醒審查人員，應設想一般實際購買行為態樣，在不同的時間或地點做重複選購的行為，這樣一個設身處地的思考原則，在判斷商標近似時，應注意切實掌握。

消費者觀點

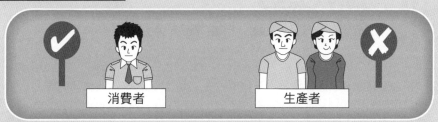

消費者　　　　　生產者

近似類別

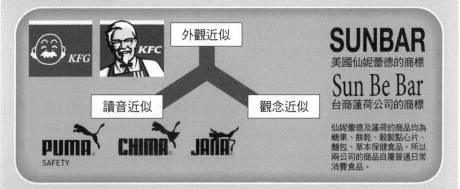

外觀近似

讀音近似　　　　觀念近似

SUNBAR
美國仙妮蕾德的商標

Sun Be Bar
台商蓮荷公司的商標

仙妮蕾德及蓮荷的商品均為糖果、餅乾、穀製點心片、麵包、草本保健食品，所以兩公司的商品自屬普通日常消費食品。

判斷標準

普通注意

整體觀察

記憶原則

★「BabyBoss」商標案

　　中保寶貝城在 2007 年申請註冊「BabyBoss」商標，已由智慧財產局核准；雨果伯斯發現後，以「BabyBoss」與該公司的「HUGO BOSS」、「BOSS」等系列商標相似為由，申請智慧財產局評定，智慧財產局隨後將中保寶貝城的「BabyBoss」商標撤銷。中保寶貝城認為，兩公司的商標整體性相差很大，向智慧財產局提起訴願，但遭駁回，進而一狀告進法院。

　　智慧財產法院認為兩者商標差異大，指定使用之商品與服務不相同，亦無證據體現消費者實有混淆誤認之虞，因此將訴願與原處分撤銷。然而雨果公司不服繼續上訴，最高行政法院認為，著名商標應受之保護程度應越廣，同時雨果公司主張其已多角化經營，原審卻未加斟酌，因此發回更審。更審認為，兩者商標除皆有「BOSS」之用字外，於外觀上差異甚大，消費者不致有混淆之虞，近似程度極低，同時雨果公司亦未提出其係已多角化經營之證據，因此維持原判決。雨果公司再度上訴至最高行政法院，最高行政法院認為，兩造商標帶給消費者之觀念不同，同時，指定使用之商品與服務相差甚遠，市場上並不相互影響，再者，雨果公司無法就其已在飲食業多角化經營一事提供證明，綜上所述，最高行政法院認原判決與法規並無違背，與解釋判例亦無牴觸，駁回雨果公司之上訴，中保寶貝城仍得繼續使用其商標。

UNIT *6-11*
商標或標章之「著名」程度

著名商標的形成需要投入大量的金錢、精力與時間，基於保護著名商標權人所耗費的心血，避免他人任意攀附著名商標的信譽與識別性，有必要對著名商標給予較一般商標更有效的保護。有關著名商標之保護，除防止商標有可能遭到混淆或誤認的疑慮外，對於商標本身的識別性與信譽，更提供預防性的保護機制，以免遭遇到品牌形象或價值減損的情形發生。

(一) 客觀證據

著名商標或標章，指商標所表彰的識別性及信譽為消費者所熟知；換言之，若該商標已廣為一般消費者所知，即屬知名品牌。實務上，每一商標的著名程度，有高低別之分，應如何客觀證實？以商標申請註冊時為判斷時點，商標權人欲主張其商標或標章為著名商標，應檢送使用的相關證據，如證明國內消費者普遍得知該商標的存在，若要證明國外已廣泛使用者，比照辦理。簡言之，以「普遍」與「具體」的概念來分析，便可得知是否為著名商標。

(二) 著名商標認定應依個案考量下列因素

❶ 識別性強弱

識別性越強的商標，給予消費者的印象則越深刻，越易成為相關事業或消費者所普遍知悉的著名商標。

❷ 相關事業或消費者認識的程度

相關事業或消費者知悉或認識商標的程度，可由相關證據證明；如市場調查及意見調查等資料。

❸ 商標「使用」期間、範圍及地域

檢送相關資料可推論商標是否已達著名的程度；原則上，使用期間越長、範圍及地域越廣，越有可能達相關事業或消費者普遍認知的著名程度。

❹ 商標「宣傳」期間、範圍及地域

經由廣告、宣傳品或電子媒體（包括網路）等，在全國密集地刊登與播送，即使商標宣傳期間不長，仍有可能達到相關事業或消費者普遍認知的著名程度。

❺ 商標是否申請或取得註冊及其註冊、申請註冊之期間、範圍及地域

商標權人通常除檢送該商標實際使用證據外，也可檢送國內外相關的註冊資料加以佐證。商標在世界各地申請或取得註冊越多、期間越長，即可推定該商標是否為著名的參酌因素之一。簡單來說，品牌足跡如擴展到世界各地，則該商標就是個全球化的著名品牌。

❻ 商標成功執行其權利的紀錄

商標成功執行權利的紀錄，特別是行政或司法機關曾認定的著名案例，如異議審定書、評定書、訴願決定書或法院判決書等，都有助於證實此商標為著名品牌。然而，考量此項因素時，需特別注意「時間點」，因商標會隨時間經過而有所變動，若年代久遠，譬如已超過3年，此時，是否仍屬著名商標則須參酌其他相關證據加以判斷。

❼ 商標的價值

商標價值越高，該商標為相關事業或消費者普遍認知的可能性越高。

❽ 其他足以認定著名商標的因素

上述各項認定著名商標之參酌因素，應就個案具體情況考量；也就是，個案不一定會呈現所有的參酌因素。

著名商標

認知對象

產銷流程中所有的參與者。如：

❶ 實際或潛在的消費者
❷ 經銷管道的經營者
❸ 生產製作的相關業者

認定因素

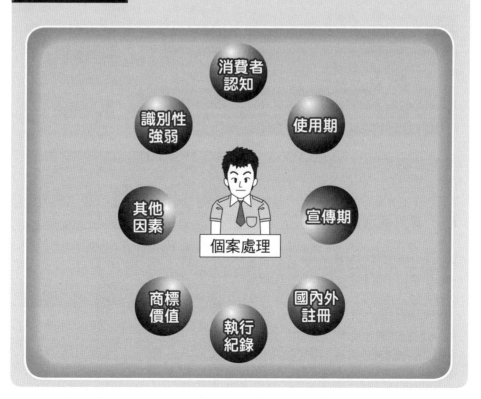

消費者認知

識別性強弱

使用期

其他因素

宣傳期

個案處理

商標價值

執行紀錄

國內外註冊

UNIT **6-12**
減損著名商標或標章之識別性或信譽之虞者

企業多角化經營的時代，若他人將商標權人努力經營的信譽，靠著免費搭知名度的便車（Free Rider），將著名商標使用於風馬牛不相及的業務上，即有可能發生沖淡或減弱著名商標的識別性或信譽；換言之，不當的大量利用或引用他人著名商標的聲譽，易造成該商標的顯著性明顯減弱，甚至很可能消失而轉變成名詞，將不能再受到商標法的保護。

淡化理論（dilution），指將他人著名商標使用於雖非同一或同類商品，或完全不致發生誤認混同的各式商品，致該著名商標識別性被沖淡或減弱。簡單來說，跨領域的生產者或服務者，在未經許可下使用與該著名商標相同或近似的標示，縱使市場有所區隔，且營業利益衝突並不明顯，消費者對該標示也不至於產生混淆或誤認，但因其不當使用的關係，將很有可能會造成著名商標的識別性或信譽遭受到損害，最終帶來損失；此一行為屬商標權之侵害，即為商標淡化保護所要解決的問題。

我國商標法規定商標淡化的類型包括「減損著名商標識別性之虞」與「減損著名商標信譽之虞」兩種，以下分別說明：

(一) 減損識別性

減損著名商標識別性之虞，指著名商標的識別性有可能遭受減弱，亦即當著名商標使用於特定商品或服務，僅會使人產生某一特定來源的聯想；但是，當未經商標授權第三人的使用行為，減弱或沖淡該商標曾經強烈指示單一來源的特徵或吸引力時，商標很有可能將會變成指示二種或二種以上來源的商標，導致消費者在心理上聯想到原來的商標時，此種聯想會因而削弱原先商標的識別性、銷售力及價值者。

舉例來說：說到 ROLEX，一定會直接聯想到手錶；說到 NIKE，一定會直接聯想到球鞋。如果著名商標所有權人無法防止他人使用近似商標，久而久之，消費者即不會再對著名商標產生特定聯想力，逐漸地著名商標與所代表的商品或服務間獨特性就會被淡化，進而喪失著名性及識別性。

(二) 減損信譽

減損著名商標信譽之虞，指後使用者將相同或近似於著名商標的圖樣，使用於負面、較為低級、色情、違法的物品或服務上，相關消費者並不會因此認為後使用者的商標與著名商標有任何關聯，但是會在心裡留下負面的印象；換言之，消費者會因未取得授權第三人之使用行為，使消費者對著名商標所代表的品質、信譽產生貶抑或負面的聯想。

舉例來說：海報商將可口可樂公司所用「Enjoy Coca-Cola」的商標字樣改成「Enjoy Cocaine」並製成海報加以販售；針對海報商的行為，可口可樂公司提出商標污損及混淆誤認之虞的訴訟。最後，法院雖然認為海報商的行為並無引起混淆誤認的疑慮，但已構成減損著名商標信譽，判決海報商敗訴。

🔵 小博士解說

商標淡化在概念上著重於對著名商標本身的保護，可知防止損害著名商標識別商品或服務來源的能力或其所表彰之信譽。

淡化理論

商標識別性「強」

商標識別性「弱」

跨領域使用著名商標，縱使市場有所區隔，消費者也不至於混淆，但仍然會沖淡或減弱著名商標的識別性。

淡化類型

減損識別性

減損信譽

面速力達母（藥品）

小護士（食品）

★Scarves by Vera, Inc. v. Todo Imports Ltd. 案

知識補充站

　　美國法上為避免商標被淡化（dilution），以及是否對產品之來源發生混淆或誤認之虞為標準，若是蓄意搭便車（Free Rider）的情況，亦可基於不公平競爭（unfair competition）來保護著名之商標。

　　早於 1976 年 Scarves by Vera, Inc. v. Todo Imports Ltd. 案，原告認為其係高級設計包裝之名牌，而被告同樣使用「Vera」之商標於其所販售之香水、化妝品上，因此被告之行為使原告商標之品牌有被淡化之虞，對被告要求損害賠償。

　　原告舉證其銷售之點，各精品店、百貨公司並有一年達千萬之銷售收入，廣告花費也達數十萬甚至上百萬美金；雖然被告舉證 Vera 使用在說明製造商的功能，而非商標部分。上訴法院的看法採行原告的指控，認為：
❶ 商標法乃保護先使用者在未來可能跨領域經營的利益。
❷ 保護先使用者的商譽。
❸ 很明顯地，本案中被告乃利用原告品牌之功能，不但未自己去發展商標，且明顯的為搭便車行為。

　　本案中，雖然被告辯稱所使用商標乃使用於與原告不同領域之商品範圍，但法院仍認為後使用者的使用，會使先使用者的商標功能失去識別性，即使在不相關的商品販售上，仍然會使消費者誤認其商品來源，而產生不公平競爭的情況。

UNIT **6-13**
商標權之取得與期間之延展

商標權為智慧財產權屬無體財產權；商標或標章在未經核准註冊前，任何人均可使用，但一經他人選擇特定標識並申請註冊後，申請人自註冊公告當日起取得商標權，商標權人即依法擁有支配其註冊商標的權利，同時，得禁止他人侵害並得請求損害賠償的權利。

(一) 存續期間

商標權存續期間為期 10 年，自註冊公告當日起算，且商標權人可於商標權期間屆滿前申請延展，每次展延 10 年且不限次數；簡言之，商標權具有永續權利的屬性。相反來說，商標權人不欲延展註冊，商標權自期間屆滿日後，當然消滅；又或者說，商標權人僅為避免或阻礙他人進入市場，商標註冊後，沒有使用或停止使用已滿 3 年，且無正當事由者，此時將構成商標法廢止事由，認定註銷其商標權的使用。

(二) 申請延展

商標權延展，應於商標權期間屆滿前 6 個月內提出申請，並繳納延展註冊費；屆滿後 6 個月內申請者，應繳納二倍延展註冊費。前者，屬於一般的繳費期限，所以只須繳納延展註冊費即可；後者，因為超過商標權的有效期間，本應依法規定該商標權消滅，但是，又考慮到權利取得不易，特別明定，加倍繳交延展註冊費的寬限期。

舉例來說：商標於 2020 年 1 月 1 日註冊公告，商標權期間屆滿日為 2029 年 12 月 31 日，則 2029 年 7 月 1 日起至 2029 年 12 月 31 日止期間內申請延展，須繳納延展註冊費新臺幣 4,000 元；如果逾期未申請延展，得於 2030 年 6 月 30 日前繳納二倍延展註冊費，即新臺幣 8,000 元。此外，若超過商標權期間屆滿後 6 個月才提出者，如 2030 年 7 月 1 日後，除非因天災或不可歸責於己的事由外，商標專責機關（智慧財產局）應不予受理。

(三) 地域範圍

商標法是國內法及採行屬地保護原則的精神，於我國註冊取得的商標權，效力範圍原則上僅限於我國領域，不可於其他國家主權領域內主張其商標權利；倘若在國外已取得商標權，亦欲在我國主張商標權保護者，應依照我國法律規定，向我國商標專責機關來申請註冊。

小博士解說

❶ **商標權行使領域範圍之認定**

巴黎工業財產權保護同盟公約所規定之國民待遇原則以及商標權獨立原則，係以屬地主義為前提，即在一國註冊取得之商標權，僅在該國領域內享有商標專用權。商標權之地域範圍以其申請註冊之地區為限，亦即已註冊地區所屬國主權所及之領域為受保護地區。在國際私法上，關於商標權之取得、移轉、效力等須依權利授予國之法律，意即須依授予國之國內法為準。

❷ **商標權存續有利害關係人**

申請延展商標權期間，商標權人應備具申請書，就註冊商標指定之商品或服務之全部或一部為之。但對商標權存續有利害關係之人，如被授權人、質權人或以商標權作為保全處分標的之人，自得載明理由提出商標權期間延展之申請，以免權益受損。

存續期間

繳納證書費及商標註冊費

審定書送達

公告並領證

取得商標權

商標證書

公告

申請延展

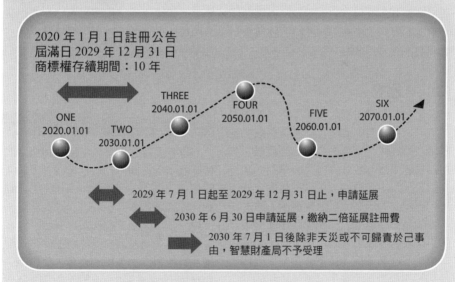

2020 年 1 月 1 日註冊公告
屆滿日 2029 年 12 月 31 日
商標權存續期間：10 年

THREE
2040.01.01

FOUR
2050.01.01

ONE
2020.01.01

TWO
2030.01.01

FIVE
2060.01.01

SIX
2070.01.01

2029 年 7 月 1 日起至 2029 年 12 月 31 日止，申請延展

2030 年 6 月 30 日申請延展，繳納二倍延展註冊費

2030 年 7 月 1 日後除非天災或不可歸責於己事由，智慧財產局不予受理

知識補充站 ★延展日之認定

　　因申請延展註冊到專責機關核准，可能商標權期間尚未屆滿或已超過原商標權期間，尤其在商標權期間屆滿後六個月內才提出申請者，為使商標權之期間得以接續銜接，不論專責機關實際核准延展之期日為何，明定經核准延展者，一律自商標期間屆滿日後起算。

UNIT *6-14*
商標權之獨占使用權

圖解智慧財產權

商標，屬於無體財產權的私權範圍，經註冊後所取得的權利內容，包括專屬使用權、排他權，以及移轉、授權、設定質權等處分權。

(一) 專屬使用權

權利人經由註冊取得商標權，可在其註冊指定的商品或服務上，有權行使並享有專屬的權利；例如「黑松」註冊指定於汽水，商標權人即可專屬使用「黑松」商標於汽水商品。其次，既為商標獨占使用權，意指商標權人在獨占所使用的範圍內，應明顯標示「標識」（Sign）及所指定的商品或服務；換言之，權利人應按照註冊內容行使該權利，原則上不應超出註冊範圍，否則若變換或加附記或未使用的商標，將皆會構成廢止註冊的事由。

(二) 排他權

排他權雖非使用權，但卻與使用權密不可分。以註冊的商標及商品為根據，商標一經註冊，即可初步認定商標權人在註冊範圍內不致侵害他人的權利，換句話說，明定商標權人可以排除他人使用的範圍，即所謂的排他權範圍。值得一提的是，商標權人的商標專屬使用範圍與排他範圍並不相同；前者，主要偏向積極行使專屬權，後者，主要偏向確保相關消費者不致發生混淆或誤認的疑慮，保護商標識別性功能不受到侵害。

依照商標法的規定，商標權人有兩種防阻他人使用商標的方法：❶商標權人對於侵害其商標權者，得請求除去之；有侵害之虞者，得請求防止之；❷對於該他人商標的註冊提起異議，防阻他人的商標獲得註冊，或將已註冊的商標予以撤銷。承上案例，以「黑松」註冊使用於汽水，商標權人即可以排除他人將「黑松」或近似於「黑松」的商標，使用於果汁等飲料或其他類似的商品；又或者是，針對他人註冊「黑松」或近似於「黑松」的商標，以涉有商標異議、評定、廢止等爭議，防止申請核發新商標，或申請將該爭議商標應予以作廢。

(三) 處分權

商標，具商業上價值，屬於資產的一部分，商標權人理當得視實際需要，將商標權處以移轉、授權或設定質權等方式。譬如說，商標因使用所累積的商譽，商標權人得以用買賣契約方式出賣該商標；又譬如說，也可將一定期間內授權商品銷售金額比例，以授權方式作為商標權利金之收入。

🄳 小博士解說

商標受保護之主體，以獲准註冊之商標圖樣為其範圍，若商標之稱呼未載入圖樣中，則不受商標法所保護，如已經載入商標圖樣中，且成為商標圖樣之全部或一部，則為商標保護之客體。商標之實際使用為維護商標權之要件，商標權人有使用商標圖樣的義務，使用註冊商標應以原註冊的商標整體使用為原則；惟實際使用的商標與註冊時的商標或許有些不同，依社會一般通念，不失其同一性，可認為有使用註冊之商標。

專屬使用權：專屬權 ＋ 實際使用

專屬權　　＋　　汽水　　＋　　商標　　＝

排他權

侵害商標權者
得請求除去之

未經許可，嚴禁使用

反侵權

有侵害之虞者
得請求防止之

處分權

權利

買賣移轉　　　　授權使用　　　　　　　　設定質權

知識補充站

商標法規定，下列情形除另有規定外，應經商標權人之同意：

❶ 於同一商品或服務，使用相同於註冊商標之商標者。

❷ 於類似之商品或服務，使用相同於註冊商標之商標，導致相關消費者混淆誤認之虞者。

❸ 於同一或類似之商品或服務，使用近似於註冊商標之商標，導致相關消費者混淆誤認之虞者。

因為有排他範圍的保護，商標權人就註冊的商標及商品有獨家的使用權利，且商標排他範圍主要在確保相關消費者不致發生混淆誤認之虞，保護商標權不受侵害。

UNIT *6-15*
商標權效力之限制

商標權,賦予一人排他專屬權,享有極高的經濟利用價值。倘若改從另一競爭者的角度,商標一經註冊就可以永遠享有排他權及獨占權,此舉是否會顯失公允?為促進工商企業正常發展及維護市場公平競爭,法律明定一般商標權侵害行為的免責事由,包括合理使用、功能性的使用、善意先使用及商標權耗盡等四種情形;也就是說,在符合此等情形下,即使知道商標權的存在,也不受到他人商標權效力所拘束。

(一) 合理使用行為

符合商業交易習慣的誠實信用方法;主要是指行為人「主觀上」沒有不正當競爭或攀附他人商標的意圖,「客觀上」使用的事證須符合誠實信用方法,無不正確或有意影射他人商標商譽的情形。簡言之,未影響公平競爭秩序。舉例來說,汽車維修廠通常會將各大車廠的商標示於招牌上,縱使未特別說明是維修哪些廠牌的車輛,相關消費者也不會誤認為是某一特定車廠的直營或加盟維修廠,就行業慣例而言,自屬合理使用。

(二) 功能性使用

為防止廠商欲達長期保護特定功能之目的,規避專利法以商標來偷渡,故法律規定商標必須不為發揮商品或服務功能所必要者。簡單來說,專利法有特定的存續期間,而商標法卻可以達到永續期間的保護,為使一般業者都可以合理使用以利公平競爭,含有特定功能的物品不受他人商標權效力所拘束。譬如:柳橙口味的藥物,雖不會使藥物在治療疾病上達到更好的效果,但是可以遮蓋藥物的味道,該競爭優勢應保留給同業使用,不宜由一人所獨占,避免影響同業公平競爭的機會。

(三) 善意先使用

這是註冊制度的例外,主要目的在於保護「善意」先使用者。一般在未經同意而使用的情形下,商標權人對於侵害其商標權者,得請求損害賠償,並得請求排除其侵害,有侵害之虞者,得請求防止之;然而,當該商標早已經在市場上持續使用,使用人卻因為不知道其他人去申請商標註冊,因而負損害賠償之責,難免有失公允。簡言之,為保障善意先使用者的利益,先使用商標,但未申請商標註冊,仍得於他人取得註冊商標後繼續使用。

(四) 商標權耗盡

商標權利耗盡,經由製造商、販賣商、零售商等發生銷售行為時,商品或服務在轉售當下,已存在商標默示之授權使用,權利人不得就該商品主張商標權而禁止該商品的嗣後轉售。簡單來說,商標權於第一次放入市場銷售時,商標權已耗盡,二次行銷或消費者的使用或轉售,將不受商標權效力所拘束。除非,為防止商品流通於市場後,發生變質、受損,或有其他正當事由,商標權人可以主張為免商標信譽受損,或發生不公平競爭情況,對該商品行使商標權。

小博士解說

行為人若明知為他人註冊著名商標的文字,其有關公司、商號或其他營業主體名稱的使用有致相關消費者產生混淆誤認之虞或減損著名註冊商標識別性或信譽之虞,而有商標法第 70 條第 2 款視為侵權規定適用時,即無依本條主張阻卻違法免責事由之餘地。

專利權除外狀況

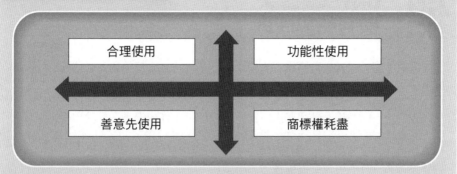

合理使用	功能性使用
善意先使用	商標權耗盡

為發揮商品或服務功能所必要者

為發揮商品或服務功能所必要者

- 該功能為達到該商品或服務之使用或目的所必須
- 為達到某種技術效果所必要
- 該功能的製作成本或方法比較簡單、便宜或較好
- 於同類競爭商品或服務中具有競爭優勢
- 首創者除得循專利法取得一定期限之保護外，不受他人商標權效力所拘束

主張善意先使用者必須符合下列要件

要件

- 使用在先之事實必須發生於他人商標申請註冊前
- 繼續使用之範圍以原使用之商品及服務為限
- 商標權人可以要求在該先使用人附加適當區別標示

★「石頭鄉」商標侵權案例

　　1989 年史〇〇跟擁有「石頭鄉」註冊商標的業者陳〇〇拜師，學習烤玉米，還獲師傅授權使用該商標，之後就在台南南都戲院旁賣烤玉米謀生。不料師傅未將商標申請延期使用就過世；有一李姓業者於 1997 年向智慧財產局註冊該商標獲准，並發現史〇〇也在使用該商標，進而控告商標侵權。

　　史〇〇向法官說明，不知師傅生前未申請展延商標，也不知商標權易手，為證明他使用該商標比李姓業者更早，他找出 17 年前周潤發的《賭神 2》電影，指他的招牌確有入鏡。智財法院認定無犯罪故意，引用商標法第 36 條第 1 項第 3 款善意使用，判他無罪。

UNIT *6-16* 權利耗盡原則

商標由商標權人或經其同意之人標示於商品上，於市場上交易流通後，權利人不得就該商品主張商標權而禁止該商品嗣後轉售，即為權利耗盡原則；換言之，商標權於第一次放入市場銷售時，已經耗盡，二次行銷或消費者的使用或轉售等行為，將不再受到商標權效力所拘束。何謂「商標權人或經其同意之人」？一般指的是「合法」交易行為，除此之外，尚須留意商標權人與被授權人間是否有特殊約定，如市場地域限制的約定，或經銷商是否受到商標權人的契約限制；舉例來說，商品為「展示用」或有「不得販售贈品」聲明時，就不應該視為是商標權人已同意投放到市場流通中的商品。

(一) 地域範疇

依地域可區分為國內耗盡及國際耗盡兩種：

❶ 國內耗盡

在「本國」第一次進入市場後，對該物品的使用、銷售等權利皆被耗盡；國外商品第一次進入國內市場，商標權人對該項物品仍得主張其權利。

❷ 國際耗盡

指商標權人對於經同意而流通於市場的商品，不論第一次投入的市場是在國內或國外，都不能再主張其權利。我國商標法採行國際耗盡原則，明文承認真品平行輸入的正當性。我國係採納國際耗盡原則。

(二) 平行輸入

何謂真品平行輸入？該商品主要來自海外產製的正牌商品，俗稱水貨商品。此一真品的平行輸入，其品質與我國商標使用權人行銷的商品相若，無引起消費者混淆、誤認或受騙的疑慮，可達預防商標權人獨占國內市場或控制商品價格等，更可使消費者購買同一商品時，尚有選擇的餘地；平心而論，與商標法之目的並不違背，在此範圍內，理應認為不構成侵害商標使用權才是。簡言之，平行輸入可達市場自由競爭之機制。

(三) 例外情況

當產品自由流通與商標權利保護有所衝突時，在若干情況下，法規解釋會偏向認定商標權利仍未耗盡。舉例來說，商標權人為避免商品變質，進而影響到商標信譽受損，得於商品流通市場後，仍主張其商標權；歐盟法院實務上，出現過類似的判決，針對商標信譽有受損疑慮時，認為此一商標權人的主張，為權利耗盡原則之例外。

🙂 小博士解說

「真正商品平行輸入」之進口商，對其輸入商標權人所產銷附有商標圖樣之真正商品，苟未為任何加工、改造或變更，逕以原裝銷售時，因其商品來源正當，不致使商標權人或其授權使用者之信譽發生損害，在未違背商標法立法目的範圍內，應認已得商標權人同意為之，並可為單純商品說明，適當附加同一商標圖樣於該商品廣告等同類文書上。

若擅予加工、改造或變更，而仍表彰同一商標圖樣於該商品，或附加該商標圖樣於商品廣告等同類文書加以陳列或散布之結果，足以使消費者發生混淆、誤認其為商標權人或其授權之使用者、指定之代理商、經銷商時，自屬惡意使用他人商標行為，顯有侵害他人商標權之犯意，應依其情節，適用商標法刑罰規定論處。

權利耗盡原則（又稱第一次銷售原則）

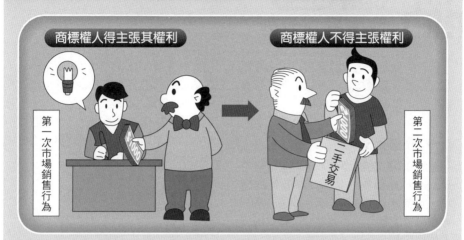

地域範疇

認定「第一次」合法買賣的地域範圍

 ★未得商標權人同意，視為侵害商標權

❶ 明知為他人著名之註冊商標，而使用相同或近似之商標，有致減損該商標之識別性或信譽之虞者。

❷ 明知為他人著名之註冊商標，而以該著名商標中之文字作為自己公司、商號、團體、網域或其他表彰營業主體之名稱，有致相關消費者混淆誤認之虞或減損該商標之識別性或信譽之虞者。

UNIT **6-17**
商標權之分割

現行商標法採一申請案可指定多種類別的制度，商標權人若考量企業經營有其必要，得申請分割商標權。

(一) 分割目的

分割機制是將商標權利集合體分成數個較小的商標權，並非商標圖樣的變動，且實質上的權利範圍也並未改變。商標權核准分割後，智慧財產局將依分割的件數發給新的註冊號數，並核發新的商標註冊證，原來商標註冊簿上的舊商標註冊證，將立即作廢。

商標權人可藉由商標分割制度，更加靈活運用其商標權。譬如說，可透過分割機制做商標權的部分移轉、部分授權或是設定部分的質權；又或者說，當註冊商標遭他人提出異議或申請評定時，也可透過分割商標權，保留未受爭議部分的商標權。只不過，商標權移轉、變更、授權及設定質權等登記申請，屬於按件收費，分割後將使商標權維護費用增加，商標權人若無實質必要，基於省錢考量，理應盡量避免才是。

(二) 分割申請

欲申請商標權分割案者，應備具申請書，載明分割件數及分割後商標的指定使用部位，按分割件數檢送分割申請書副本及其相關文件；分割後，各商標權指定使用的商品或服務不得重疊，且不得超出原商標權指定範圍內。申請時機可分商標審定前或註冊後：

❶ 審定前

申請分割的原案申請人應按照分割件數，檢送相同份數的分割申請書副本，及分割後商標申請書與相關文件。原案得依其分割件數分別獨立成新申請案，並給予新的申請案號而繼續進行審理程序；原申請案於核准分割後，以加註分割方式予以結案。簡言之，以原註冊申請日為新案的申請日，將原申請案分成數個新申請案件來辦理。

❷ 註冊後

申請分割者應備具申請書，載明分割後各件商標的指定使用商品或服務，並按分割件數檢送申請書副本。註冊後商標權分割，以「已取得」商標權為前提，因此，申請商標權分割無需以指定使用商品或服務的類別為基準；商標權人除了可以將指定使用於一案多類別的註冊商標，分割為二個以上的商標權外，還有另一種選擇，將指定使用於同一類別二個以上的商品或服務申請分割。簡言之，將原來的商標權分成數個新的商標權來處理。

小博士解說

對分割提出異議者

❶ 商標權經核准分割公告後，對分割前註冊商標提出異議者，商標專責機關應通知異議人，限期指定被異議之商標，分別檢附相關申請文件，並按指定被異議商標之件數，重新核計應繳納的規費；規費不足者，應為補繳；有溢繳者，異議人得檢據辦理退費。

❷ 異議處分前，被異議的商標權經核准分割者，商標專責機關應通知異議人，限期聲明就分割後之個別商標續行異議；屆期未聲明者，以全部續行異議論。

商標權分割

五南文化事業機構

五南圖書

書泉出版社

考用出版社

台灣書房

分割的類型

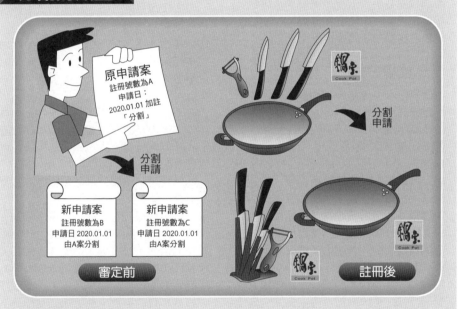

原申請案
註冊號數為A
申請日：
2020.01.01 加註
「分割」

分割申請

新申請案
註冊號數為B
申請日 2020.01.01
由A案分割

新申請案
註冊號數為C
申請日 2020.01.01
由A案分割

審定前

分割申請

註冊後

知識補充站 ★系爭商標之分割時限

　　當事人對於其商標與他人的商標是否構成混淆誤認之虞尚有所爭執，不願減縮其商品／服務者，則可考慮分割為二以上的註冊申請案，讓無爭議部分的商品／服務先行註冊取得權利。分割前商標權如有授權登記、質權登記或禁止處分等情形，分割後仍繼續存在於各分割後的商標。

　　其次，註冊商標涉有異議、評定或廢止案件時，經雙方交叉答辯及陳述意見，已有足夠時間讓商標權人斟酌考量有無必要申請分割商標權，或透過減縮指定使用商品／服務方式，除去被爭議商標註冊違法情形，為衡平當事人權益，並使雙方爭議的商標權範圍及早確定，故申請分割及減縮的時點，應於爭議案件「處分前」為之，不得在行政救濟程序中再行主張。

UNIT **6-18**
商標權之授權使用

商標授權他人使用，是將其專屬使用商標的權利，依授權契約所約定的條件，授予他人使用的權限；商標權人仍擁有商標權，被授權人於契約的授權期限屆滿後，授權關係立即終止，不得再使用該商標。商標授權對社會經濟活動來說，有非常高的正面價值，商標權人可透過授權方式管理，使商品品質有適當的監督與控管，而且，商標不但可因授權多人使用而提升知名度，相關商品產製技術及服務流程的機制，也可趁此機會獲得轉移，有利於整體的產業發展及提升商標權人的競爭能力。

(一) 授權方式

商標權人可考量經濟利益及需要，不一定要將所有的權利一次或一併授權同一人處置，可針對商標權的全部或一部、專屬或非專屬授權、銷售區域、授權期間等不同事項分別進行授權事宜。因此，為避免影響商標權人的註冊權益，當授權契約未明定為專屬或非專屬授權時，通常被視為非專屬授權。另外，值得一提的是，商標授權契約所約定的授權期間，若超過商標權存續期間時，該授權契約效力不受影響；其變通方式為，為履行契約責任，商標權人應延展商標註冊，或被授權人為保全商標權也可自行申請延展商標權期間。

商標授權可區分：

❶ **專屬授權**（exclusive license）：商標被授權人使用後，在被授權的範圍內，排除商標權人及第三人使用，也就是，授權期間商標權人不得再使用該商標。

❷ **非專屬授權**（non-exclusive license）：商標經授權他人使用後，商標權人得繼續使用該商標，亦可再授權其他人使用該商標，換言之，容許授權人把同一特定內涵的權利，以非專屬的方式，同時授予多人使用；最典型的例子就是，以加盟經營方式的便利商店或速食店等。

❸ **獨家授權**（sole license）：商標授權給單一的被授權人使用後，商標權人仍可使用該商標，惟不得再授權其他人使用。商標權人為「獨家授權」後，如就授權範圍重複授權第三人使用，應負契約不履行責任。但不影響已授權登記之效力。

(二) 授權登記

申請授權登記，應由商標權人或被授權人備具申請書，載明授權登記內容；由商標權人申請者，原則上不用檢附前述授權證明文件。其次，商標授權無論是專屬或非專屬的方式，非經商標專責機關登記者，不得對抗第三人；簡單來說，授權於雙方當事人間達成合意即發生效力，但是必須向智慧財產局辦理登記，才能對抗第三人，此即商標權授權實施登記。

此一規定，主要在保障授權雙方當事人以外的第三人，在法律上可以不接受或承認該授權及它的後果。舉例來說，授權一旦登記後，假若日後發生商標權移轉的情形，被授權人得繼續主張其經授權使用商標的權利，直至原授權契約所約定的使用期間屆滿為止，不受商標權移轉事實的影響；此可稱之為移轉不破授權，因此，授權登記後，商標權移轉者其授權契約對受讓人仍繼續存在。

🔲 小博士解說

證明標章、團體標章或團體商標依權利性質與特性，若任意授權他人使用，恐有影響消費者利益及公平競爭之虞，除非經商標專責機關核准，故證明標章、團體標章或團體商標，原則上不得授權他人使用。

商標權授權

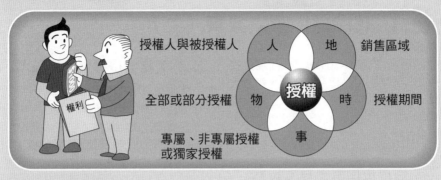

授權人與被授權人

全部或部分授權

專屬、非專屬授權
或獨家授權

人　地　銷售區域

物　授權　時　授權期間

事

權利

授權方式

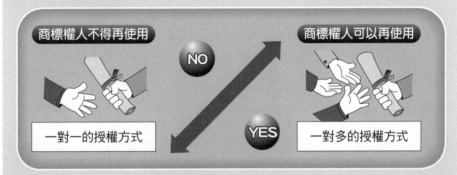

商標權人不得再使用

商標權人可以再使用

NO

YES

一對一的授權方式

一對多的授權方式

商標權授權實施登記

❶ 授權生效：
　雙方當事人合意當下
❷ 授權登記：
　未登記者不得對抗第三人
❸ 生效時間點：
　商標註冊簿或商標公報日

知識補充站　★授權 vs. 代工

　　已開發國家的廠商經常把商標授權給低度開發國家的廠商，以利後續的製作或銷售該項商品。假若，經銷原封不動的商標貨，此一銷售行為即不屬商標之使用，故不需相關授權；又若，以 OEM 方式由生產廠商製造商品，貼上訂貨人之商標，嚴格論述，也不算商標的使用，亦也無所謂授權的問題。

UNIT **6-19**
商標權侵害之救濟（上）

商標權，既屬於財產權之一，理當受到我國法律明文保護；換言之，為有效執行保護智慧財產權，當侵害已發生或有存疑時，侵權行為人同時負有民事與刑事責任。

(一) 商標權侵害之民事救濟

欲合法使用註冊商標，本應透過商標授權的方式，經授權範圍內支付對價後，方能使用；未經商標授權的使用行為，屬於侵權行為，對於商標權人所造成的損害，商標權人可依序請求。

❶ 侵害除去請求權

對於侵害權利者，得請求排除或禁止侵害行為；但僅限侵害已發生且持續存在的狀況。

❷ 侵害防止請求權

有遭受侵害疑慮時，得請求預防性阻止或禁止；此從預防的角度來加強商標的保護。

❸ 損害賠償請求權

因故意或過失不法侵害他人商標權者，負損害賠償責任。

❹ 銷毀請求權

商標權人得請求銷毀侵害商標權的物品及從事侵害行為的原料或器具等。但若能透過對相對人與第三人權益侵害較小之其餘方式，同樣得以保障商標權人之利益，法院應以其餘手段代替銷毀。

❺ 信譽回復請求權

商標權人得請求由侵害商標權者負擔費用，將有關侵害商標權勝訴的判決書內容，全部或一部登載新聞紙公告，回復並恢復商標權人的營業信譽，也可使敗訴的被告者受到輿論的制裁。

(二) 商標權侵害之刑事救濟

商標權屬無體財產權，受到侵害時，理應以民事救濟為主軸。但是，智慧財產的抽象性與無體性，往往受到侵害時難以察覺，且請求損害賠償時不易舉證；因此，為有效加強商標權的保護，刑罰，為最具強制力且最為嚴厲的法律手段，以達嚇阻侵害行為的再次發生，有預防犯罪的功效。

❶ 使用仿冒註冊商標罪

未得商標權人或團體商標權人同意，於同一或類似商品或服務，使用相同或近似於他人註冊商標或團體商標之商標，處 3 年以下有期徒刑、拘役或科或併科罰新臺幣 20 萬元以下罰金。

❷ 使用仿冒註冊證明商標

未取得商標權人同意，於同一或類似之商品或服務，使用相同或近似於註冊證明商標之商標，有致相關消費者誤認誤信之虞者，處 3 年以下有期徒刑、拘役或科或併科新臺幣 20 萬元以下罰金。意圖供自己或他人用於與註冊證明標章同一商品或服務，未得證明標章權人同意，為行銷目的而製造、販賣、持有、陳列、輸出或輸入附有相同或近似於註冊證明標章之標籤、吊牌、包裝容器或與服務有關之物品者，亦同。

❸ 販賣屬侵害商標之商品

販賣或意圖販賣而持有、陳列、輸出或輸入他人所為之前二條第 1 項商品者，處 1 年以下有期徒刑、拘役或科或併科新臺幣 5 萬元以下罰金。透過電子媒體或網路方式為之者，亦同。

民事救濟之請求權

侵害除去請求權

侵害防止請求權

損害賠償請求權

信譽回復請求權　**請求權**　銷毀請求權

損害賠償額計算（商標法第 71 條）

	依據	說明
具體損害賠償說	商標法第 71 條第 1 項第 1 款前段、民法第 216 條	以被害人所受之損害與所失利益作為計算基準，以填補權利人遭受之全部侵害
差額說	商標法第 71 條第 1 項第 1 款後段	權利人無法證明其損害時，以自行行使權利可得之利益，扣除受侵害後使用同一商標得到之利益，以該差額，作為請求之基礎
所得利益說	商標法第 71 條第 1 項第 2 款前段	以侵權行為人所得收益扣除必要成本之淨利作為賠償金額
總額說	商標法第 71 條第 1 項第 2 款後段	侵權行為人無法就必要之成本舉證時，以銷售該產品之所有收入作為賠償金額
倍數推估說	商標法第 71 條第 1 項第 3 款	以查獲侵害商標權產品之零售單價，按其 1,500 倍以下所為賠償基準金額，但查獲商品若超過 1,500 件，則以其總價訂賠償標準
合理權利金說	商標法第 71 條第 1 項第 4 款	以權利人實施授權時可收取之權利金，核定賠償總額

註：因倍數推估說於實務上舉證較為方便，因此其適用性最廣，然而針對產品單價過高、加害規模甚小等情形，法院得予以酌減，此外，賠償方式的決定權在權利人手中，法院不得代為行使之。

商標權侵害之刑事救濟

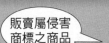
販賣屬侵害商標之商品

使用仿冒註冊商標罪

使用仿冒註冊證明商標

★何謂侵權

知識補充站

　　「侵權」，乃第三人無正當權源，而妨害商標權正確指示商品或服務來源的功能而言，侵害需已現實發生現尚存在者始足當之；即侵害排除請求權及防止請求權係基於商標權而生之權利，應以商標權合法有效存在為前提，若商標權因未延展註冊而消滅或被撤銷註冊確定者，請求權自不復存在。

UNIT **6-20**
商標權侵害之救濟（下）

商標與商業行為息息相關，為宣示維護市場公平競爭之目的，縱使在我國尚未註冊取得商標權，我國法律仍針對諸多不公平競爭或不法侵害他人權利的情形，予以明確的限制。譬如說，禁止以他人著名商標申請註冊，或有減損著名商標或標章之識別性或信譽之虞等情形，此一維護市場公平性，即涉及到公平交易法；又譬如說，藉由刑法加以規範，意圖欺騙他人而偽造或仿造已登記的商標或商號者，以刑法作為約束或制裁的手段。簡言之，商標法未規定者，適用其他法律之相關規定。

(一) 商標法與公平交易法

商標法與公平交易法，雖然都是維護市場公平競爭為立法目的，然而細探二法間之異同點，不難發現二法所關注的焦點並不相同。前者，主要是賦予商標權人專屬排他的權利，以該權利為中心，排除他人有損害該權益的觀點；後者，關注在市場公平競爭環境及市場倫理的維護上，主要是規範何種行為態樣應被禁止，只要利用或模仿他人的成果達到不公平競爭的程度，公平交易法得賦予商標權人提供救濟之途徑。簡言之，公平交易法是提供補充性的救濟規定，是為制止因商業仿冒行為而建立起的不正競爭體系，倘若僅有侵害行為存在，但未發生任何不公平競爭的情形，則無公平交易法之適用。

表徵，是指某項具識別力或次要意義的特徵，得以表彰商品或服務來源，使相關事業或消費者用以區別不同的商品或服務。商品表徵的仿冒又可區分，在包裝或外觀上高度仿冒抄襲，已造成消費大眾混淆者，情節較為嚴重，屬公平交易法第 22 條所規範的仿冒行為；若已做了相當程度的修改，雖使消費者得以區別，但依然可看出欲攀附他人商譽的主觀犯意，則屬公平交易法第 25 條所規範的其他不正行為。簡言之，二者主要區別仍在於仿冒產品是否會造成消費者的誤認，亦即罰責因抄襲程度輕重而有所差異。

(二) 商標法與刑法

❶ 偽造仿造商標商號罪

刑法第 253 條規定：「意圖欺騙他人而偽造或仿造已登記之商標、商號者，處二年以下有期徒刑、拘役或科或併科九萬元以下罰金。」行為人之行為符合下列要件，須負刑責：①須意圖欺騙他人，指侵害人主觀上具有欺騙他人的意圖，至於他人是否受騙，則非重點所在；②行為客體須為已經登記的商號，換句話說，在商標註冊前的偽造或仿造行為，不在此限；③偽造、仿造的商標須使用於同一或近似商品，也就是不會產生相似且混淆的產品，不算。

❷ 販運偽造仿造商標商號之貨物罪

刑法第 254 條規定：「明知為偽造或仿造之商標、商號之貨物而販賣，或意圖販賣而陳列，或自外國輸入者，處六萬元以下罰金。」行為人之行為符合下列要件，須負刑責：①須明知偽造仿造之商標商號的貨物，也就是，因過失而不知情者，不罰；②客觀要件則須有販賣或意圖販賣而陳列或自外國輸入之行為，若僅是裝飾而陳列或輸入的行為，也是不罰。

商標與公平交易法

	相同	相異
商標法	維護市場公平競爭為立法目的	賦予商標權人專屬排他權 排除他人損害權益的觀點
公平交易法		利用或模仿他人成果達不公平競爭，此行為態樣即應被禁止

商標與刑法

你用了我的商標

偽造仿造商標商號罪

要件
1. 主觀上具有欺騙他人的意圖
2. 行為客體須為已經登記的商號
3. 須使用於同一或近似商品

要件
1. 明知偽造仿造商標商號之貨物
2. 有販賣或意圖販賣

知識補充站

★先行政後司法原則

　　公平交易法對仿冒商標或商標具有妨礙公平競爭行為，除得請求民事救濟之外，亦有刑罰規定；處罰方式採取先行政後司法原則，故有違反規定者，公平交易委員會將限期命其停止、改正其行為或採取必要更正措施，一般還會依違法行為的嚴重性與所獲取利益處以罰鍰，若被處分人逾期未停止、改正其行為或未採取必要更正措施，或停止後再為相同或類似違反行為者，可處行為人三年以下有期徒刑、拘役或科或併科新臺幣1億元以下罰金。

第 **6** 章　商標法

219

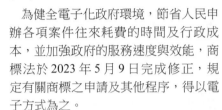

UNIT **6-21**
商標代理人與電子申請

(一) 電子申請

為健全電子化政府環境，節省人民申辦各項案件往來耗費的時間及行政成本，並加強政府的服務速度與效能，商標法於 2023 年 5 月 9 日完成修正，規定有關商標之申請及其他程序，得以電子方式為之。

同時，因應商業主體於市場經營相關商品或服務業務之實際需求，增訂商標註冊申請人適格之主體。未經認許之外國法人或團體，就本法規定事項得為告訴、自訴或提起民事訴訟。我國非法人團體經取得商標權或證明標章權者，亦同。

我國近年致力於推行電子化申請，導入線上審查機制，經濟部智慧財產局希冀與申請人共同合作，由申請人利用電子申請、指定使用商品或服務名稱與本局電子申請系統參考名稱完全相同、完成線上繳費，符合上述條件申請案得成為「快軌案」，縮短審查時間，儘速取得權利，讓申請人贏得先機。

「快軌案」比一般申請案約加快 1.5 個月，排審期間在 3.5 個月至 4 個月，系統自動判斷符合程序審查要件的案件加以分流後提前審查，商標原則仍為「先申請先註冊」，意即申請時間在前面的案件，可能排除申請時間在後的註冊，該機制目前限於平面商標註冊申請案，不涵蓋「非傳統商標註冊申請案、證明標章、團體標章、團體商標」。

(二) 商標代理人

2023 年 5 月 9 日修法後，我國建立完整的商標代理人資格及登錄制度。修法前商標法僅要求商標代理人在國內有住所，並無相關能力測驗要求，為因應

日趨複雜的商標業務，立法院修正條文規定，申請登錄成為商標代理人之資格內容涵蓋：通過專業能力認證考試，或於本次修法前曾從事一定期間之商標審查工作，律師及其他依法得執行商標代理業務之專門職業人員，則仍然繼續當然取得代理商標業務的資格。

近年來商標代理人業務範疇延展，衡酌商標代理人專業性，減少申請人與商標權人委任難以勝任該職責之人選，避免行政資源耗損、人力浪費，本次修法後增訂商標代理人相關規範和行政罰則，以完善商標代理人制度。

快軌案之判斷

判斷條件	符合	不符合
申請方式	電子申請	紙本申請
指定商品服務名稱	全部為電子申請系統參考名稱	有任一項為自訂名稱
接受的商標申請態樣	平面商標	非傳統商標註冊申請案、證明標章、團體標章、團體商標
繳費方式	❶ e 網通約定帳戶扣繳 ❷ e 網通利用電子申請繳費單帳號以 eATM 繳足申請規費 ❸ 列印電子申請繳費單持單繳費	❶ 填寫繳費申請書 ❷ 郵政劃撥 ❸ ATM 轉帳 ❹ 以後續來文繳納規費
委任狀	委任代理人者，建議應於申請後 20 日內檢附到局（自行申請，免附委任狀）	有代理人未附委任狀
全部符合以上條件，才屬於快軌案		

商標代理人之修法

修法前 ➡ 僅要求商標代理人在國內有住所，並無相關能力測驗要求

修法後 ➡ 建立完整的商標代理人資格及登錄制度。申請登錄成為商標代理人之資格需通過專業能力認證考試

第**7**章

營業秘密法

● 章節體系架構 ▼

UNIT *7-1*
什麼是營業秘密

圖解智慧財產權

何謂營業秘密？當今世界各國及國際組織對其用語，尚未取得一致共識，企業競爭優勢大部分來自內部獨特的資源與能力，知識即是一種有價值的智慧結晶，從各單一環節得知，內部控制之建立或執行效能之衡量，皆具高挑戰性。舉例來說，當知識與人的因素緊密相連時，極易發生高階員工攜密跳槽或遭惡性挖腳，上演商業間諜案件，此時管理階層除思量如何在分享機制下活化知識力外，同時亦要面對如何避免有心人士竊取及盜用，保護這得來不易之競爭優勢。

(一) 意義

營業秘密，按字面解釋，「營業」經營業務，「秘密」隱密而不讓人知道的事，凡業者不願將其公開之資訊，即是；舉例來說，管理與銷售時所累積的寶貴資料與經驗，又譬如說，針對不同交易對象之行銷通路，或其交易階段協商條件等，皆屬成功企業重要且賴以生存的內部資訊。目前世界各國及國際組織對其用語，尚未取得一致共識，有稱專門技術、專用技術、特許權利、秘密方法、產銷機密、交易相對人資料、工商秘密、技術等；探究主要原因，不外乎是營業秘密涵蓋範圍甚廣，凡相關生產、銷售、研發、人資、財務管理等重要資訊皆可包含在內，難以界定確切內容。近年來實務已普遍接受，營業秘密客體以種類來區分，用於生產製造上的技術性秘密，與用於商業上的非技術性秘密；產品製程中的製造方法或配方，屬前者，用於經營或銷售方面的商業資訊，如行銷策略、市場資訊、定價資訊等，劃分後者。若客戶資料僅包含姓名、聯絡資訊等，不需花費額外心力即可取得之資料，其不屬於營業秘密保護之標的。

(二) 要件

營業秘密係指方法、技術、製程、配方、程式、設計或其他可用於生產、銷售或經營之資訊，且須同時符合三個要件，即「秘密性」、「經濟性/價值性」及「採取合理保密措施」。秘密性，營業秘密具機密性，可謂本質要求，蓋營業秘密若已喪失秘密性，自不可再視之營業秘密；經濟價值性，任何營業秘密都必須具備價值性，足以使秘密所有人在激烈商業競爭中，有機會超過不知或未使用這些秘密的對手；保密措施，營業秘密是否存在，除主觀認定企業有無重視外，尚需客觀採取適當保護措施才行，即判斷持有人有無採取保密措施，往往成為確認是否構成營業秘密關鍵因素之一。保密措施並不需要做到滴水不漏之程度，但至少須保證非該專業領域熟知之內容能被控管，且企業於制定保護政策後，需有實際行動，才得以被認定為已做足合理保密措施。

🙂 小博士解說

掌握無形資產之智慧財產權，係國家經濟發展與企業永續經營之關鍵點，因此，我國於 1995 年 12 月 22 日制定營業秘密法全文 16 條，自 1996 年 1 月 17 日施行，立法目的揭示為保障營業秘密，維護產業倫理與競爭秩序，調和社會公共利益而制定。然因，科技推陳出新，高端產業之營業秘密遭不當取得、利用之事件時有所聞，國內業界希望能以美國商業間諜法案為例，加重侵害營業秘密行為人刑責，致使立法院於 2013 年 1 月 30 日，新增第 13 條之 1 至第 13 條之 4 的刑事條款。後再於 2020 年 1 月 15 日修正公布第 15 條條文，增訂第 13 條之 5、第 14 條之 1 至第 14 條之 4 條條文，新增「偵查保密令」制度。

我國營業秘密法第 2 條規定：「本法所稱營業秘密，係指方法、技術、製程、配方、程式、設計或其他可用於生產、銷售或經營之資訊，而符合左列要件者：一、非一般涉及該類資訊之人所知者。二、因其秘密性而具有實際或潛在之經濟價值者。三、所有人已採取合理之保密措施者。」

營業秘密可以涵蓋的範圍

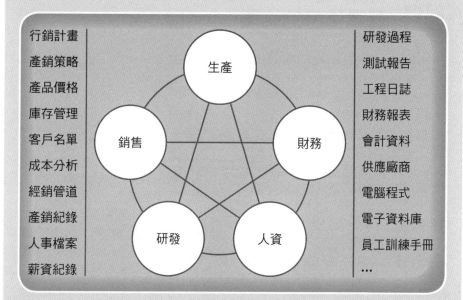

行銷計畫
產銷策略
產品價格
庫存管理
客戶名單
成本分析
經銷管道
產銷紀錄
人事檔案
薪資紀錄

生產
銷售
財務
研發
人資

研發過程
測試報告
工程日誌
財務報表
會計資料
供應廠商
電腦程式
電子資料庫
員工訓練手冊
...

營業秘密的價值性範圍示意圖

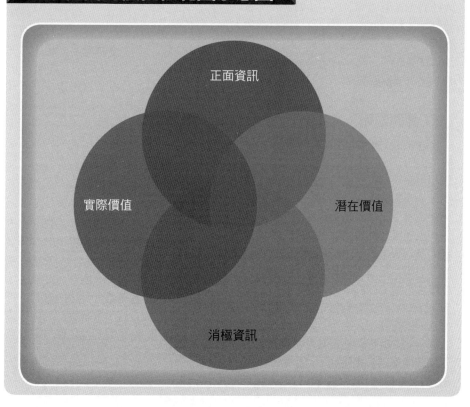

正面資訊
實際價值
潛在價值
消極資訊

個人研發或偶發之營業秘密歸屬個人所有，實屬理所當然；然，面對現今複雜的商業經營型態，甚單一企業集員工之大成，此一研發過程或成果認定，有待法律或契約明定。營業秘密歸屬大都遵循下列原則處理：僱傭關係將歸屬客體分為「職務上」與「非職務上」，職務上歸僱用人所有，非職務上歸受僱人所有。員工領受薪資，使用企業所提供資源環境，於職務上完成其發明或成果，本屬工作範圍內認定，員工已取得薪資等對價，理應由僱用人取得該營業秘密；其次，員工並不侷限於公司內部門，凡因提供勞務換取報酬者，如臨時僱員或合夥受僱人，本質上亦同。

個人研發或偶發之營業秘密，歸屬個人所有，實屬理所當然；面對現今複雜的商業經營型態，甚單一企業集員工之大成，此一研發過程或成果認定，有待法律或契約明定之。營業秘密歸屬大部遵循下列原則處理：

(一) 僱傭關係

營業秘密法將歸屬客體區分職務上歸僱用人所有，非職務上歸受僱人所有，但利用僱用人資源或經驗者，僱用人得支付合理報酬後，於該事業使用其營業秘密。看似明確規範，實質運作上仍發生不少爭議之處。受僱人於職務上研究或開發之營業秘密，歸僱用人所有。但契約另有約定者，從其規定。受僱人於非職務上研究或開發之營業秘密，歸受僱人所有。但其營業秘密係利用僱用人之資源或經驗者，僱用人得於支付合理報酬後，於該事業使用其營業秘密。惟權利歸屬本屬私權關係，當事人亦得以透過契約另行約定，讓受僱人取得職務

上完成之營業秘密；而非職務上完成之營業秘密，雇主得視情況自行決定是否使用，若欲使用則需支付相對應之報酬，反之，則無支付合理報酬之必要。

(二) 委聘關係

營業秘密研究或開發，雖以企業內部人員居多，實務上，委外聘任關係下完成者，亦不在少數；出資聘請專家從事研究或發展之營業秘密，其營業秘密歸屬依契約而定，未約定契約者，歸受聘人所有，但出資人得於業務上使用其營業秘密。規定出資聘任關係中之營業秘密歸屬，以條文內容而言，似乎對營業秘密的歸屬有了很明確的規定，惟事實不然，以僱傭關係而言，第 3 條規定分為職務上之研發成果及非職務上之研發成果，營業秘密既然屬於智慧財產權的內容，是不可觸摸的無體財產權，有別於著作權、商標、專利等不同型態的權利，如第 3 條第 2 項但書規定：「但其營業秘密係利用僱用人之『資源或經驗』者……」，「資源或經驗」如何定義？仍需憑藉實務上法院審判的各個案例，加以歸納整理要點。

(三) 共同研發

通常企業在研發或創新產品時，其研發部門必定有數人共同研究或開發營業秘密，若企業無明文規定，則營業秘密之權利將回歸至民法有關共有之規定，即各共有人之應有部分無法明確時，推定為均等。其內容明定應有部分依契約約定；無契約約定時，推定每人之應有部分均等。

僱傭關係  雇用人　受雇人	職務上歸雇用人所有
	非職務上歸受雇人所有
	利用雇用人資源或經驗者,雇用人得支付合理報酬後,於該事業使用其營業秘密
委聘關係  出資人　專家	出資聘請專家從事研究或發展之營業秘密,其營業秘密歸屬依契約而定,未約定契約者,歸受聘人所有,但出資人得於業務上使用其營業秘密
共同研發	通常企業在研發或創新產品時,其研發部門必定有數人共同研究或開發營業秘密,若企業無明文規定,則營業秘密之權利將回歸至民法有關共有之規定,即各共有人之應有部分無法明確時,推定為均等

知識補充站　★營業秘密歸屬時探討之爭點

❶ 條文中有保密協定;❷ 雙方有一定的關係存在;❸ 有必須公開的目的及可以保到雙方皆有的利益;❹ 沒有保密合約存在;❺ 秘密保持人有預先的防護措施;❻ 經過雙方合意可以公開;❼ 存在或缺乏把秘密公開的合約;❽ 一方對另一方有信賴利益;❾ 雙方認識彼此或互動往來的時間長短;❿ 資訊保密的限度。

UNIT 7-3
營業秘密的轉讓與授權

圖解智慧財產權

營業秘密得讓與、授權或共有：明定營業秘密得全部或部分轉讓與他人，或讓與應有部分而與他人共有，營業秘密亦得授權他人使用。營業秘密為共有時，為維持營業秘密之秘密性及基於共有人間密切關係之考量，任何使用或處分行為，除契約另有約定者外，均應經共有人全體之同意。

(一) 轉讓

營業秘密具有經濟或商業上利益與價值，既為財產權，理當可依民法規定，交易並流通於市場上，如營業秘密權人因買賣、贈與或互易等方式，將所有權地位移轉予受讓人；除可由當事人自由處分，操作上亦可行分割之實，並不以一人（自然人或法人）為限，如可口可樂關鍵配方，就是拆開分別保存。營業秘密其特殊性在於「秘密」，讓與營業秘密後，原擁有人仍須承擔保密義務，由此推之，得知秘密人數勢必增加，雖然秘密性並不取決於絕對人數，但其相對公開程度勢必會影響到該資訊受法律保護之適格性，即行使處分權時不得不慎。

(二) 授權

營業秘密所有人可以授權他人使用其營業秘密。最主要是基於社會分工的需要，營業秘密所有人可以在不轉讓的情況下授權予他人使用並收取報酬。至於「授權」之地點、時間、區域、內容及方法的應用，全由「契約」訂定。再者，被授權的營業秘密必須經過全體所有人的同意，且不得轉讓第三人使用。另外，營業共有人非經全體共有人同意，不得授權他人使用。因為營業秘密的所有權不得轉讓，但可以授權予他人使用，被授權使用者不得再授權予第三者。

基於現代科技及社會分工所致，營業秘密所有權人可在不轉讓營業秘密情況下，僅將營業秘密授權他人使用，即營業秘密告訴他人並同意他人使用，以換取應得之報酬；此合意授權方式屬私權契約，得依私法自治原則，雙方自行締結授權範圍，如地域、時間、內容、使用方法，及專屬或非專屬授權等事宜。營業秘密轉讓，屬賣斷方式交易，法律上即禁止原權利人使用；然而，對於不得再使用已存在頭腦裡的資訊，可行性非常低，職是，營業秘密最常見的交易模式，就是授權。

排他性可區分專屬授權與非專屬授權，又不論何種授權模式，皆有可能「再授權」；營業秘密雖與商標權、專利權及著作權同屬智慧財產權，其中最大差別在於，商標權、專利權、著作權之專屬授權人得自由行使授權之權利，然而，營業秘密之專屬授權人不得自由行使，因營業秘密本身應具備秘密性；授權型態無論第一次授權（直接授權）或再授權（間接授權），都要考慮到營業秘密所有權人與被授權人間，有無信賴關係存在，如雙方對機密程度上的認知，或保密措施上的維護等，都會影響到營業秘密的有效性；基此，營業秘密專屬被授權人欲再次授權時，都應經由營業秘密所有權人逐一同意才可，被授權人非經營業秘密所有權人同意，不得將其被授權使用之營業秘密，再授權第三人使用。

營業秘密的轉讓

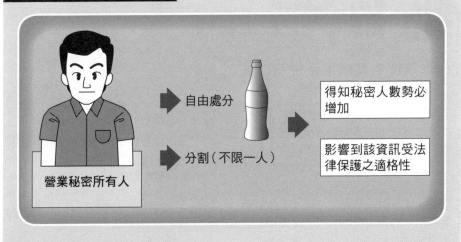

營業秘密所有人

→ 自由處分

→ 分割（不限一人）

→ 得知秘密人數勢必增加

→ 影響到該資訊受法律保護之適格性

營業秘密的授權

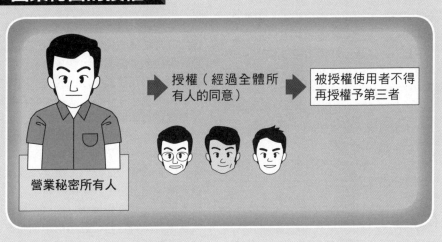

營業秘密所有人

→ 授權（經過全體所有人的同意）

→ 被授權使用者不得再授權予第三者

★各國的做法

英國：許多專業行銷公司瞭解其價值，協助銀行與企業間建立互信。

美國：發展出許多民間專業的保證或保險公司，去除銀行不確定風險。

南韓：設立韓國技術保證基金，提供技術鑑價與信用保證，降低融資風險。

UNIT **7-4**
營業秘密之設定質權

圖解智慧財產權

(一) 法條明文規定不得為質權之標的

營業秘密之特殊性質是否適宜設質？據立法理由，營業秘密並無登記、公告等公示制度，無法如商標專用權、專利權、著作權之設質，予以登記對抗效力，且倘若准許設定質權，將來清償拍賣時，欲參與投標者勢必得事先瞭解相關內容，以決定投標價格，該營業秘密顯然無法做到滴水不漏之保護；是以，法條明文規定不得為質權之標的。

質權拍賣是否會造成營業秘密被公開揭露，依現行技術透過公正第三方鑑價方式即可，又融資障礙並非來自法律上的限制，而是無形財產本身之特性，可參酌各國經驗透過中介機構來協助銀行進行專業評估，或分擔不確定風險，且市場機制及私法自治運作下，營業秘密所有人與質權人即可透過一連串契約安排解決上述爭議之處。營業秘密權理應得為質權之標的，我國目前智慧財產權鑑價機制漸趨成熟。

(二) 爭議

營業秘密是否得設質，目前仍有爭議，端視營業秘密性質究屬權利或利益？按民法第 900 條權利質權規定，可讓與之債權及其他權利，均得為質權之標的物。故營業秘密僅在被定性為權利之下，屬於其他權利範疇，始有設定質權之可能。2013 年修訂之營業秘密法並未修改相關第 8 條之條文：「營業秘密不得為質權及強制執行之標的。」立法者似認為當營業秘密可以設質及強制執行時，必須有公開行為，一有公開行為，勢必造成秘密之解密，故營業秘密不得為質權及強制執行之標的。本文認為係立法者對於營業秘密保護過度之表徵，公開非必喪失秘密性，公示制度亦非全為智慧財產權設定質權之要件。例如著作權在無公示制度下仍可設定質權，故營業秘密亦同此理。

智慧財產權領域具有「無體性」、「不確定性」及「公共性」，加上並非傳統之財產權，所以有關智慧財產權之議題，均著重在如何防止侵權之「防弊」部分，少有真正將智慧財產權視為「資產」之有關「興利」議題之討論。

直至我國專利、商標制度、著作權法制逐漸發展，經歷多年國際貿易談判，國內產業結構成功轉型，高科技業者在國際舞台上屢創佳績，智慧財產權逐漸為政府當局及學術界、民間企業各領域人士所重視。在專利、商標、著作權法等有關設質問題已有部分之探討，惟我國營業秘密法雖然在 1996 年即通過實施，因營業秘密法第 8 條明文禁止營業秘密設定質權，而國內文獻甚少探討此設質議題之可行性。營業秘密一旦解決設質問題並有完整專業之鑑價機構佐以保密措施，將可為金融機構增加融資之擔保標的種類，如此將可讓營業秘密更具融通價值，與變動更迅速、競爭更激烈、發展更國際化之「金融體系」接軌。

營業秘密設質之爭議

否定說 （現行法條明文規定不得為質權之標的）	營業秘密並無登記、公告等公示制度
	若准許設定質權，將來清償拍賣時，欲參與投標者勢必得事先瞭解相關內容，以決定投標價格，該營業秘密顯然無法做到滴水不漏之保護
肯定說	質權拍賣是否會造成營業秘密被公開揭露，依現行技術透過公正第三方鑑價方式即可
	參酌各國經驗，透過中介機構來協助銀行進行專業評估，分擔不確定風險

營業秘密若設定質權之保障措施

健全鑑價制度	具有經濟價值之營業秘密，企業經營者為向金融機構借貸資金，須將秘密提供金融機構評估價值以設定質權，金融機構亦須委託鑑價單位專業評估鑑定營業秘密之價值
加強保密契約制度	當事人間須訂有保密協定使秘密知悉者負有保密義務，一旦違反義務時並有相關罰則或依侵權行為請求賠償適用，使得營業秘密的「秘密性」可以維持
	當營業秘密所有權人、質權人、鑑價機構彼此間所訂立之私法契約中再簽訂相關保密契約予以保護，將使當事人均負有保密義務，如違反該保密契約即構成侵害其營業秘密，營業秘密所有權人即可請求損害賠償以防免營業秘密於鑑價或設質程序中洩密之問題

UNIT **7-5**
營業秘密之強制執行

(一) 明文規定禁止成為強制執行之標的

營業秘密，屬於無體財產權範疇，如同著作權、專利權、商標權等，而在強制執行法之概念下則歸類為其他財產權，適用對於其他財產權執行之程序，即進行扣押，鑑價後準用動產執行之規定拍賣、變賣，亦是目前實務上針對智慧財產權於強制執行上所採取方式。

營業秘密雖因現行營業秘密法明文規定禁止成為強制執行之標的，惟從有關著作權、專利權、商標權等相似之智慧財產權於實務執行上觀之，營業秘密仍有成為強制執行標的之可能。

(二) 探討

質權與強制執行間有些許因果關係，立法政策上不得設質，強制執行是否有單獨存在之必要？營業秘密被侵害或遭侵害之虞，藉助假處分程序先行加以制止侵害擴大或發生，即強制執行似乎有其存在之必要。強制執行法規定執行之標的，包括請求作為或不作為執行，暫且擱下設質，單就請求交付營業秘密，或保全執行（假扣押、假處分）可行性為何？營業秘密的交付完全憑靠營業秘密權人教導行為，若不肯主動配合實無法取得，改採國家公權力強迫之結果，一來未必能獲取確切之營業秘密，二來甚有違害他人人身自由之疑慮；其次，不論是假扣押還是假處分，係為確保債權人民事訴訟結果能獲實現目的之權宜制度，即最終程序勢必又回到強制執行拍賣等爭議。雖然營業秘密所有人為債務人時，因無其他財產且不得強制執行其營業秘密，顯然有太過保護之虞，不利債權人，存有討論空間，但就目前為

止，確實不宜讓營業秘密成為強制執行之標的。

(三) 營業秘密強制執行之突破

❶ 營業秘密屬強制執行法之其他財產權

營業秘密概念上為無體財產權，依營業秘密法第 6 條規定係可得讓與，具有財產價值，屬於強制執行法其他財產權範疇，性質上可成為強制執行標的。

❷ 執行法院執行方法

執行法院執行營業秘密時，依強制執行法第 117 條準用第 115 條規定核發扣押命令，再準用第 115 條第 2 項依聲請準用對於動產執行之規定拍賣或變賣之，而拍賣前應命專業鑑定人鑑定其價格，以作為拍賣之底價。

❸ 專業鑑價機制

營業秘密鑑價極富專業性，需有獨立專業機構建立權威鑑價機制，並培養專業的鑑價人員，以客觀、公平、精密方式鑑定，賦予營業秘密實際存在之價值。

❹ 拍賣公告揭示部分資訊

為維持秘密性，在拍賣公告揭示部分，為讓投標者易評估標的價額，僅需公告此係何種性質的營業秘密，毋庸將構成秘密關鍵資訊全面揭露，以維護營業秘密之機密。例如明星花露水、可口可樂、雲南白藥等之配方，又或者一種從電子產業廢棄物中提高提煉金、銅之方法，在內容上不需詳明。

❺ 當事人保密義務確實履行

執行法院執行之過程，相關之當事人如執行人員、債權人、第三人如鑑定機關等，應適用營業秘密法第 9 條、第 10 條等保密義務及避免侵害營業秘密之行為產生。

營業秘密強制執行之禁止

| 我國智慧財產權領域 | → | 目前無專法適用 → 回歸強制執行法探尋適用之足跡 |

| 營業秘密法 | → | 明文規定禁止成為強制執行之標的 → 從有關著作權、專利權、商標權等相似之智慧財產權於實務執行上觀之 → 仍有成為強制執行標的之可能 |

營業秘密強制執行之突破

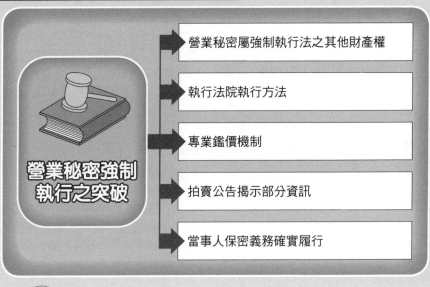

營業秘密強制執行之突破

- 營業秘密屬強制執行法之其他財產權
- 執行法院執行方法
- 專業鑑價機制
- 拍賣公告揭示部分資訊
- 當事人保密義務確實履行

★人身執行

　　我國強制執行法中仍有例外允許之情形，如人之身體部分，強制執行法第128條規定有關執行名義係命債務人交出子女或被誘人者，法院得用直接強制方法，將該子女或被誘人取交債權人；人之自由部分，強制執行法為達執行目的，促使債務人履行債務之間接強制，其方法係以拘提、管收、處怠金或限制住居等，則例外允許以人之自由權為執行標的。

　　國內實務案例如最高法院 91 年度台抗字第 690 號民事裁定有關法院將債務人晶工工業股份有限公司之商標專用權查封、鑑價、拍賣，由森泉企業股份有限公司買受；臺灣高等法院 102 年度抗字第 1412 號民事裁定有關荷蘭商皇家飛利浦股份有限公司對債務人巨擘科技股份有限公司所有之專利、商標權等財產實施扣押並定期拍賣、法務部行政執行署臺中分署（當時為臺中行政執行處）將「阿秋活蟹」商標權和聯合服務標章「阿秋」執行拍賣拍出等案例，顯現有關智慧財產權一經認定具有財產價值，即可成為執行對象。

UNIT **7-6**
營業秘密的侵害

(一) 加重刑責

刑事制裁中，固有洩漏工商秘密罪、竊盜罪、侵占罪、背信罪、無故取得刪除變更電磁紀錄罪等，惟行為主體、客體及侵害方法改變，對營業秘密保護已有所不足；是故，2013 年修法增訂刑事責任。在犯罪主觀上，行為人須有故意：❶ 為自己不法利益；或 ❷ 為第三人不法利益；或 ❸ 損害營業秘密所有人利益。客觀行為態樣可分：❶ 不法取得：以竊取、侵占、詐術、脅迫、擅自重製或其他不正方法而取得營業秘密，或取得後進而使用、洩漏者；❷ 合法取得違法利用：即未經授權或逾越授權範圍，重製、使用或洩漏該營業秘密者，或是經營業秘密所有人告知應刪除、銷毀後，不為刪除、銷毀或隱匿該營業秘密者；❸ 惡意轉得：明知他人營業秘密為不當持有，卻仍取得、使用或洩漏，即為惡意轉得人。

(二) 境外加重

行為人違反上述條款，且意圖在臺灣領域外使用，如外國、大陸地區、香港或澳門，勢必嚴重影響臺灣產業之國際競爭力，加重處罰為 1 年以上 10 年以下有期徒刑，得併科新臺幣 300 萬元以上 5,000 萬元以下之罰金；犯罪行為人所得之利益超過罰金最多額時，得於所得利益二至十倍範圍內，酌量加重；未遂犯亦同。罰金如此之重，主要針對預備侵害營業秘密人所設，藉由重罰杜絕其根源，讓侵害人考量犯罪被查獲後，不但須面對被害人所要求之民事賠償，同時須接受高額之罰金刑，迫使將所有不法利益所得，完全歸入國庫，大幅降低侵害誘因。

(三) 訴追條件

營業秘密本質上仍屬私權，認定有無侵害之虞，理應回歸權利人協助及配合，即一般侵害行為屬告訴乃論之罪，使被害人與行為人有私下和解之機會而得以息訟，並節省司法資源。事關領域外使用之加重處罰，考量不法竊取營業秘密行為，將重挫產業國際競爭力，戕害產業創新果實，乃至威脅我國國家安全，影響範疇甚鉅，且法定刑已提高至 10 年以下，參照一般體例，維持非告訴乃論之罪。公務員或曾任公務員之人，因職務知悉或持有他人之營業秘密，而故意犯前二條之罪者，惡性尤重，乃加重其刑至二分之一。

(四) 法人併罰

為避免受雇人侵害營業秘密有罪，雇主實際獲利卻可置身事外，此次修法增訂兩罰規定；就邏輯而言，行為人受處罰，主因是違法行為，對企業組織而言，受罰則是因為監督不周；就法理而言，對受罰之企業組織，處罰具有從屬性，即必須以行為人受處罰為前提。第 13 條之 4 規定，法人之代表人、法人或自然人之代理人、受雇人或其他從業人員，因執行業務觸犯第 13 條之 1 及第 13 條之 2，所列之行為態樣者，除依規定處罰其行為人外，對該法人或自然人亦科該條之罰金。依我國實務見解，所謂督導、防止行為，需有積極且具體之防範措施，若僅定有一般性之規範，不得被認定已盡力為防止行為。

境外侵害營業秘密之加重

行為人

意圖在臺灣領域外使用（如外國、大陸地區、香港或澳門）→ 加重處罰為 1 年以上 10 年以下有期徒刑，得併科新臺幣 300 萬元以上 5,000 萬元以下之罰金所得之利益超過罰金最多額時 → 得於所得利益二至十倍範圍內，酌量加重。

訴追條件

營業秘密本質上仍屬私權，認定有無侵害之虞，理應回歸權利人協助及配合一般侵害行為屬告訴乃論之罪，使被害人與行為人有私下和解之機會而得以息訟，並節省司法資源。

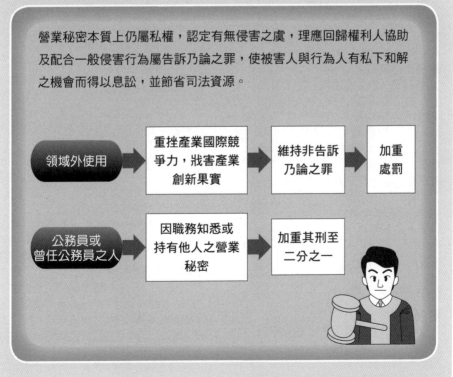

領域外使用 → 重挫產業國際競爭力，戕害產業創新果實 → 維持非告訴乃論之罪 → 加重處罰

公務員或曾任公務員之人 → 因職務知悉或持有他人之營業秘密 → 加重其刑至二分之一

UNIT *7-7*
損害賠償、權利救濟

營業秘密遭受侵害或有侵害存疑，攸關個人權益，自然可依法提出救濟程序。

(一) 民事救濟

❶ 排除防止侵害請求權

對於侵害權利得請求排除，有侵害之虞者得請求防止；上述請求權皆為不作為請求權，不以侵害人有故意或過失為必要，即客觀上有侵害或侵害之虞，營業秘密所有權人就可於訴訟上或訴訟外舉證並主張行使之。非一般損害賠償請求權，須實際發生損害時才能行使，主要考量營業秘密具其相當獨占性與排他性，被害人更須積極擁有且捍衛營業秘密之權限。當被害人為前項請求時，對於侵害行為做成之物或專供侵害所用之物，參酌國際立法趨勢，法院可考慮侵害行為之程度與公共利益為一適當之判決，賦予被害人得請求銷毀或要求為其必要之處分權。

❷ 損害賠償請求權

因故意或過失不法侵害他人營業秘密者，負損害賠償責任；數人共同不法侵害者，連帶負賠償責任；共同侵權行為，除一般侵權行為要件外，各侵害行為須具有共同關係，一經成立，才會發生連帶債務責任。時效請求權，自請求權人知有行為及賠償義務人時起，2 年間不行使而消滅，自有侵害行為時起算，逾 10 年者亦同；為避免因被害人遲不行使其權利，造成法律秩序不安定，即「法律不保護權利之睡眠人」，不允許損害賠償請求權永遠存在。

(二) 刑事救濟

❶ 刑罰制度

刑罰係國家主權行為中最具強制力且最為嚴厲之法律手段；國家以法律明確規定犯罪之構成要件與法律效果，對於特定具社會侵害性行為者，施以限制人民之身體自由或財產權。2013 年修法增訂刑事責任，犯罪主觀上，行為人須

有意圖：❶ 為自己不法利益；或 ❷ 為第三人不法利益；或 ❸ 損害營業秘密所有人利益。客觀行為態樣可分：❶ 不法取得：以竊取、侵占、詐術、脅迫、擅自重製或其他不正方法而取得營業秘密，或取得後進而使用、洩漏者；❷ 合法取得違法利用：即未經授權或逾越授權範圍，重製、使用或洩漏該營業秘密者，或是經營業秘密所有人告知應刪除、銷毀後，不為刪除、銷毀或隱匿該營業秘密者；❸ 惡意轉得：明知他人營業秘密為不當持有，卻仍取得、使用或洩漏，即為惡意轉得人。

❷ 加重裁量

犯罪類型千變萬化，遇法條有明定加重、減輕事由時，法官可針對具體個案據之加重或減輕刑罰，即自由裁量權。加重規定有二，依行為客體，行為人意圖在臺灣領域外使用者，如外國、大陸地區、香港或澳門，最重 10 年有期徒刑，最高得併科 5 億罰金；其次，以行為主體之身分關係，又可略分為，公務員或曾任公務員之人，因職務知悉或持有他人之營業秘密，加重其刑二分之一，或如法人代表、或其代理人等，因執行業務者，法人或自然人負連帶責任。

❸ 謙抑思想

刑法的法律效果嚴厲，理當自我謙讓抑制，必要且合理的最小限度範圍內，始加以適用；即立法者應當力求少用，甚至不用刑罰。營業秘密本質上仍屬私人財產權，有無侵害理應回歸權利人，增訂一般侵害行為屬告訴乃論，得讓雙方當事人私下和解，息訟機制有利節省司法資源。其次，窩裡反條款係對於共犯之一人告訴或撤回告訴者，其效力不及於其他共犯，藉由減免刑責規定，供述「集體」、「隱匿」性罪證，以利偵查機關得以追訴幕後其他共犯成員，法院得藉此減少案件積量，自白或自首者得達寬減刑罰之效。其三，免罪事由係受僱人侵害行為，不可歸責於雇主免除其責。

民事救濟

排除防止侵害請求權	損害賠償請求權
對於侵害權利者得請求排除，有侵害之虞者得請求防止	因故意或過失不法侵害他人營業秘密者，負損害賠償責任；數人共同不法侵害者，連帶負賠償責任
不以侵害人有故意或過失為必要	時效請求權，自請求權人知有行為及賠償義務人時起，2 年間不行使而消滅，自有侵害行為時起算，逾 10 年
法院可考慮侵害行為之程度與公共利益為一適當之判決，賦予被害人得請求銷毀或要求為其必要之處分權	損害賠償額度計算： ❶ 從受害者觀點決定損害範圍 ❷ 賦予侵權人得舉證其成本與費用，反向給予侵權者豁免部分責任的另一管道

刑事救濟

刑罰係國家主權行為中最具強制力且最為嚴厲之法律手段；國家以法律明確規定犯罪之構成要件與法律效果，對於特定具社會侵害性行為者，施以限制人民之身體自由或財產權。

加重裁量	依行為客體，行為人意圖在臺灣領域外使用者	
	以行為主體之身分關係	公務員或曾任公務員之人，因職務知悉或持有他人之營業秘密
		法人代表或其代理人等，因執行業務者，法人或自然人負連帶責任
謙抑思想	必要且合理的最小限度範圍內，始加以適用	
	窩裡反條款係對於共犯之一人告訴或撤回告訴者，其效力不及於其他共犯	
	免罪事由係受雇人侵害行為，不可歸責於雇主者免除其責	

UNIT **7-8**
保護「秘密性」之秘技 —— 偵查保密令

圖解智慧財產權

(一) 偵查保密令緣起

惟營業秘密侵害案件，所涉及之課題，往往具有高度之專業性、技術性判斷，致使偵查程序面臨困境，亦因業界為避免二次洩密，未能積極配合檢察官之調查，致使偵查犯罪錯失黃金時機，而使得侵害營業秘密刑罰化未臻理想。於是，參考智慧財產案件審理法「秘密保持命令」，2020 年修法賦予檢察官於偵查程序中，就偵查內容，於必要時得核發偵查保密令予特定人，新增「偵查保密令」制度，加速偵查程序進行時程。

(二) 偵查保密令核發及效力

為使偵查程序順利進行，維護偵查不公開及發現事實，同時兼顧營業秘密證據資料之秘密性，檢察官偵辦營業秘密案件，認有偵查必要時，得核發偵查保密令予接觸偵查內容之犯罪嫌疑人、被告、被害人、告訴人、告訴代理人、辯護人、鑑定人、證人或其他相關之人。限定上述之人於偵查程序所接觸之偵查內容，尤其涉及營業秘密部分，禁止、限制實施偵查程序以外目的之使用或揭露予未受偵查保密令之人，避免有心人透過程序窺視偵查內容所涉及之營業秘密，如有違反者，將課以刑罰 3 年以下有期徒刑、拘役或科或併科新臺幣 100 萬元以下罰金，同時，因違反保密令之行為視同藐視司法，該行為係侵害國家法益，為公訴罪，為免受偵查保密令人在不知情下觸犯法令，偵查保密令應以書面或言詞為之，同時於送達之日或告知之時起發生效力。

(三) 偵查保密令之撤銷、變更

檢察官核發偵查保密令後，於程序進行中因情事變更或因偵查結果不同，對於偵查保密令後續處理方式依營業秘密法第 14 條之 3 規定辦理，如保密原因消滅或有變更之必要時，檢察官得依職權撤銷或變更之。

案件經緩起訴或不起訴確定者，檢察官得依職權或依受偵查保密令之人之聲請，撤銷或變更之；案件起訴後，因是否為起訴效力所及有所不同。

(四) 救濟程序

因偵查中情事變更或保密原因消滅、案件經緩起訴或不起訴確定，檢察官撤銷或變更偵查保密令者，受偵查保密令人或營業秘密所有人，得聲明不服；案件經起訴進入審判程序，如因營業秘密所有人或檢察官怠於聲請法院核發秘密保持命令，法院經聲請裁定撤銷偵查保密令而確定者，檢察官、受偵查保密令人或營業秘密所有人得抗告，以上聲明不服及抗告程序係準用刑事訴訟法第 403 條至第 419 條之規定。

小博士解說

營業秘密法不論係於 2013 年之第一次修法侵害營業秘密導入刑罰化，抑或 2020 年第二次修法引進偵查保密令，授權檢察官於偵查案件，得視辦案需要與否，依職權核發偵查保密令，均宣示營業秘密保護是克不容緩議題，甚至面對大陸惡意侵襲下已提升至國安危機，事實上在引進偵查保密令前，檢察機關對於侵害營業秘密案件，實為空有一腔熱血，卻苦無良策應對，現在立法機關不僅賦予檢察官偵查保密令之新式武器，同時亦比秘密保持命令更富有機動性，企業各界無不期待檢察機關善加發揮，提升偵查效果，加大、加深嚇阻力量，使侵害營業秘密之不法動機、行為消失無形。

偵查保密令

非屬起訴效力 → 檢察官得依職權或依受偵查保密令之人之聲請，撤銷或變更之。

屬起訴效力

▶ 繫屬法院之日起 30 日內，營業秘密所有人或檢察官，聲請法院核發秘密保持命令。

▶ 未於限期內聲請核發秘密保持命令，受偵查保密人或檢察官，聲請法院撤銷。

營業秘密之「秘密性」保護及比較

偵查程序 營業秘密法 §14-1～§14-4		目的	保密令對應偵查不公開制度；保持令對應公開審理制度，二者均希望透過保護秘密性，達到發現真實進而實現公正裁判之目的。
檢察署	偵查保密令	同 禁止內容	實施偵查（訴訟）程序以外目的之使用及揭露（開示）予未受保密（持）令之人。
		刑事處罰	違反保密（持）令者，均有刑事處罰徒刑、拘役或科或併科罰金之規定，二者不同在於罰金數額，前者係新臺幣 100 萬，後者為 10 萬元。
起訴		核發時機	保密令係於「偵查程序」中「檢察官」認為必要時，依職權為之；後者「保持令」係於「訴訟程序」中持有營業秘密之「當事人或第三人」具狀向法院聲請，再由法院審查是否符合要件後依法裁定。
訴訟程序 智慧財產案件審理法 §11～§15		異 限制對象	保密令限制範圍較寬，含犯罪嫌疑人、被告、被害人、告訴人、告訴代理人、辯護人、鑑定人、證人或其他相關之人；後者「保持令」為他造當事人、代理人、輔佐人或其他訴訟關係人。
		保密範圍	保密令就「偵查內容」即可，不侷限於營業秘密；保持令則限於「營業秘密」，前者保密範圍較寬。
法院	秘密保持命令	保護法益	違反保密令之行為視同藐視司法，該行為係侵害國家法益，為非告訴乃論之罪；惟保持令所保護者，除藐視法庭外，亦涉及個人法益，因此是否訴追，須尊重當事人意思，為告訴乃論。

UNIT **7-9**
競業禁止

雇主和勞工所訂立的競業禁止條款，主要係雇主為了避免其所訓練的員工，洩漏營業秘密，而與員工訂立在職間或於離職後一段期間不得在營業項目相同或是相類似的企業工作，以保障雇主本身的競爭力。

(一) 在職中與離職後之競業禁止

❶ 勞工在職中之競業禁止

依勞動法理論，勞工在勞動關係中負有忠誠義務，忠誠義務包含誠實義務（對雇主之利益不為不當侵害之義務）及守密義務（勞動者在履行勞動契約的過程中，對於因此知悉之雇主機密負有守密之義務），勞工在職期間負有競業禁止義務。

❷ 勞工離職後之競業禁止

離職後競業禁止相關規定於 2015 年 12 月 16 日公布施行增訂勞動基準法相關規定：未符合下列規定者，雇主不得與勞工為離職後競業禁止之約定：

① 雇主有應受保護之正當營業利益。
② 勞工擔任之職位或職務，能接觸或使用雇主之營業秘密。
③ 競業禁止之期間、區域、職業活動之範圍及就業對象，未逾合理範疇。
④ 雇主對勞工因不從事競業行為所受損失有合理補償。

所謂合理補償，不包括勞工於工作期間所受領之給付，違反前述各款規定之一者，其約定無效。同時離職後競業禁止之期間，最長不得逾 2 年，逾 2 年者，縮短為 2 年。

(二) 轉業之自由

轉業之自由，牽涉憲法所保障人民工作權、生存權之基本人權，為合理限制競業禁止契約，換言之，競業禁止特約之合理性，應就當事間之利害關係及社會的利害關係做總合的利益衡量而為判斷，其重要標準計有：

❶ 企業或雇主需有依競業禁止特約保護之利益存在，亦即雇主的固有知識和營業秘密有保護之必要。

❷ 勞工或員工在原雇主或公司之職務及地位。關於沒有特別技能、技術且職位較低，並非公司之主要營業幹部，處於弱勢之勞工，縱使離職後再至相同或類似業務之公司任職，亦無妨害原雇主營業之可能，此時之競業禁止約定應認拘束勞工轉業自由，乃違反公序良俗而無效。

❸ 限制勞工就業之對象、期間、區域、職業活動之範圍，需不超越合理之範疇。所謂合理之範疇，係指轉業之對象，與原事業內容相同或相似，且具有競爭關係為限。

❹ 需有填補勞工因競業禁止之損害之代償措施，代償措施之有無，有時亦為重要之判斷基準，於勞工競業禁止是有代償或津貼之情形，如無特別情形，此種競業特約很難認為係違反公序良俗。

❺ 離職後員工之競業行為是否具有顯著背信性或顯著的違反誠信原則，亦即當離職員工對原雇主之客戶、情報大量篡奪等情事，或其競業之內容及態樣較具惡質性或競業行為出現有顯著之背信性或顯著的違反誠信原則時，此時該離職違反競業禁止之員工自屬不值得保護。

勞動基準法施行細則關於競業禁止之規定

2016 年 10 月修正「勞動基準法施行細則」，新增第 7 條之 1、第 7 條之 2、第 7 條之 3，相關內容如下	
第 7 條之 1	離職後競業禁止之約定，應以書面為之，且應詳細記載本法第 9 條之 1 第 1 項第 3 款及第 4 款規定之內容，並由雇主與勞工簽章，各執一份。
第 7 條之 2	約定未逾合理範疇，應符合下列規定： ❶ 競業禁止之期間，不得逾越雇主欲保護之營業秘密或技術資訊之生命週期，且最長不得逾 2 年 ❷ 競業禁止之區域，應以原雇主實際營業活動之範圍為限 ❸ 競業禁止之職業活動範圍，應具體明確，且與勞工原職業活動範圍相同或類似 ❹ 競業禁止之就業對象，應具體明確，並以與原雇主之營業活動相同或類似，且有競爭關係者為限
第 7 條之 3	所定之合理補償，應就下列事項綜合考量： ❶ 每月補償金額不低於勞工離職時一個月平均工資 50% ❷ 補償金額足以維持勞工離職後競業禁止期間之生活所需 ❸ 補償金額與勞工遵守競業禁止之期間、區域、職業活動範圍及就業對象之範疇所受損失相當 ❹ 其他與判斷補償基準合理性有關之事項 前項合理補償，應約定離職後一次預為給付或按月給付

UNIT **7-10**
針對競業禁止約定之建議

圖解智慧財產權

何謂有效之競業禁止約定？通常不違反公序良俗下，僅能就「比例原則」來探究，當事人自行約定契約內容時，略分三階段且依其優先順序，做一認知判定或衡平協商準則：

❶ 確認「有無依競業禁止特約保護之利益存在」，即目的正當性之探討；實務上，競業禁止型態可分為，限制為競爭對手工作、限制招徠或與前雇主顧客交易，及限制不得挖角條款等三類，保密條款則因誠信原則，時至第四類型。營業秘密保護，固然是簽訂競業禁止條款重要目的之一，惟該條款簽訂時存有其他目的，恐有過度限制基本權之疑慮，如營業秘密外之機密資訊，或勞工一般知識技能等；職是，資方擬定契約條款之正當事由時，應避免陷入「企圖」防止同業競爭之行為，或以「限制」、「提高」勞工轉職門檻，以此思維模式來保護營業秘密。

❷ 談論「勞工職務及地位知悉上開利益」及「限制勞工就業對象、期間、區域、職業活動範圍，需不超逾合理範疇」等議題。員工在簽訂競業條款時，往往會面臨到，為何要簽？簽後將會限縮哪些權利？本文建議，勞資雙方可從比例原則中「手段適當性」來考量，即從決策權與工作權角度來切入；又職權範疇有主客觀之限制，若採用定型化契約來簽訂競業禁止條款，雇主應在契約條文中明確載述，職務權限及其執行限制，使其員工執行業務時，有客觀之依據；另一主觀限制上，認定標準視各行業而異，無法事先確切說明者，則應由雇主就該條款並未顯失公平來負舉證責任。

❸ 考量衡平機制之重要性。實務上，法院認為該競業禁止條款限制合理，即

便沒有代償措施，亦認定有效；反之，若法院認為不合理時，就將無代償措施作為說理之依據，此結果將導致有無代償措施，是否影響該條款效力，存在極大不確定性。本文認為，離職後競業禁止條款，既是前雇主利用其優勢地位，對受僱勞工利益及公共利益皆有所損害，為維持法律乃公平正義之最高指導原則，調和勞資雙方對立的各種利益，應將代償措施列入契約內容，甚應參酌將其額度，列入該契約有無效之判斷依據，而在職中之競業禁止條款，無論法定和約定型態，資方皆應將有所限制轉換成薪資或紅利方式回饋勞方，畢竟人才是企業最重要的資產，長期不平等地位下，是無法挽留忠誠度低的人力資源。

離職後競業禁止約款

目的	保護企業營業秘密不遭競爭對手竊取
	確保原雇主之競爭優勢不致遭侵奪
	防止員工惡性跳槽、競爭對手惡性挖角
爭議	受雇人相較於企業皆屬於經濟上的弱勢，如果因為在某企業服務過就完全不能在其他公司提供相同或類似的服務，因此影響其工作選擇權，對於受雇人皆相當不合理
企業主的選擇	由於簽署離職後競業禁止條款的大多屬於高階及專業技術主管，企業主認為支付補償金合理，因營業秘密外洩所成的損失更是不可估計

勞動基準法第 9 條之 1

新增勞動
基準法
第 9 條之 1

可讓企業主審慎檢視離職後競業禁止條款的使用，而不再濫用，企業應採取較積極性的獎勵措施，有如設計良好的員工認股權或股票分紅制度，給予員工不斷的激勵增加對企業的認同感，這樣遠比簽署硬性且嚴苛的離職後競業禁止條款更能留住員工的心。另一方面加強在職教育訓練，從員工就職起就不斷地教育並告知公司的保密政策，又或者是轉而加強保密協議的簽署。

UNIT **7-11**
國安法對營業秘密之規範

鑑於國家間的競爭已不侷限於武力發展，在商業市場國際化與高科技產業蓬勃發展的現狀下，經濟發展與產業競爭力對國家的影響亦相當重大。我國近年時常發生高科技人才遭到挖角，導致企業內部核心之營業秘密外洩，對產業造成極大損害，為防止該情形發生，我國係於 2022 年修訂國安法，其與營業秘密相關之規定大致可分為下列幾項，分別探討：

(一) 處罰範圍明確化

參酌刑法基本要素，即明確化原則，將國安法第 2 條之人民修正為任何人，併於參酌反滲透法第 2 條至第 6 條規定後，就行為人裨益外國、大陸地區、香港、澳門、境外敵對勢力之對象增加「其所設立或實質控制之各類組織、機構、團體」，周延規範行為主體及明確處罰範圍。

(二) 增訂經濟間諜罪與域外使用法則

國安法增訂第 3 條，於該條第 1 項與第 2 項分別明定了經濟間諜罪與國家核心關鍵技術營業秘密之域外使用罪之定義，以完備我國核心關鍵技術之保護。本條於營業秘密保護上可分為四個層級，分別為「一般侵害營業秘密罪」（營業秘密法第 13 條之 1）、「為外國等而侵害國家核心關鍵技術營業秘密罪」（經濟間諜罪，國家安全法第 3 條第 1 項）、域外使用之規範「一般侵害營業秘密之域外使用罪」（營業秘密法第 13 條之 2）及「國家核心關鍵技術營業秘密之域外使用罪」（國家安全法第 3 條第 2 項），係透過周延保護、加

重刑罰等方式，保障我國高科技產業之競爭力與國家之利益。

(三) 法人兩罰規定

國家安全法第 8 條第 7 項之增訂，係為確保國家核心技術之營業秘密不受侵害，課予企業監督之義務，防止其員工不法侵害他人國家核心關鍵技術之營業秘密，並使企業更加重視法令遵循與改善措施，透過兩罰規定，令法人承擔罰金刑，使法人重視監督與教育員工一事。

(四) 偵查保密令之適用

國家安全法第 9 條係基於偵查保密令之相關規範，當國家核心技術之營業秘密外洩時，為防止二次洩漏，增訂此條，於完善保護措施的同時，增加案件偵辦的速度。針對違反偵查保密令者，因涉及侵害國家核心關鍵技術之營業秘密，危害程度極高，因此提高違反者之處罰；原法定刑最重本刑為 3 年以下有期徒刑，修正條文第 10 條第 1 項將違反偵查保密令者之法定刑上限，提高至 5 年以下有期徒刑，以確保受偵查保密令者遵守偵查保密令之效力。

(五) 案件管轄之規定

本次修法明定「經濟間諜罪」與「國家核心關鍵技術營業秘密之域外使用罪」，與同法第 7 條第 1 項「發展組織罪」等國安案件之第一審管轄權，分別屬於「智慧財產及商業法院」（經濟間諜罪等）與「高等法院」（發展組織罪等），且增訂法院得設立專業法庭或指定專股辦理，以求速審速結，確保我國產業之競爭優勢及周延保護國家安全。

2022 國家安全法修法重點

為更周延保護我國高科技產業競爭力、經濟利益、資訊安全與國家安全，防止國家核心關鍵技術之營業秘密遭到境外敵對勢力或其所設立或實質控制之各類組織、機構、團體或其派遣之人侵害。

處罰範圍明確化 （國安法第 2 條）	參考反滲透法第 2 條至第 6 條之體例，將「人民」修正為「任何人」，並就行為人裨益外國、大陸地區、香港、澳門、境外敵對勢力之對象增加「其所設立或實質控制之各類組織、機構、團體」，以期符合法律明確性原則之要求。
經濟間諜法、域外使用法則 （國安法第 3 條）	增訂任何人不得為外國、大陸地區、香港、澳門、境外敵對勢力或其所設立或實質控制之各類組織、機構、團體或其派遣之人，為侵害國家核心關鍵技術營業秘密之行為；且任何人不得意圖在外國、大陸地區、香港或澳門使用國家核心關鍵技術之營業秘密，而為侵害國家核心關鍵技術營業秘密之行為。
加重級距、法人兩罰規定 （國安法第 8 條）	❶ 增訂侵害國家核心關鍵技術之營業秘密行為之刑事處罰與科處罰金刑時之加重級距，及鼓勵自首、自白等減輕或免除其刑之規定。 ❷ 為使企業更加重視法令遵循與改善措施，爰有法人兩罰與舉證免責之規定。
偵查保密令 （國安法第 9 條、第 10 條）	❶ 為避免偵查中發生二次外洩之風險，並促進偵查效率，增訂於檢察官偵辦此類案件時適用營業秘密法第 14 條之 1 至第 14 條之 3 有關偵查保密令之規定，及此類案件屬智慧財產案件審理法之智慧財產案件。 ❷ 增訂最重本刑，以確保受偵查保密令者遵守偵查保密令之效力。
管轄法院 （國安法第 18 條、第 19 條）	❶ 「經濟間諜罪」及「國家核心關鍵技術營業秘密之域外使用罪」雖非屬內亂、外患及妨害國交罪之行為態樣，然其對國家法益之侵害程度亦應等同視之。第 18 條增訂上開案件之第一審管轄權屬於智慧財產及商業法院。 ❷ 增訂法院得設立專業法庭或指定專人辦理，以達審理之迅速、妥適。

UNIT *7-12*
智慧財產案件審理法

　　我國於 2007 年制定公布智慧財產案件審理法，歷經 4 次修正沿用迄今，其主要目的為建構專業、迅速審理智慧財產案件之訴訟制度，保障智慧財產及其相關權益。2023 年 1 月 12 日，立法院三讀通過智慧財產案件審理法修正草案，本次修法包含增訂 36 條、修正 41 條，係為智慧財產案件審理法施行以來，最大幅度的一次修法，本次修法的最大核心在於完備營業秘密之保護，使我國高科技產業能安全發展，同時將智財案件的訴訟制度加倍改良，以最大化保障國家專業技術之營業秘密。

　　關於智慧財產案件審理法對營業秘密之保障，其相關規定如下：

(一) 查證人制度

　　查證人制度係於 2022 年 6 月新設立之制度，因近年技術快速發展，導致侵害案件數量的上升，在專利案件中，現行的調查證據相關規定並無法解決專利權人舉證困難的問題，因此，為最大化還原案件原貌，我國智慧財產案件審理法增訂第 19 條第 1 項，明定在專利權侵害事件，得由法院選任中立之技術專家，執行蒐證之查證制度。而電腦程式著作權、營業秘密侵害事件，準用上述規定，因其屬高度技術與專業，亦存在證據不易蒐證之情形。為還原案件，並解決受侵害人舉證不易之問題，實有由中立且具備專業知識之專家，到現場執行具有法律強制力之證據蒐集程序的必要性。此外，對於營業秘密案件，法官亦可核發秘密保持令，防止營業秘密外洩。

(二) 徵求第三人意見

　　第三人意見制度係參考憲法訴訟法及日本特許法規定所制定，因智慧財產民事事件涉及法律適用、技術判斷或其他必要爭點，為協助法院分別對於個案作出正確判斷，實有參酌第三人提出具參考價值的專業意見或資料之必要。

(三) 案件管轄權之規定

　　本次修法將營業秘密拉高至國安層級，配合 2022 年 6 月 8 日修正公布的國家安全法第 18 條第 2 項規定，這次修法修正第 59 條管轄權相關規定，明列侵害營業秘密法第 13 條之 1、第 13 條之 2、第 13 條之 3 第 3 項及第 13 條之 4 之罪的一審刑事案件，改由第一審智慧財產法庭審理，將營業秘密的保護，提升至國家安全層級化的保護體系。因營業秘密案涉及高度專業，為保障產業發產與國家利益，並避免被害人損失擴大，透過修正法條，落實營業秘密第一審刑事案件之專業、妥適及迅速審理。

智慧財產案件審理法關於營業秘密之保障

查證人制度

因近年技術快速發展，明定在專利權侵害事件，得由法院選任中立之技術專家，執行蒐證之查證制度。

為還原案件，並解決受侵害人舉證不易之問題，實有由中立且具備專業知識之專家，到現場執行具有法律強制力之證據蒐集程序的必要性。對於營業秘密案件，法官亦可核發秘密保持令，防止營業秘密外洩。

第三人意見

因智慧財產民事事件涉及法律適用、技術判斷或其他必要爭點，為協助法院分別對於個案做出正確判斷，實有參酌第三人提出具參考價值的專業意見或資料之必要。

管轄權

將營業秘密拉高至國安層級，配合國家安全法第 18 條第 2 項規定，修正第 59 條管轄權相關規定，明列侵害營業秘密法第 13 條之 1、第 13 條之 2、第 13 條之 3 第 3 項及第 13 條之 4 之罪的一審刑事案件，改由第一審智慧財產法庭審理。

知識補充站 ★智慧財產案件審理法九大新制

❶ 完備營業秘密訴訟保護。
❷ 智慧財產案件集中審理。
❸ 採行強制律師代理。
❹ 專家參與審判。
❺ 訴訟紛爭解決一次性。
❻ 促進審理效能。
❼ 科技設備審理、司法 E 化升級。
❽ 被害人訴訟參與。
❾ 解決實務爭議。

（摘自司法院「智慧財產案件審理法新制」，網址：https://www.judicial.gov.tw/tw/cp-2275-847937-6f477-1.html，上網日期：2024 年 3 月 20 日）

第 8 章

文化資產保存法

●●●●●●●●●●●●●●●●●●●●●●● 章節體系架構 ▼

UNIT **8-1** 立法目的與定義

圖解智慧財產權

文資法立法目的為保存及活用文化資產，保障文化資產保存普遍平等之參與權，充實國民精神生活，發揚多元文化。所謂文化資產，指具有歷史、藝術、科學等文化價值，並經指定或登錄之下列有形及無形文化資產：

(一) 有形文化資產

❶ 古蹟：指人類為生活需要所營建之具有歷史、文化、藝術價值之建造物及附屬設施。

❷ 歷史建築：指歷史事件所定著或具有歷史性、地方性、特殊性之文化、藝術價值，應予保存之建造物及附屬設施。

❸ 紀念建築：指與歷史、文化、藝術等具有重要貢獻之人物相關而應予保存之建造物及附屬設施。

❹ 聚落建築群：指建築式樣、風格特殊或與景觀協調，而具有歷史、藝術或科學價值之建造物群或街區。

❺ 考古遺址：指蘊藏過去人類生活遺物、遺跡，而具有歷史、美學、民族學或人類學價值之場域。

❻ 史蹟：指歷史事件所定著而具有歷史、文化、藝術價值應予保存所定著之空間及附屬設施。

❼ 文化景觀：指人類與自然環境經長時間相互影響所形成具有歷史、美學、民族學或人類學價值之場域。

❽ 古物：指各時代、各族群經人為加工具有文化意義之藝術作品、生活及儀禮器物、圖書文獻及影音資料等。

❾ 自然地景、自然紀念物：指具保育自然價值之自然區域、特殊地形、地質現象、珍貴稀有植物及礦物。

(二) 無形文化資產

❶ 傳統表演藝術：指流傳於各族群與地方之傳統表演藝能。

❷ 傳統工藝：指流傳於各族群與地方以手工製作為主之傳統技藝。

❸ 口述傳統：指透過口語、吟唱傳承，世代相傳之文化表現形式。

❹ 民俗：指與國民生活有關之傳統，並有特殊文化意義之風俗、儀式、祭典及節慶。

❺ 傳統知識與實踐：指各族群或社群，為因應自然環境而生存、適應與管理，長年累積、發展出之知識、技術及相關實踐。

😊 小博士解說

最近修法

文化資產保存法從 1982 年制定公布，歷經多次修正，2016 年 7 月 12 日該次修正，條文共計 113 條，是歷次修正幅度最大，影響層面最廣的一次，依照過去許多實際執行的困境、並且考量時空背景不同，所做出的全面性修正並在分類上新增「紀念建築」、「史蹟」等分類。其後於 2018 年至 2019 年持續修正草案研擬多項制度革新。2018 年至 2019 年持續修正草案研擬多項制度革新，修法主要目的在於四大重點。第一，增加私有文資保存誘因，新增歷史建築、紀念建築全額減免房屋稅、地價稅，提高私有文資所有權人參與保存的意願，以及擴大容積移轉適用對象並建立容積代金制度、建立文資「價購」機制、建立土地交換機制等。第二，強化公私有文資保存作為，包括公有機關應編列文資保存預算、強化逾 50 年公有建造物需進行文資價值評估之規範、增列蒸汽火車動態保存條款等。第三，增訂罰則以強化管制，包括對於歷史建築、紀念建築有管理不當導致文資價值減損、營建工程遇有文資價值之建造物但未依規定停工等行為，都擬新增行政罰。第四，新增「公益訴訟」條款，明定公益團體在主管機關辦理審查違反法令，導致未指定或登錄為文資時，得依規定向行政法院提起訴訟。

有形文化資產

有形
文化資產

古蹟：指人類為生活需要所營建之具有歷史、文化、藝術價值之建造物及附屬設施

歷史建築：指歷史事件所定著或具有歷史性、地方性、特殊性之文化、藝術價值，應予保存之建造物及附屬設施

紀念建築：指與歷史、文化、藝術等具有重要貢獻之人物相關而應予保存之建造物及附屬設施

聚落建築群：指建築式樣、風格特殊或與景觀協調，而具有歷史、藝術或科學價值之建造物群或街區

考古遺址：指蘊藏過去人類生活遺物、遺跡，而具有歷史、美學、民族學或人類學價值之場域

史蹟：指歷史事件所定著而具有歷史、文化、藝術價值應予保存所定著之空間及附屬設施

文化景觀：指人類與自然環境經長時間相互影響所形成具有歷史、美學、民族學或人類學價值之場域

古物：指各時代、各族群經人為加工具有文化意義之藝術作品、生活及儀禮器物、圖書文獻及影音資料等

自然地景、自然紀念物：指具保育自然價值之自然區域、特殊地形、地質現象、珍貴稀有植物及礦物

無形文化資產

無形
文化資產

傳統表演藝術：指流傳於各族群與地方之傳統表演藝能

傳統工藝：指流傳於各族群與地方以手工製作為主之傳統技藝

口述傳統：指透過口語、吟唱傳承，世代相傳之文化表現形式

民俗：指與國民生活有關之傳統，並有特殊文化意義之風俗、儀式、祭典及節慶

傳統知識與實踐：指各族群或社群，為因應自然環境而生存、適應與管理，長年累積、發展出之知識、技術及相關實踐

「水下文化資產保存法」於 2015 年 12 月 9 日公布實施。
　水下文化資產泛指全部或一部分且週期性或連續性位於水下，具有歷史、文化、考古、藝術或科學等價值，並與人類生活有關之資產。

UNIT **8-2**
2016 年修正重點與主管機關

(一) 修正重點

❶ 保障文化資產保存普遍平等之參與權,並擴大公民參與程序。

❷ 新增紀念建築及史蹟類別,並針對我國特有珍貴之植物、礦物、特殊地形及自然現象等增加自然紀念物之類別,以強化臺灣土地與歷史之連結。

❸ 透過學校教育體系,來實施文化資產保存教育。

❹ 明定原住民族文化資產特別辦法,重視多元族群文化資產之保存。

❺ 增加對文化資產保存工作之獎勵規定;提高對破壞文化資產之處罰等。

本次修法解決目前文化資產保存實務上,擴大公民參與之問題,且新增紀念建築、史蹟及自然紀念物等類別,以此強化臺灣土地與歷史之連結。

另落實聯合國世界文化遺產及非物質文化遺產等公約中,對文化資產類別定義與保存原則等規範重點,以遵守此等國際公約之精神,使我國文化資產之保存工作,得進一步與國際接軌。

另有鑑於近年文化資產常遭受不當的毀損、破壞或其他違反其保存之行為,亦就此等違法行為,分別依其行為程度而提高刑事處罰及行政處罰之法律責任。

(二) 主管機關

文化資產涉及不同主管機關管轄者,文化資產保存之策劃及共同事項之處理,即由文化部或農委會會同有關機關決定。

文資法主管機關係指文化部文化資產局。在縣(市)為縣(市)政府。但自然地景及自然紀念物之中央主管機關為行政院農業委員會(簡稱農委會)。

😀 小博士解說

文化部指出,本次修法主要目的。第一,增加私有文資保存誘因,新增歷史建築、紀念建築全額減免房屋稅、地價稅,提高私有文資所有權人參與保存的意願,以及擴大容積移轉適用對象並建立容積代金制度、建立文資「價購」機制、建立土地交換機制等。第二,強化公私有文資保存作為,包括公有機關應編列文資保存預算、強化逾 50 年公有建造物需進行文資價值評估之規範、增列蒸汽火車動態保存條款等。第三,增訂罰則以強化管制,包括對於歷史建築、紀念建築有管理不當導致文資價值減損、營建工程遇有文資價值之建造物但未依規定停工等行為,都擬新增行政罰。第四,新增「公益訴訟」條款,明定公益團體在主管機關辦理審查違反法令,導致未指定或登錄為文資時,得依規定向行政法院提起訴訟。

刑事處罰可處 6 個月以上 5 年以下有期徒刑,且得併科新臺幣 50 萬元以上 2,000 萬元以下之罰金;行政處罰亦提高至 200 萬元以下之罰鍰,以遏止珍貴文化資產,並遭受任意破壞、毀損。

❶ 獎勵包含:
　① 宣揚文化資產保存有貢獻→獎金及補助。
　② 維護傳習文化資產有績效→授予榮銜。
　③ 稅賦減免。
　④ 租金減免。

❷ 罰則包含:
　① 50 萬至 2,000 萬元罰金。
　② 6 個月至 5 年有期徒刑。
　③ 賠償相關損害。
　④ 最高可罰 200 萬元以下罰鍰。

2016 年修正重點

保障文化資產保存普遍平等
之參與權,並擴大公民參與
程序

新增紀念建築及史蹟類別,並針對我國特有珍貴之植物、礦物、特殊
地形及自然現象等增加自然紀念物之類別,以強化臺灣土地與歷史之
連結

透過學校教育體系,來實施文化資產保存教育

明定原住民族文化資產特別辦法,重視多元族群
文化資產之保存

增加對文化資產保存工作之獎勵規定;
提高對破壞文化資產之處罰等

UNIT **8-3**
古蹟、歷史建築、紀念建築及聚落建築群、考古遺址

❶ 古蹟應保存原有形貌及工法，如因故毀損，而主要構造與建材仍存在者，應基於文化資產價值優先保存之原則，依照原有形貌修復，並得依其性質，由所有人、使用人或管理人提出計畫，經主管機關核准後，採取適當之修復或再利用方式。所在地直轄市、縣（市）主管機關於必要時得輔助之。

前項修復計畫，必要時得採用現代科技與工法，以增加其抗震、防災、防潮、防蛀等機能及存續年限。前述再利用計畫，得視需要在不變更古蹟原有形貌原則下，增加必要設施。因重要歷史事件或人物所指定之古蹟，其使用或再利用應維持或彰顯原指定之理由與價值。

❷ 聚落建築群應保存原有建築式樣、風格或景觀，如因故毀損，而主要紋理及建築構造仍存在者，應基於文化資產價值優先保存之原則，依照原式樣、風格修復，並得依其性質，由所在地之居民或團體提出計畫，經主管機關核准後，採取適當之修復或再利用方式。

❸ 為利古蹟、歷史建築、紀念建築及聚落建築群之修復及再利用，有關其建築管理、土地使用及消防安全等事項，不受區域計畫法、都市計畫法、國家公園法、建築法、消防法及其相關法規全部或一部之限制；其審核程序、查驗標準、限制項目、應備條件及其他應遵行事項之辦法，由中央主管機關會同內政部定之。

❹ 考古遺址之發掘，應由學者專家、學術或專業機構向主管機關提出申請，經審議會審議，並由主管機關核准，始得為之。

❺ 外國人不得在我國國土範圍內調查及發掘考古遺址。但與國內學術或專業機構合作，經中央主管機關許可者，不在此限。考古遺址發掘出土之遺物，應由其發掘者列冊，送交主管機關指定保管機關（構）保管。

❻ 若中央／地方主管機關，發現／接獲通報具文化資產價值之建築物，得視情況成立暫定古蹟調查小組，抑或直接現勘，若該標的確實具有文化資產價值，即可被列為暫定古蹟，於審議期間內被視為古蹟維護與管理。

😊 小博士解說

❶ **古蹟之指定，應符合下列基準之一：**
　① 具高度歷史、藝術或科學價值者。
　② 表現各時代營造技術流派特色者。
　③ 具稀少性，不易再現者。

❷ **古蹟之管理維護，指下列事項：**
　① 日常保養及定期維修。
　② 使用或再利用經營管理。
　③ 防盜、防災、保險。
　④ 緊急應變計畫之擬定。
　⑤ 其他管理維護事項。

❸ **古蹟指定之廢止，應符合下列基準之一：**
　① 古蹟因故毀損，致失去原有風貌者。
　② 因火災、水災及震災等天災致古蹟主構件滅失者。
　③ 其他喪失古蹟價值之原因者。

❹ 古蹟一旦遭受破壞，即永遠無法再回復原狀，如能於工程或開發行為進行前，先予以防範於未然，當較有利於古蹟之保存及維護。

❺ 對於古蹟的保護，採取的相關措施並不只針對古蹟之本體，在實施古蹟保存計畫的同時，針對古蹟周遭土地的運用與開發，亦有相當之管制，需針對影響古蹟風貌保存進行審查。

古蹟、歷史建築、紀念建築及聚落建築群之修復

必要措施

防潮

抗震

修復

防蛀

防災

必要時得採用現代科技與工法

修復及再利用之規範訂定

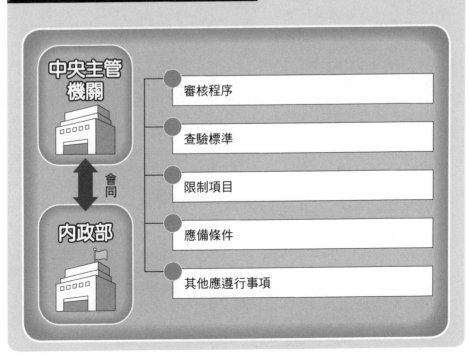

中央主管機關

會同

內政部

審核程序

查驗標準

限制項目

應備條件

其他應遵行事項

UNIT **8-4**
史蹟、文化景觀、古物

❶ 直轄市、縣（市）主管機關應定期普查或接受個人、團體提報具史蹟、文化景觀價值之內容及範圍，並依法定程序審查後，列冊追蹤。史蹟、文化景觀之保存及管理原則，由主管機關召開審議會依個案性質決定，並得依其特性及實際發展需要，做必要調整。主管機關應訂定史蹟、文化景觀之保存維護計畫，進行監管保護，並輔導史蹟、文化景觀所有人、使用人或管理人配合辦理。

❷ 古物依其珍貴稀有價值，分為國寶、重要古物及一般古物。主管機關應定期普查或接受個人、團體提報具古物價值之項目、內容及範圍，依法定程序審查後，列冊追蹤。私有國寶、重要古物之所有人，得向公立文物保存或相關專業機關（構）申請專業維護；所需經費，主管機關得補助之。中央主管機關得要求公有或接受前項專業維護之私有國寶、重要古物，定期公開展覽。

中華民國境內之國寶、重要古物，不得運出國外。但因戰爭、必要修復、國際文化交流舉辦展覽或其他特殊情況，而有運出國外之必要，經中央主管機關報請行政院核准者，不在此限。此外，關於百年以上的文物之運入或運出，皆應向主管機關提出申請。而若毀損或竊取古物，依我國現行法制，行為人需負刑事責任。

😃 小博士解說

私有國寶、重要古物所有權移轉前，應事先通知中央主管機關；除繼承者外，公立文物保管機關（構）有依同樣條件優先購買之權。發見具古物價值之無主物，應即通知所在地直轄市、縣（市）主管機關，採取維護措施。

營建工程或其他開發行為進行中，發見具古物價值者，應即停止工程或開發行為之進行，並報所在地直轄市、縣（市）主管機關依第 67 條審查程序辦理。

😃 小博士解說

為維護史蹟、文化景觀並保全其環境，主管機關得會同有關機關訂定史蹟、文化景觀保存計畫，並依區域計畫法、都市計畫法或國家公園法等有關規定，編定、劃定或變更為保存用地或保存區、其他使用用地或分區，並依本法相關規定予以保存維護。

前述保存用地或保存區、其他使用用地或分區用地範圍、利用方式及景觀維護等事項，得依實際情況為必要規定及採取獎勵措施。

文化資產機制

具文化資產價值之建造物→進入指定或登錄程序→具備暫定古蹟的效力。

❶ 基本 SOP：中央主管機關（未審議前，接獲通報）→（即刻通知）地方政府主管機關→暫定古蹟（於審議期間內視同古蹟管理維護）。

❷ 中央主管機關作為：地方政府主管機關未於中央主管機關通知 7 日內完成「暫定古蹟作業程序」，中央主管機關可直接代行處理。

❸ 地方政府主管機關作為：① 召集處理小組前往現勘評估；② 遇急迫危險可不用召集小組；③ 要通知事業主管機關，所有／使用／管理人並公告。

❹ 古蹟保存流程：古蹟指定→保存維護古蹟本體及周邊環境→訂定古蹟保存計畫→規劃體系配合變更→依計畫維護古蹟周邊環境。

❺ 訂定古蹟保存計畫：召開說明會→擬定保存計畫→公開展覽與公聽會→提交審議→公告。

主管機關針對史蹟、文化景觀、古物之作為

主管機關
之作為

定期普查

接受個人、團體提報具史蹟、文化景觀價值之內容及範圍

法定程序審查後,列冊追蹤

訂定史蹟、文化景觀之保存維護計畫,進行監管保護

輔導史蹟、文化景觀所有人、使用人或管理人配合辦理

私有國寶與重要古物

私有國寶與
重要古物

得向公立文物保存或相關專業機關(構)申請專業維護

中央主管機關得要求公有或接受前項專業維護之私有國寶、重要古物,定期公開展覽

原則:不得運出國外

例外:因戰爭、必要修復、國際文化交流舉辦展覽或其他特殊情況,而有運出國外之必要,經中央主管機關報請行政院核准者

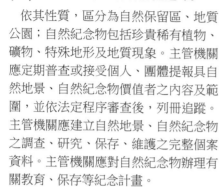

UNIT **8-5**
自然地景、自然紀念物、無形文化資產與獎勵

(一) 自然地景與自然紀念物

依其性質，區分為自然保留區、地質公園；自然紀念物包括珍貴稀有植物、礦物、特殊地形及地質現象。主管機關應定期普查或接受個人、團體提報具自然地景、自然紀念物價值者之內容及範圍，並依法定程序審查後，列冊追蹤。主管機關應建立自然地景、自然紀念物之調查、研究、保存、維護之完整個案資料。主管機關應對自然紀念物辦理有關教育、保存等紀念計畫。

自然地景、自然紀念物滅失、減損或增加其價值時，主管機關得廢止其指定或變更其類別，並辦理公告。

具自然地景、自然紀念物價值者遇有緊急情況時，主管機關得指定為暫定自然地景、暫定自然紀念物，並通知所有人、使用人或管理人。

(二) 無形文化資產

直轄市、縣（市）主管機關應定期普查或接受個人、團體提報具保存價值之無形文化資產項目、內容及範圍，並依法定程序審查後，列冊追蹤。

文化資產保存技術，指進行文化資產保存及修復工作不可或缺，且必須加以保護需要之傳統技術；其保存者，指保存技術之擁有、精通且能正確體現者。

主管機關應對文化資產保存技術保存者，賦予編號、授予證書及獎勵補助。實務上，關於主管機關對無形資產的保護，除記錄保存外，核心在於保存者技藝的傳習，因此，主管機關得視情況協助保存者進行維護工作。

🔲 小博士解說

❶ 自然紀念物禁止採摘、砍伐、挖掘或以其他方式破壞，並應維護其生態環境。但原住民族為傳統文化、祭儀需要及研究機構為研究、陳列或國際交換等特殊需要，報經主管機關核准者，不在此限。自然保留區禁止改變或破壞其原有自然狀態。為維護自然保留區之原有自然狀態，除其他法律另有規定外，非經主管機關許可，不得任意進入其區域範圍；其申請資格、許可條件、作業程序及其他應遵行事項之辦法，由中央主管機關定之。

❷ 有下列情形之一者，主管機關得給予獎勵或補助：

① 捐獻私有古蹟、歷史建築、紀念建築、考古遺址或其所定著之土地、自然地景、自然紀念物予政府。

② 捐獻私有國寶、重要古物予政府。

③ 發見第 33 條之建造物、第 57 條之疑似考古遺址、第 76 條之具古物價值之無主物或第 88 條第 1 項之具自然地景價值之區域或自然紀念物，並即通報主管機關處理。

④ 維護或傳習文化資產具有績效。

⑤ 對闡揚文化資產保存有顯著貢獻。

⑥ 主動將私有古物申請指定，並經中央主管機關依第 68 條規定審查指定為國寶、重要古物。

自然地景與自然紀念物

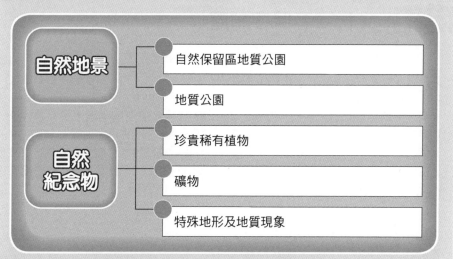

- **自然地景**
  - 自然保留區地質公園
  - 地質公園
- **自然紀念物**
  - 珍貴稀有植物
  - 礦物
  - 特殊地形及地質現象

主管機關給予獎勵及補助之情形

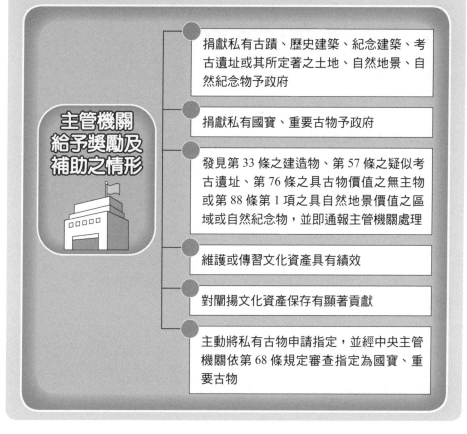

- **主管機關給予獎勵及補助之情形**
  - 捐獻私有古蹟、歷史建築、紀念建築、考古遺址或其所定著之土地、自然地景、自然紀念物予政府
  - 捐獻私有國寶、重要古物予政府
  - 發見第 33 條之建造物、第 57 條之疑似考古遺址、第 76 條之具古物價值之無主物或第 88 條第 1 項之具自然地景價值之區域或自然紀念物，並即通報主管機關處理
  - 維護或傳習文化資產具有績效
  - 對闡揚文化資產保存有顯著貢獻
  - 主動將私有古物申請指定，並經中央主管機關依第 68 條規定審查指定為國寶、重要古物

UNIT **8-6**
文化資產保存制度

實際上，關於文化資產之保存，由於其保護客體範圍非常之廣，在管理及維護上，若無相對應之措施，很容易產生紕漏，導致文化資產的保存出現漏洞，關於現行法制下，對於文化資產的保存制度大致如下：

(一) 列冊追蹤

因文化資產分為有形文化資產與無形文化資產，再者，為使我國關於文化資產的保護能與世界接軌，我國於 2016 年針對文化資產保存法的大幅度修法中，亦新增幾項文化資產的保護標的，若保護標的無列冊，在管理與維護上，會顯得相對困難。

主管機關於接獲具文化價值之標的物，應於 6 個月內辦理審議程序，以決定是否需要進行列冊，同時，應擬定列冊追蹤計畫，對於保護之標的，做定期的訪視。

(二) 公有建築物預評

關於公有建築物之預評機制，參酌我國文化資產保存法現行規定，若欲處分 50 年以上之公有建築物，無論係拆除、改建，甚至修建，都須先由主管機關進行文化資產的價值評估，才得以對該標的實施處分。

小博士解說

關於公有文化資產的保護與經營，政府亦得以透過設立相關制度，以最大化完備文化資產的保存，如：

❶ 提供諮詢與輔導，協助文化資產的保存。

❷ 提供補助或優惠，對於承租併協助維護管理者，得視情況給予相對應之補助或減免租金。

❸ 透過設立獎勵制度，吸引個人或民間團體等協助古蹟之維護。

主管機關可透過合作之方式，於文化資產所在處經營紀念事業，以彰顯文化資產之價值。

列冊追蹤

為使我國關於文化資產的保護能與世界接軌，於 2016 年文化資產保存法的修法中，新增幾項文化資產的保護標的。

主管機關

→ 接獲具文化價值之標的物

→ 六個月內辦理審議程序，同時擬定追蹤計畫，並做定期訪視

公有建築物預評機制

公有建築物預評機制

→ 50 年以上公有建築物

→ 先進行評估始得處分標的

公有文化資產之保護與經營

公有文化資產之保護與經營

→ 提供諮詢與輔導

→ 提供補助或優惠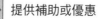

→ 獎勵制度

UNIT **8-7**
文化資產保存法面臨之困境

雖我國對文化資產保存法之保護乍看已相對完善，2016 年的大幅度修法，更是擴大了保護客體，完備獎勵與罰則，使我國制度合乎世界標準，然而，對於文化資產的保護，實務上仍舊有不可忽視之問題。

在我國，常常會遇到老舊建築物突然失火的離奇案件，參照臺灣文化資產火災列表，目前確定人為縱火導致毀損的文化資產共 11 處，原因不明的已逾百件，文化資產保存法已明定毀損古蹟須負相當責任，然而，相似案件為何仍層出不窮？原因大致有三：

❶ 當政府列冊可能被指定為古蹟之歷史建物，抑或歷史建物周邊，有廠商欲開發該地帶，則該處之歷史建物莫名起火之可能性非常之高，按我國現行法制，若欲被認列為文化資產，即文化資產保存法的保護標的，需考量房地所有權人意見及經過官方審議，換言之，大多數的歷史建築，並非文化資產保存法的保護標的，這也導致行為人縱火一事，並無法以違反文化資產保存法對其開罰。

❷ 大多數房屋所有權人，並不希望房地產被指定成文化資產，如上所述，欲成為文化資產保存法之保障標的，亦需有房屋所有權人之同意，然而，如今房地產價格極高，賣地蓋屋可以取得高收益的情況下，所有權人通常會依現實考量，選擇可以直接變現或獲利最高的方式，而這明顯與文化資產保存法的保護理念大相逕庭。

❸ 獎勵與罰則不對等，雖我國對於主動將私有文化資產捐獻給政府，訂有相關獎勵辦法，但與罰則似乎並不對等。即便房屋所有權人於百般考量下，選擇

與政府一同保存古蹟，然而，首當其衝的問題便是管理維護計畫，須由屋主自行撰寫，同時，政府會定期視察屋主是否妥善維護，若維護不周，可能會被依法開罰 30 萬至 200 萬元，甚至遭到主管機關強制介入，強制徵收土地等，且屋主若欲對該標的進行修復，亦須向主管機關提出申請，即便事後後悔，欲將其賣掉，仍須事先通知主管機關，主管機關有優先購買權，在重重限制之下，導致不願保障古蹟的風氣盛行，文化資產保存法的保護效力實質上非常低。

對於文化資產保存法現行施行狀況，政府應多加考量，在房屋所有權人、政府與公民三者間，設立較為合理的獎勵與罰則制度，才能在保障三方權益的同時，推動文化資產的保護。

文化資產保存面臨的困境

困境 1 ➤ 大多數的歷史建築並非文化資產保存法的保護標的，若遭行為人縱火，並無法以違反文化資產保存法對其開罰。

困境 2 ➤ 大多數房屋所有權人會依現實考量，選擇直接變現或其他能獲取較高收益的方式，因此並不希望房地產被指定成文化資產。

困境 3 ➤ 對於人民主動將私有文化資產捐獻給政府，訂有相關獎勵辦法，但與罰則似乎並不對等。即使所有權人與政府一同保存古蹟，也有可能因維護不周而被開罰，甚至遭到主管機關強制介入、強制徵收等。

文化資產保存之三方關係

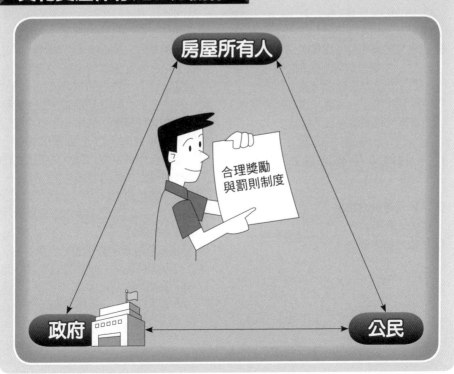

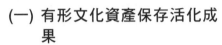

UNIT 8-8
文化資產保存法之現況與展望

2021 年政府預計投入文化資產保存預算加計前瞻基礎建設經費共近 26 億元。此外，為建構完整的文化資產守護網，推動文化資產保存策略，也從過去搶救單棟單點的「文化資產保存 1.0」思維，翻轉成建構整體文化資產保存發展政策的「文化資產保存 2.0」。

(一) 有形文化資產保存活化成果

❶ 辦理有形文化資產指定與登錄
　① 國定古蹟。
　② 國定考古遺址。
　③ 重要文化景觀。

❷ 建立管理維護分區機制與防災守護方案
　① 分區管理維護機制。
　② 強化防災守護。
　③ 科學性保存。

❸ 活化文化資產及發展在地文化特色
　推動「再造歷史現場專案計畫」，如「大基隆歷史場景再現計畫」；「左營舊城見城計畫」；花蓮「拉庫拉庫溪流域布農族舊社溯源與重塑計畫」。

(二) 無形文化資產保存維護成果

❶ 落實保存維護機制
　建立保護機制。

❷ 積極培育人才
　① 人才養成機制。
　② 成立傳統修復人才培訓基地。

立法院院長 2023 年 11 月 10 日敲槌宣布三讀修正通過文化資產保存法部分條文修正（草案第 99 條）。明文規定，登錄歷史建築及紀念建築之土地所有權人，得申請容積移轉及享有免徵地價稅、房屋稅優惠。

為擴大稅捐減免及於公有者，刪除現行第 99 條「私有」文字並納入歷史建築及紀念建築，三讀通過條文明定，古蹟、考古遺址、歷史建築、紀念建築及其所定著之土地，免徵房屋稅及地價稅，透過擴大免稅適用對象，以提高私有文化資產所有權人參與保存的意願。

😊 小博士解說

容積移轉定義

我國容積移轉的出現，主要是為了處理「具有文化價值的古蹟土地」問題。當私人所有的土地上有文化資產，而且這些土地又剛好落在住宅區、商業區等可開發分區上，地主的開發權利就因為要保存文化資產而受到限制。為了同時兼顧保存文化資產、保障地主財產權的效益，1996 年在「文化資產保存法」中增加容積移轉制度，讓地主被限制的開發權利可以在他處發展。

容積移轉目的：
❶ 保障地主權利：補償文化資產地主開發權益的犧牲。
❷ 舒緩政府財政困難：透過容積移轉，與公共設施保留地的地主進行交換，以此舒緩政府財政困難。

有形文化資產保存

指定與登錄	國定古蹟
	國定考古古蹟
	重要文化景觀

管理維護機制與防災守護方案	分區管理維護機制
	強化防災守護
	科學性保存

活化文化資產及發展在地文化特色	推動再造歷史現場專案計畫

無形文化資產保存

落實保存維護機制	建立保護機制

培育人才	人才養成機制
	成立傳統修復人才培訓基地

文化資產保存法第 99 條

修法背景	釋字第 813 號解釋，以第三人持有土地如因定著於其土地上之建造物及附屬設施，被登錄為歷史建築，致其就該土地原得行使之權能受限，屬國家所致人民財產權之損失，形成個人之特別犧牲，國家應予相當補償，文化資產保存法未以金錢或其他適當方式給予補償，不符憲法第 15 條保障人民財產權之意旨，有關機關應於 2 年內修正妥為規定。
修法重點	刪除「私有」文字，並納入歷史建築及紀念建築為利公有文化資產保存維護，使其活化再利用方式多元、創新，及提升歷史建築、紀念建築所有人之保存意願，修正擴大地價稅及房屋稅減免之適用範圍。

國家圖書館出版品預行編目資料

圖解智慧財產權 / 曾勝珍著.

--五版.--臺北市：五南圖書出版股份有限公司

2024.05

面；　公分.

ISBN 978-626-393-181-7 (平裝)

1.CST: 智慧財產權　2.CST: 著作權法

3.CST: 商標法　　　4.CST: 專利法規

553.433　　　　　　　　　　113003438

1QK9

圖解智慧財產權

作　　　者 ― 曾勝珍(279.3)

發 行 人 ― 楊榮川

總 經 理 ― 楊士清

總 編 輯 ― 楊秀麗

副總編輯 ― 劉靜芬

責任編輯 ― 呂伊真

封面設計 ― P. Design視覺企劃、封怡彤

出 版 者 ― 五南圖書出版股份有限公司

地　　　址：106 台北市大安區和平東路二段339號4樓

電　　　話：(02)2705-5066　傳　　真：(02)2706-6100

網　　　址：https://www.wunan.com.tw

電子郵件：wunan@wunan.com.tw

劃撥帳號：01068953

戶　　　名：五南圖書出版股份有限公司

法律顧問　林勝安律師

出版日期　2015 年 6 月初版一刷

　　　　　2018 年 4 月二版一刷

　　　　　2020 年 3 月三版一刷

　　　　　2022 年 9 月四版一刷

　　　　　2024 年 5 月五版一刷

定　　　價　新臺幣 400 元

※版權所有·欲利用本書內容，必須徵求本公司同意※

經典永恆・名著常在

五十週年的獻禮──經典名著文庫

五南，五十年了，半個世紀，人生旅程的一大半，走過來了。

思索著，邁向百年的未來歷程，能為知識界、文化學術界作些什麼？

在速食文化的生態下，有什麼值得讓人雋永品味的？

歷代經典・當今名著，經過時間的洗禮，千錘百鍊，流傳至今，光芒耀人；

不僅使我們能領悟前人的智慧，同時也增深加廣我們思考的深度與視野。

我們決心投入巨資，有計畫的系統梳選，成立「經典名著文庫」，

希望收入古今中外思想性的、充滿睿智與獨見的經典、名著。

這是一項理想性的、永續性的巨大出版工程。

不在意讀者的眾寡，只考慮它的學術價值，力求完整展現先哲思想的軌跡；

為知識界開啟一片智慧之窗，營造一座百花綻放的世界文明公園，

任君遨遊、取菁吸蜜、嘉惠學子！